全国革命老区县发展史丛书——山西卷

U0665042

交城县革命老区发展史

交城县老区建设促进会　编

山西出版传媒集团 山西人民出版社

图书在版编目（ＣＩＰ）数据

交城县革命老区发展史 / 交城县老区建设促进会编
. -- 太原 ：山西人民出版社，2023.12
ISBN 978-7-203-13123-6

Ⅰ．①交… Ⅱ．①交… Ⅲ．①交城县－地方史 Ⅳ.
①K292.54

中国国家版本馆CIP数据核字(2023)第215953号

交城县革命老区发展史

编　　者：交城县老区建设促进会
责任编辑：武　卫　　何赵云
复　　审：崔人杰
终　　审：贺　权
装帧设计：王聚金

出 版 者：山西出版传媒集团·山西人民出版社
地　　址：太原市建设南路 21 号
邮　　编：030012
发行营销：0351 – 4922220　4955996　4956039　4922127（传真）
天猫官网：https://sxrmcbs.tmall.com　电话：0351 – 4922159
E – mail：sxskcb@163.com　发行部
　　　　　sxskcb@126.com　总编室
网　　址：www.sxskcb.com

经 销 者：山西出版传媒集团·山西人民出版社
承 印 厂：山西万佳印业有限公司

开　　本：787mm×1092mm　　　　1/16
印　　张：26.25
字　　数：300 千字
版　　次：2023 年 12 月　第 1 版
印　　次：2023 年 12 月　第 1 次印刷
书　　号：ISBN 978-7-203-13123-6
定　　价：88.00 元

如有印装质量问题请与本社联系调换

《交城县革命老区发展史》编纂委员会

特邀顾问：张建邦

主　　任：郭效武

副 主 任：张　振　居辉斌　侯继涛

委　　员：任勤林　曹永卫　高　鹏　刘建军　郭　强　宋　麟

　　　　　韩向谠　丁　俊　李志武　李翠文　闫建明　李东维

　　　　　田艳玲

主　编：郭效武

编　辑：李大斌　武恚福　田振瑞　周辉斌　侯继涛　贾本川

　　　　成志国　王秀萍　王　晶

红色革命

●晋绥八分区出席晋绥边区第四届群英大会民兵英雄摄影纪念

●开栅战斗胜利后，中共交城县委、县政府干部在开栅留影

● 东社戏台·东征红军宣传地

● 大草坪·秘密交通线天门山联络站

● 东社·1946年交城县参议会开会旧址

● 西社·无名烈士墓地

● 城头·郭萱烈士纪念地

农业畜牧

●东坡底乡横岭村三米种植（地膜覆盖）

●西营镇西营村无人机喷洒农药

●西营镇寨子村大棚网纹甜瓜种植

●连栋大棚西红柿种植

●庞泉沟镇大棚种植羊肚菌

● 碧州农牧合作社核桃种植

● 宏远农牧科技有限公司蛋鸡养殖

● 寨上村黑猪养殖

● 新兴种猪养殖有限公司育肥猪

● 庞泉沟镇苏家湾新发农牧专业合作社

水利灌溉

● 文峪河水库

● 柏叶口水库

● 龙门供水工程枢纽

● 华鑫水库

● 王明寨·汾河灌区渠道

● 东坡底乡农村饮水工程

工矿企业

● 华鑫集团肥业公司

● 利虎集团平板玻璃生产线

● 宏特化工

● 新天源药业

● 金桃园集团

● 义望铁合金公司

● 天骄枣业

教育发展

●交城中学

●交城县职业中学

●交城第五中学

●城内完全小学

●城西小学

●天宁镇坡底幼儿园

文化旅游

●卦山天宁寺

●玄中寺

●交城县总工会组织环城赛跑(1982年)

●全国自行车赛经交城（1986年）

●薰衣草庄园

●华北第一漂——庞泉沟红柳湾漂流

● 如金生态园

● 金蟾湾水上活动

● 庞泉沟水上乐园

● 山西文旅产业交城双创基地

● 二青会火炬在交城传递（2019年7月27日）

文化旅游

● 交城县城（贺子毅 摄）

● 美丽县城（局部）

● 龙山大街街景

● 交城县污水处理厂

● 交城县经济开发区污水处理厂

● 天宁街紧急避险场所

● 卦山名苑住宅小区

交通电力

●太中银铁路交城段（薛通坤　摄）

●青银高速公路交城段

●国道 241 线交城青沿段

●县城迎宾路

●国网古交电厂第三期 500 千伏送出工程
交城广兴段

●夏家营 220KV 变电站

脱贫攻坚

● 梁家庄移民小区

● 塔梭村移民小区

● 东坡底乡天瑞移民小区

● 东坡底乡交城雪耳喜获丰收

● 交城雪耳

美丽乡村

●天宁镇田家山村

● 西社镇南沟村

●庞泉沟镇山水村

●天宁镇磁窑村老年日间照料中心休息室

●水峪贯镇西坡村老年日间照料中心

●交城县天宁广场"两个百年"奋斗雕塑

总 序

在举国欢庆新中国成立 70 周年前夕，中国老区建设促进会王健会长请我为《全国革命老区县发展史》丛书作序，作为一名在老区战斗过并得到老区人民生死相助的老兵，回首往事，心潮澎湃，感慨万千，深感义不容辞，欣然应允。

中国革命老区，是以毛泽东为代表的中国共产党人在领导人民推翻帝国主义、封建主义和官僚资本主义三座大山，争取民族独立和人民解放伟大斗争中建立的革命根据地。在这片红色的土地上，诞生了无数可歌可泣的革命英雄儿女，为后人树起了一座不朽的丰碑，她是新中国的摇篮，是党和军队的根。

在艰苦卓绝的战争年代，老区人民把自己的命运与中华民族的命运紧紧地联系在一起，与中国共产党和人民军队的命运紧紧地联系在一起，他们生死相依，患难与共。我曾亲历过战争年代，并得到过老区红哥红嫂的救助，切身感受到发生在身边的一幕幕撼天动地的革命故事，在那极其艰难的条件下，老区人民倾其所有、破家支前，不怕艰难困苦，不怕流血牺牲。"最后一碗米送去做军粮，最后一尺布送去做军装，最后一件老棉袄盖在担架上，最后一个亲骨肉送去上战场"，这是当时伟大的老区人民为建立新中国做出巨大牺牲的真实写照，它将永远镌刻在中国共产党、中国人民解放军、中华人民共和国的历史丰碑上。他们的光辉业绩永载史册，他们的革命精神必将影响一代又一代的革命新人，造就一代又一代的民族脊梁。

在社会主义革命和建设时期，革命老区和老区人民响应党的号召，面对落后的面貌、脆弱的经济、恶劣的生态环境，他们本色不变，精神不丢，自力更生，艰苦奋斗，干一行爱一行，始终坚持"革命理想高于天"，自觉做共产主义远大理想的坚定信仰者和忠实实践者，勇于向恶劣的自然环境和贫穷落后宣战，他们在各条战线上为国建功立业，用平凡的双手创造了一个又一个不平凡的奇迹，彰显了老区人的崇高精神和人格力量。

在改革开放的伟大进程中，老区人民解放思想，勇于创新，发奋图强，攻坚克难，老区的经济社会建设取得了辉煌成就。特别是在改变中国的面貌、中华民族的面貌、中国人民的面貌、中国共产党的面貌的伟大实践中发挥了至关重要的作用。老区人民既是改革开放的参与者，也是改革开放的推动者。

艰苦练意志，危难见精神。老区人民在近百年的革命战争、社会主义建设和改革开放的伟大实践中，孕育形成了伟大的老区精神：爱党信党、坚定不移的理想信念；舍生忘死、无私奉献的博大胸怀；不屈不挠、敢于胜利的英雄气概；自强不息、艰苦奋斗的顽强斗志；求真务实、开拓创新的科学态度；鱼水情深、生死相依的光荣传统。这是党和人民宝贵的精神财富、丰厚的政治资源，是凝心聚力、振奋民族精神的重要法宝，也是社会主义核心价值观的重要内容。

中国老区建设促进会怀着强烈的政治责任感和历史使命感，组织全国各地老促会人员克服困难，尽心竭力编纂《全国革命老区县发展史》丛书，记录老区的光辉历史和辉煌成就，传承红色基因，弘扬老区精神，是功在当代、利及千秋的一件大事。手捧这部丛书的部分书稿，读着书中的故事，倍感亲切，深感这部丛书具有资政、育人、存史的社会功能，有着重要的时代和历史价值。它是不忘初心、牢记使命的源头活水，是赞颂共产党、讴歌老区人民的一部精品力作，是弘扬老区精神、传承红色记忆的丰厚载体，是一项继承优秀传统文化、弘扬革命文化、发展社会主义先进文化、坚定"四个自信"的宏大文化工程。它必将成为一种文化品牌，为各界人士了解老区、宣传老区、支持老区提供一部有价值的研究史料。希望读者朋友们能从中了解并牢记这些为党和民族的利益不断奉献的老区人民，从中得到教益，汲取人生奋斗的精神动力。

新时代赋予新使命，新起点开启新征程。让我们更加紧密地团结在以习近平同志为核心的党中央周围，坚持以习近平新时代中国特色社会主义思想为指导，增强"四个意识"，坚定"四个自信"，做到"两个维护"，弘扬老区精神，铭记苦难辉煌，为实现"两个一百年"奋斗目标，实现中华民族伟大复兴的中国梦作出新的更大的贡献！

迟浩田

2019 年 4 月 11

目录

第二编 向社会主义过渡时期的建设和发展

第三编　社会主义建设的探索发展

第四编 习近平新时代中国特色社会主义

概 述

交城县地处山西省中部、吕梁山脉中段东麓、晋中盆地西部之边缘，行政区划隶属于吕梁市，是吕梁市的东大门。交城县国土面积1822.11平方公里，东邻太原市清徐县，南接文水县，西与方山县、离石区接壤，北邻太原市的娄烦县、古交市。交城县城位于县境东南部的冲洪积平川区。以县城为起点，西距吕梁市133公里，东北距离山西省会太原市55公里，距首都北京660公里。

交城县境之版图呈菱形，立体状如卧牛，自西北向东南倾斜。交城县西北山区，群山起伏，沟壑纵横，海拔多在1500米至2000米之间，最高峰孝文山（关帝山主峰），海拔2830.7米，为华北第二高峰。东部为低山区，海拔800米至1200米之间，局部黄土覆盖，形成垣、梁、峁地貌。山区面积1692.11平方公里，占全县总面积的92.8%，蕴藏有丰富的矿产资源，已探明矿产资源30余种。东南平川，属晋中盆地，面积130平方公里，占全县总面积的7.2%，海拔755米至800米，地势平坦开阔，是交城经济的聚集区域，居住着80%以上的交城人口。

交城县境内生长有天然林109万亩，全县森林覆盖率为51%。以华北落叶松和国家一级保护动物褐马鸡著称的国家级自然保护区庞泉沟即位于交城县境西北部。汾河最大的支流文峪河流经交城山区100余公里，年均径流量1.26亿立方米，是交城的母亲河。交城依托 2 号配焦煤、低硫低磷铁矿、青石、石英石、方解石等资源优势，冶炼、铸造、煤炭、机械、化工、建材等产业发展潜力巨大。交城正在成长为全国煤焦、化工、金属锰、硝酸钾、活性炭、玻璃制品、水泥、红枣等产品的生产供应基地和外贸出口基地。

隋代开皇二年（582），析晋阳西境、文水东北境，设立交城县，迨今已逾 1400 多年。交城县钟灵毓秀，历史悠久，文化遗存丰富，拥有全国重点文物保护单位卦山天宁寺、石壁玄中寺、竖石佛摩崖石刻，有国家级非物质文化遗产滩羊皮鞣制技艺；拥有"千年古县""中国玻璃艺术之乡"等多项国家级桂冠。交城人民淳厚俭朴，百折不挠，具有大无畏的革命精神，在抗日战争和解放战争期间，交城儿女前仆后继，热血铸英魂，谱写了一篇篇气壮山河的壮丽诗篇。

1936 年 3 月 20 日至 27 日，东征红军十五军团七十五师、七十八师挺进交城，途经当时交城县所属的 5 个山川，90 多个村庄，宣传中国共产党的抗日救亡思想，播下革命火种，交城人民踊跃参军，捐款献物，支援红军革命。

1937 年 7 月 7 日，卢沟桥事变发生，中国全面的抗日战争开始。山西牺牲救国同盟会交城分会成立，发动群众，开展抗日救亡运动。8 月，中共中央北方局派侯维煜回交城发展党员，重建党组织。9 月，山西牺牲救国同盟会派任悟僧、尹伊到交城创建人民武装自卫队（后改编为交城县抗日游击大队），发展人民抗日武装。10 月上旬，中共交城县支部成立（代行县委职权），领导交城人民开展反帝反封建、反日寇侵略的革命斗争。

11 月 13 日，日军侵占交城县城。此后，中国共产党领导下的山西抗日军队和团体不断进驻交城山，开辟交城山抗日根据地。12月，第二战区民族革命战争战地总动员委员会（简称战动总会）派常芝青、司正卿到交城，组建并成立交城县抗日游击政府。

1938年至1939年，山西新军决死四纵队、战动总会游击第三支队（后改编为第一支队）、新军工卫总队、八路军一二〇师独立一支队工作团相继来到交城山，建立和扩大人民抗日武装，发动开展游击战争。在此期间，中共文交工委，文、汾、交、清、太、徐中心县委先后在交城山建立，牺盟会太原中心区进驻交城山，开展抗日救亡的革命斗争。

1939年12月，阎锡山发动"晋西事变"。驻交城山的山西新军三十五团、十九团和工卫旅二十二团主动出击，消灭了在交的阎军独七旅、二〇三旅、暂编第一旅的顽固军官以及阎锡山交城县政府、第八专署顽固派政权，取得了反顽斗争的胜利。

1940年一二月间，中共晋西文交地委和晋西北第八专员公署在交城山建立。自此，交城山便成为晋西北（晋绥）第八分区开展抗日斗争的中心、晋绥边区抗日根据地的南大门、对敌斗争的最前哨，具有十分重要的战略地位，发挥了重大作用。

1940年1月，交城县抗日民主政府在交城山西冶川双龙镇建立，同时组建了由其领导下的县抗日武装自卫总队。2月，中共交城县工作委员会也在交城山诞生。同年6月，改称中共交城县委。县工委（县委）和县抗日民主政府建立后，在领导对敌斗争的同时，抓紧时机，在根据地进行了建党、建政工作，不断地发展了基层党组织，建立了区村抗日民主政权和人民抗日武装。同时、建立健全了县及基层抗联和工、农、青、妇各抗日救国会群众团体组织。

中华人民共和国成立后，经过70多年的建设，交城县各项事业获得长足发展，社会面貌发生翻天覆地的变化。2005年，城区面积增至7.9平方公里，建成"四横三纵一环"道路网络。全县3层以上高层楼房建筑达148幢，建筑面积45.3万平方米。2012年，国家民政部、联合国地名专家组中国分部和中国地名研究所公布交城县为"千年古县"。2019年，全县总人口为239 432人，全县生产总值91亿元，公共财政预算收入7.07亿元。

中共交城县委、交城县人民政府带领交城人民，以习近平新时代中国特色社会主义思想为指导，"不忘初心，牢记使命"，为实现"两个百年"的中国梦而奋勇前进。

数字交城——2019 年

综 合

全年全县生产总值为 914 326 万元。

第一产业增加值为 37 952 万元；第二产业增加值为 624 710 万元；第三产业增加值为 251 664 万元。

第三产业中，金融业增加值为 39 358 万元；交通运输、仓储和邮政业增加值为 26 818 万元；批发和零售业增加值为 23 862 万元。

人均地区生产总值为 38 214 元，按 2019 年平均汇率计算为 5686 美元。

全年全县公共财政预算收入为 70 716 万元。一般预算支出为 189 729 万元。其中农林水事务支出为 34 895 万元，教育支出为 52 423 万元，社会保障和就业支出为 19 391 万元，医疗卫生支出为 17 459 万元，文化体育与传媒支出为 4341 万元，公共安全支出为 7874 万元，节能环保支出为 8376 万元。

全年全县城镇新增就业 3310 人。转移农村劳动力 3100 人。年末城镇登记失业率控制在 2.0%。

农 业

全年全县农作物种植面积为 8521.9 公顷。其中，粮食种植面积为 7322.2 公顷；油料种植面积为 65 公顷。在粮食种植面积中，玉米种植面积为 5329.2 公顷；小麦种植面积为 112.3 公顷。

全年粮食产量为 36 957.9 吨。其中，夏粮 688.8 吨；秋粮 36 299.1 吨。

全年全县猪牛羊肉总产量为 11 906.1 吨。其中，猪肉产量为 6762.02 吨；牛肉产量为 1718.19 吨；羊肉产量为 965.71 吨。牛奶产量为 1464 吨。禽蛋产量为 6238.85 吨。水产品产量为 123 吨。

年末生猪存栏 42 285 头，生猪出栏 7973 头。

年末全县农业机械总动力为 8.02 万千瓦。机械耕地面积为 7311 公顷，机械播种面积为 7551 公顷，机械收获面积为 6001 公顷。全县农机化经营总收入为 4830 万元。

工业和建筑业

年末全县规模以上工业企业有 43 家。

规模以上工业企业焦炭产量为 551.54 万吨。

规模以上工业企业实现主营业务收入 213.03 亿元。其中，煤炭行业 17.9 亿元；焦炭行业实现 100.92 亿元；化学原料制造行业实现 24.05 亿元；装备制造业完成 3.5 亿元；医药化工行业实现 2.68 亿元；建材行业完成 30.37 亿元；冶金行业完成 24.55 亿元。规模以上工业实现利润 9.27 亿元。

全年全县建筑业实现增加值为 22 419 万元。

固定资产投资

全年全社会固定资产投资 28.53 亿元。

全年全县在建固定资产投资项目 142 个。其中,5000 万元以上项目 44 个,累计完成投资 18.98 亿元。

全年房地产开发投资 4 亿元。其中,住宅投资 35 804 万元;商业营业用房投资 4125 万元。

能 源

全社会原煤产量 150.2 万吨。全县一次能源生产折标准煤 91.62 万吨;二次能源生产折标准煤 994.46 万吨。

全年全县全社会用电总量 22.22 亿千瓦小时。其中,第一产业用电 0.11 亿千瓦小时;第二产业用电 19.66 亿千瓦小时,其中工业用电 19.54 亿千瓦小时;第三产业用电 0.96 亿千瓦小时;城乡居民生活用电 1.49 亿千瓦小时。

消费贸易

全年全县社会消费品零售总额为 22.35 亿元。城镇消费品零售额为 13.63 亿元;乡村消费品零售额为 8.72 万元。

全年全县海关进出口总额为 123 610.43 元人民币。

交通、邮电和旅游

年末全县公路线路里程为 990 公里,境内铁路营运里程为 11 公里。

全年全县完成邮电业务总量为 24 844 万元。其中，邮政业务总量为 1069 万元；电信业务总量为 23 775 万元。移动电话年末用户达到 231 052 户。移动电话普及率达到 96.5 部 / 百人。

各景区共接待国内外游客 1229.73 万人次，旅游总收入达到 101.37 亿元。

金 融

年末全县金融机构本外币各项存款余额为 1 398 120 万元。各项贷款余额为 568 905 万元。

教育、科学技术、文化、体育和卫生

2019 年，交城县有中小学 55 所，其中小学 27 所，普通中学 28 所。共有在校生 32 448 名，教师 2817 名。普通中学专任教师数为 1733 人，小学专任教师数为 1084 人。普通中学在校学生数为 14 794 人，小学在校学生数为 17 654 人。

全县有剧院 1 个，体育场馆 1 个。

全县各级各类医疗机构有 249 家，县级医疗机构 3 家：交城县医疗集团人民医院、交城县中医医院、交城县妇幼保健计划生育服务中心。乡镇卫生院 10 所，国企职工医院 1 所，社会办医 7 所，诊所、医务所 49 所，村卫生所 174 所，床位总数 959 张，专业医疗人员 1680 人。

人口、人民生活和社会保障

据 2019 年人口抽样调查，年末全县常住人口 239 432 人。全年全县出生人口 2276 人，死亡人口 885 人，自然增长率 5.8‰。

全年城镇居灵人均可支配收入 24 105 元，农村居民人均纯收入 11 367 元。

年末参加城镇职工养老保险参保 31 987 人，参加城乡居民养老保险 113 719 人，参加失业保险 24 554 人。城乡居民医疗保险应参保 186 878 人，实际参保 185 051 人。

资源、环境和安全生产

全县行政区域土地面积为 1822.11 平方公里，年末全县森林面积为 99 699 公顷，全县自然保护区总数 1 个。

全年全县城区空气质量二级以上天数 252 天。

年末全县城市污水处理率达到 96%；城区集中供热普及率为 74%。

全县全年亿元地区生产总值生产安全事故死亡率为 0；工矿商贸企业就业人员 10 万人生产安全事故死亡率为 0；煤矿百万吨死亡率为 0。

第一编

交城山革命根据地的建设和发展

1927 年秋，在中共山西省委领导下，交城县第一个党组织——中共交城县委建立，1928 年 3 月遭到阎锡山政权的破坏。1937 年 10 月上旬，交城县中共支部建立，代行县委职权，11 月停止活动。1940 年 2 月，中共交城县工作委员会在交城山诞生。同年 6 月，改称中共交城县委。

抗日战争时期，山西新军决死四纵队、二纵队，战动总会游击第三支队（后改编为第一支队）、新军工卫总队、八路军一二〇师独立一支队工作团相继来到交城山，建立和扩大抗日武装，开展游击战争。在中共交城县委、交城县政府和人民群众的配合下，先后取得了反顽斗争、反"扫荡"、反蚕食斗争的胜利，拔除了芝兰、岔口、草庄头、东社、米家庄、青沿、武元城等 11 个日军据点，解放了 8 个区，62 个行政村，363 个自然村及 54 240 人口。

期间，中共交城、交西县委开展了扩兵、做军鞋、献金、献粮的四大动员工作、干部整风运动、大生产运动、三三制民主政权的建设。此外，还不断地进行了根据地的文化、教育、卫生等各个方面的建设，努力发展了经济贸易、卫生防疫、群众文化等各项事业，取得了显著成绩。

1945 年 8 月 15 日，日本无条件投降。当年，全县解放区努力发展生产，开荒 12 540 亩，淤河滩地 870 亩，种棉 978 亩。1946 年上半年，中共交城县委领导平川村庄人民修筑甘泉渠，将文峪河水从开栅引入交城城西平川村庄，并在山地各区广修水利，变部分旱地为水田。

1946 年 2 月，召开了全县县议员、参议员选举大会，对团结各阶层人民，孤立反动势力，发挥了十分重要的作用。

交城县解放后至中华人民共和国成立前，中共交城县委和政府领导全县各级党政组织和人民重点进行了两方面的工作。一是以近10个月的时间，全县出动了6581人的民兵、民工，支援前线，参加解放晋中和解放太原战役。二是分先后两期进行了老解放区和新解放区的土地改革，使广大贫苦农民分得了土地，获得了翻身解放，极大地解放和发展了生产力。

第一章 抗日民族战争时期

第一节 党组织的创建和发展

一、组织创建

清代、民国时期，交城人走关东（东北三省）经商，赴西路（陕甘宁）采买毛皮，在绥远、张家口、京津、汉口等地开设皮坊、皮店。交城皮坊中也有来自河北省张家口、蔚县等地的皮匠。交城皮货质量上乘，素有"交皮甲天下"之美誉，来自全国各地的皮商纷至交城采购皮货，更有俄、英、法等国在交城开设洋行，专事"交皮"收购。众多人口的流动，加快了新思想、新文化的输入，影响和促进了交城人民在文化、思想上的进步。

1911 年 10 月 10 日，辛亥革命爆发，推翻腐朽、没落的清代王朝，结束了中国 2000 多年的封建专制制度。继武昌起义不几天，29 日，太原也揭竿而起，成为继陕西之后、全国第三座起义的城市。革命风潮迅速席卷全省，民主共和意识的积聚，大大促进了山西人民爱国主义精神的空前高涨，一定程度上促进了民族资本主义经济的发展，加速了工人阶级的成长壮大，为中国共产党在山西的建立奠定了思想政治基础。

1914 年，交城毛皮匠双二孟与张家口驻交皮匠师傅秘密结社，筹建工人组织。事泄未成。1919 年，交城毛皮工人组织成立公议社，入社毛皮工人达 3000 多人，公选毛皮匠侯正熙为领导。公议社制定了毛皮工人加入公议社的条件和程序：一是毛反工人；二是需要有入社介绍人，介绍人应当是已加入公议社的社员；三是公议社社员需交纳活动经费（会费）。1920 年，公议社领导全县毛皮工人统一行动，"晾案"（罢工）两天，要求增加工资，改善工作条件。"晾案"斗争取得胜利。

1919 年发生的"五四"运动，揭开了中国新民主主义革命的序幕，反帝反封建的潮流迅速波及交城。京、津、沪等大城市爱国学生示威游行和爱国商人罢市声援革命运动的消息，通过旅京、旅并的学生和交城县各皮坊、皮店驻外人员，不断传回交城。时有交城东关街人丁效禹在北京大学求学，参加了"五四"运动。交城的一些爱国知识青年和志士仁人，都对国家危亡和人民疾苦，怀责无旁贷之志。

1921 年 7 月，中国共产党成立。1925 年 12 月，中共太原地委成立后，发出"到工厂，到农村去，发展党员，建立组织"的号召，并派人到交城开展革命活动，建立共产党组织。据中共太原地委书记崔锄人回忆，在 1926 年下半年，交城县已建立起中共党支部。1927 年 7 月，根据中共山西省委决定，中共交城县委建立，上属中共山西临时省委领导。1928 年 3 月，中共交城县委被国民党破坏。

1931 年，"九·一八"事变发生，东北沦陷，旅外读书的侯维煜、郭萱（以上 2 人均在学校加入中国共产党）、常芝青、石思明等爱国青年，相继返县，传播马克思主义，倡导抗日救亡。城内两级学校、女子学校和职业学校，多次聘请从东北和京津等地来交城的客人作形势报告。他们以

"亡国奴不如丧家犬""国家兴亡，匹夫有责""先攘外，还是先安内"为题，揭露日本帝国主义妄图吞并中国的狼子野心，用深入浅出的道理，宣传抗日救亡主张。在侯维煜、常芝青等倡导下，爱国青年连连集会，反对国民党反动派的不抵抗主义，反对学校的封建教育和奴化教育。学校闹学潮，皮坊闹罢工。愤怒的学生和工人，砸毁学校办公室、国民党县党部；怒打商会会长和衙署县长；抵制日货，当众烧毁"三盛昌"等商店贩卖的日货。爱国青年纷纷上街示威游行，高呼口号、张贴标语、发布告、散传单，大造革命舆论，广泛发动群众，积极行动起来，抗日救国。

1936年3月，东征红军路经交城县中西川、葫芦川、西冶川、原平川、屯兰川、大川等90多个村庄，书写标语，散发传单，集会演讲，开仓济贫，赈济百姓，广泛地宣传和发动了群众，在交城县播下了革命火种，在人民群众中留下了深远的影响。

1937年，卢沟桥事变发生后，日本侵略军向华北大举进攻，山西牺牲救国同盟会派地下党员赵向荣和民族解放先锋队队员张培民来到交城，于县城文庙内成立山西牺牲救国同盟会交城分会。牺盟会积极宣传革命理论，开展抗日救亡活动，许多爱国学生很快团结到牺盟会周围。牺盟交城分会迅速发展壮大，由城镇扩展到乡村。段村、义望、阳渠、洪相、广兴、安定等大村，都有一批爱国青年率先参加牺盟会，开展抗日救亡活动。

10月初，抗战开始后交城县第一个中共支部在县城文庙建立，按照上级党委指示，代行中共交城县委职权。11月，中共交城支部停止工作。

1940 年 2 月，中国共产党交城县工作委员会（简称交城工委）在西冶川双龙镇（今双龙村）建立。6 月，交城工委改建为中共交城县委员会。

二、巩固发展

1941 年 10 月，中共交城县委在驻地科头村举办党支部委员、党小组长培训班，有第一、二、三区行政村党支部的近 20 名干部参加。半个月的时间，着重进行抗日形势、党的建设和减租减息工作的教育和训练。

1942 年 11 月至翌年 2 月，中共交城、交西县委开展整风运动，学习毛泽东主席《二一报告》（即 1942 年 2 月 1 日所作《整顿党的作风》的演讲）、《调查研究决定》《改造我们的学习》等 23 个文件。党员同志，特别是党员领导同志，通过理论联系实际和开展批评、自我批评，普遍地受到了马克思列宁主义的教育，成为领导交城革命的旗帜和先锋。

1945 年 8 月，日本侵略军无条件投降。至此，交城县农村共建立中共党支部和党小组 70 个，有党员的村庄达到 142 个，发展党员 1532 名。

第二节　武装斗争

1943 年 1 月至 1945 年 8 月，交城、交西县抗日军民通过开展群众性武装斗争，收复了被日军占领行政区 1 个，行政村 58 个，自然村 289 个，土地面积 755 平方公里，解放了 8989 户、3.9 万人。

1944 年 12 月 7 日至 31 日，晋绥边区召开第四届群英大会，交城县 15 名、交西县 14 名英雄模范前往兴县，光荣出席会议，其中段祥玉、崔三娃、韩凤珠被评为边区特等民兵战斗英雄。他们的英雄精神、传奇事迹，成为马烽、西戎所著小说《吕梁英雄传》的原型人物。

一、三次石沙庄伏击战

1941年1月16日，参加冬季"扫荡"的日军，在抗日军民的反击下，被迫向各据点撤退。决死二纵队六支队和交城县游击队，在支队长郭庆祥和政委李曙森带领下，预先在中西川石沙庄附近设伏。天亮后，日军从戴家庄方向沿文峪河川东下。待敌进入伏击圈后，部队和游击队从南、北两山上，以轻、重机枪和迫击炮向敌猛烈开火，构成夹击火力。日军人仰马翻，乱作一团。突击队随即冲出与敌短兵相接，展开激战。日伪军拼命抢占高地，企图突围，又遭火力打击，未能得逞。后获悉交城、开栅敌人进山增援，六支队和游击队战斗至晚撤出战斗。此次战斗，毙敌150余人，其中日军中队长1人，缴骡马6匹、大量弹药等军用品。

1942年3月21日，佐佐木率领的日军轻装突击队150余人，侵扰中西川石沙庄，当晚在该村驻扎。八分区司令员韩钧迅速率领四团、五团、六团在石沙庄四面设伏。22日5时许，敌出发后很快进入伏击圈。八分区部队发起总攻，战斗十分猛烈，当即打死打伤敌数十名。敌被压回石沙庄后，据守窑洞顽抗，并分兵抢占了村后山地。战斗进行到上午10点左右，五团奉命向占据窑洞的敌人冲杀，将成束的手榴弹连续掷进窑洞，不少敌人被炸死。余敌眼见不能固守，便冲出窑洞，边开枪顽抗，边往后山逃窜。战斗持续至下午两点左右，敌人窜入后山密林，部队留在原地围困。等了一夜，敌人没有动静。因判断到敌人是等待援兵，于是迅速撤出战斗。

这是八分区一次将敌围得走投无路、乞援解危的战例，受到晋西北军区表扬。战斗中，八分区部队和参战民兵打得勇猛顽强，歼敌百余人，消灭日军一个轻装突击队，从而提高了抗日军民的胜利信心。

1943年2月7日，岔口日伪军乘过春节之机，到石沙庄、中庄、戴家庄一带抢掠。8日拂晓，六支队三、九连和交城县游击大队与民兵，在岔口以西20华里的石沙庄至上长斜文峪河川两边设伏，待机歼敌。当敌行进到石沙庄村东时，部队向敌开火，继而上、下两面夹攻，一举歼灭日军小队长以下28名。并生俘日军6名、伪军4名，缴获轻机枪1挺、步枪14支、掷弹筒2个、其他军用品甚多。战斗结束后，我军民把13具日军尸体穿戴整齐，送进岔口据点，并带去大量宣传品，使敌受到很大震动，以后再也不敢小股出动了。这次战斗，为继续围困岔口敌人，打开了良好局面。

二、"挤"敌人

1942年9月4日，敌军占领交城岔口、芝兰两地，修建碉堡，建立据点，犹如揳入我根据地心脏的两把楔子。这两个敌据点与周边草庄头、马坊、石千峰等据点遥呼相应，把我根据地变成了游击区，游击区变成了沦陷区，阻断了我根据地的交通往来，严重地威胁到我根据地军民的生存。

12月，中共晋绥八地委在交城山屯兰川老鸦沟召开会议，研究和部署"挤"敌人斗争。地委书记、军分区司令员兼政委罗贵波，专员康世恩、地委副书记张永青、地委组织部部长梁树棠、宣传部部长胡亦仁、六支队队长郭庆祥、政治处主任李恽和，以及交城、交西县委、政府的主要负责人参加会议。会议传达中共中央晋绥分局 11 月 4 日在兴县北坡村召开的由晋绥分局、行署、军区、抗联及各地委、专署、军分区负责人参加的会议精神，认真学习和领会了毛泽东主席"把敌人挤出去"的重要指示，研究决定了围困芝兰、岔口敌据点的行动部署和作战方针。将分区部队进行了分工，六支队负责"挤"岔口敌人，二十一团负责"挤"芝兰敌人。会议决定实行党的一元化领导，部队负责干部参加到县委工作，由正规军、县大队、区小队和民兵紧密配合，充分发挥人民战争的威力，积极地开展各种"挤"敌斗争。

10 个月内，六支队、工卫旅和民兵共袭击敌 184 次，毙伤敌伪 286 名(内有小队长 13 名)，俘日军 8 名、伪军 64 名，缴获重机枪 1 挺、轻机枪 2 挺、掷弹筒 4 个、步枪 87 支、望远镜 5 架，解救被捕民众 300 余人。在长期围困打击下，1943 年 7 月 21 日，岔口、芝兰两地日伪军狼狈撤退。

围困岔口据点

实行"空室清野"。1943 年 2 月 25 日夜，中共交西县委和政府动员民众 500 余人，在分区部队的掩护下，帮助岔口据点附近 15 里内 20 余村的 200 多户人家，全部移居根据地，使岔口附近成为无人区。群众全部移出，岔口日伪军不得不亲自打柴担水，情绪十分低落。

六支队奇袭岔口据点。1943 年 3 月 10 日夜，六支队突袭岔口村，包围伪军驻地，点名喊话，开展政治攻势。伪军兵无战心，小队长乘机率众投降。日军出动后，被六支队打回据点，龟缩在碉堡里，孤守待援。此次战斗经 1 小时 30 分钟，解决伪军一个小队，缴获了部分武器、弹药和粮食，解救了 10 余名被抓群众。

交西三区民兵攻入岔口村。1943年3月19日夜，交西三区民兵基干队攻入岔口村，日军被吓得跑入碉堡内一枪不发。基干队缴获毛驴7头、骡子1头，以及很多食品，并俘敌炊事员1名。

六支队再袭岔口。1943年4月4日，岔口之敌突然包围东沟村，抓走30多名青年，抢走众多牲畜。为解救被捕群众，9日，六支队三连再度出其不意袭入岔口，俘伪军30余人，打开地牢，救出被捕受难群众40余人。

交西三区民兵日夜打击岔口敌人。1943年3月至5月，交西三区民兵日夜在岔口周围，监视和打击敌人。5月13日至20日8天内，连袭岔口敌5次。13日，在柏叶口山头上袭击敌人，解救妇女13人。15日和16日，连续袭击岔口外出挑水打柴之敌。神枪手击毙敌碉堡上哨兵1名。18日夜，攻入岔口据点，活捉日伪书记2名。20日，在距岔口2里之外，打退20余名出扰之敌。致使岔口据点日伪军挑水、打柴不敢白天进行，被困在"乌龟壳"里，不敢外出一步。

1943年7月，敌曾三度增援岔口，均被工卫旅二十一团击溃。20日夜，东社敌百余再度增援岔口，经会立村时遭伏击，伤亡30余人，余敌慌忙逃窜。21日，日军被迫烧毁岔口据点撤退至东社据点。

围困芝兰据点

工卫旅袭击芝兰敌。1943年3月上旬，一日拂晓，芝兰敌40余名，带驮10余头，经西冶川向东社行进。工卫旅二十一团闻讯后，设伏于大游底村南山脚下。待敌进入伏击圈后，猛扑敌人，敌仓皇败退，计伤敌10余名，缴步枪3支、骡子 5 头、子弹 800 余发。

实行党的一元化领导，成立对敌斗争委员会。1943 年 3 月，交城县实行党的一元化领导，由肖靖任中共交城县委书记。同时，成立对敌斗争委员会。

民兵和工卫旅袭击芝兰敌据点。1943 年 4 月 23 日，交城三区 20 余名民兵，配合工卫旅二十一团，拂晓前袭入芝兰据点。敌将全部兵力集中于一个炮台，用两个掷弹筒和一挺机枪射击，部队和民兵猛烈还击，作战 1 小时，烧毁敌炮台 1 座、敌军住房 10 余间，夺回被敌抢走之耕牛 2 头，扣获敌探 6 名，最后安全返回原地。7 月 21 日，日军烧毁据点撤退至东社据点。

攻克草庄头据点

1943 年 9 月 18 日夜，工卫旅二十一团一营三连和五支队一连以及县游击大队和武工队，通过里应外合，攻克日伪军盘踞 4 年之久的草庄头据点。

草庄头据点扎在草庄头村山顶上。为了解决这一据点，地、县党政军组织通过组织武工队，深入敌后，肃清了据点周围的汉奸和伪政权，并争取了部分伪军。

是夜 11 时半，在第八军分区副参谋长吕怀忠带领下，由部队担任主攻，组成两个突击队及预备队，并有武工队和游击队配合，一起到达炮楼附近。按照预先约定，给日军做饭的伙夫迅速打开炮楼大门。第一突击队从碉堡后门暗道潜入敌住院中，爬至敌军住室窗下。第二突击队随即占领碉堡房顶。部队英勇冲入敌住室，与敌展开肉搏。预备队听到枪声，跑步增援，从碉堡大门冲进。只用了 15 分钟的激战，仓皇应战的日军全部被歼，伪军大部被俘。战斗结束时，地方武装民兵及时赶到，将敌伪储存之武器、弹药、粮食全部运走，然后放火焚烧了炮楼、碉堡及弹药库、粮食库。

此次战斗，共计毙敌 30 余名、伪军 20 余名，俘日军 4 名、伪军两个班。伪区公所等伪组织人员被全部扣获。战利品计有迫击炮 1 门、掷弹筒 4 个、轻机枪 5 挺、步枪 20 余支、子弹 3 万余发、电台 1 部及印刷机等其他物品。至此，控制清太边山之敌中心据点被彻底摧毁，周围 70 余方里地区，50 余个自然村，1.5 万民众重见天日，交城四区获得解放。

"挤"掉青沿、米家庄据点

1943 年 6 月，日军在交城青沿、交西米家庄扎下据点。敌修筑米家庄主碉堡时，我分区部队配合武工队，掩护当地群众破坏交通，一夜之间破坏米家庄至岔口间的桥梁 7 座、道路 16 处。21 天内，我主动作战 13 次，毙伤敌伪 20 余名。敌进驻两据点后，地方党政首先领导打垮了维持会，部队伸到敌据点周围，伏击出扰之敌。民兵基干队主动出击，切断敌人交通，使敌不敢轻易出扰。在长期围困打击下，敌不敢再继续困守下去。1944 年 8 月 10 日，日军被迫将碉堡烧毁，偷偷撤退。

8 月 18 日，交城县召开解放青沿祝捷大会，青沿附近 3000 余军民参加。会议由直接领导围困青沿据点的交城一区区长张应武讲了话，报告了围困"挤"走青沿敌据点的经过，表扬了在斗争中有功的干部游清滋、司永清、白佩钦、张久吉、任安林、阎敦亮、阎开门，模范公民王愣孩，民兵战斗英雄贾秋大、侯春牛、王林林及直接参加围困青沿据点的县游击大队董存锁模范班，神枪手朱龙三、郝锁银、赵保大等英雄模范个人或集体。参会群众以热烈的掌声表达了对英雄们的衷心敬仰。县委书记罗沛作了重要讲话，给受难同胞以无限欣慰。当场政府拨款 10 万元，救济缺衣无食的受难同胞，抚恤在对敌斗争中忠勇殉国的烈士家属，并拨青贷 7.3 万元，运来 15 大石小米和大批农具供给群众。各机关以毛巾、肥皂等奖给有功人员，奖给民兵步枪两支。

"挤"掉五元城、古交、河口、石千峰据点

1945 年 8 月，五元城、古交、河口、石千峰据点日军在抗日军民的重重围困下，被迫全部逃走。

三、一二〇师警备旅一团寨子村伏击战

1945 年初夏，麦收后，日伪交城县公署知事郝步庭率 150 余名日军，由文水县伪军中队配合，挟迫城关民工数十人、大车十多辆，连续几日到县城东南村庄肆意抢掠袭扰。八路军一二〇师警备旅一团得悉情报后，为打击敌嚣气焰，保卫麦收成果，决定于县城东南 20 华里的寨子村设伏，打击消灭该敌。次日拂晓，由一营担任设伏突击部队，二营在设伏部队右翼向交城、文水方向警戒敌人增援，并相机截击逃敌。午后，敌顺着大路向县城返回，先头是交城县的日军、辎重驮骡、马匹保护着郝步庭，文水县伪军中队押着抢掠大车和民工随后跟进。当先头之敌进入一营设伏土围子前五六十米处时，司号员吹起冲锋号，勇士们一齐跃出土围子，在六七挺轻重机枪密集火力掩护下，像猛虎一样向日伪军发起猛烈突击。敌驮着重机枪、迫击炮、辎重弹药的骡马惊恐万状四散狂奔，几经一营指战员截击围堵，被一匹匹揪住缰绳牵下了战场。侥幸逃生的日伪军趁着烟雾弥漫狼狈逃到土围子西南三四百米处低洼地带开始顽抗。一营指战员通过二三百米开阔地带连续数次冲杀，未能奏效。这时，敌已占

据有利地形。为避免更大伤亡，部队决定停止冲击，于下午4时撤出战斗。黄昏时，敌保护着被击伤腿部的伪县知事郝步庭以及30余名伤员，狼狈跑回县城。

在一营指战员向日伪军发起冲击的时刻，尾随跟进的文水县伪军中队，掉头向西南方向逃窜，被二营一阵截击，伤亡十数人，最后向文水县城逃去。

此次战斗，八路军一二〇师警备旅一团共计毙伤伪县知事郝步庭及日军小队长以下60余人，其中击毙日军30余名，俘虏伪军10余名。缴获重机枪1挺、迫击炮1门、步枪40余支、子弹数千发、骡马七八匹。截获抢掠大车10辆、粮食上万斤。解救被捕村干、民兵数十人。在战斗中，当地政府和群众冒着枪林弹雨，抢救运送伤员至安全地带。

四、秘密交通线

1940年6月8日，中共中央在对晋西北的工作指示中明确指出，维护和组织对晋察冀、晋东南之交通线是重要的战略任务。在八专署境内，交通线不仅要通过同蒲铁路、汾河、太汾公路、离岚公路等敌人的重重封锁线，而且必须经过敌据点星罗棋布、纵横百里的晋中平川敌占区。更何况，为了确保所护送人员、物资的安全，秘密行进时需要曲折绕行，往往一个夜间根本无法通过，不得不在平川敌占区潜伏宿营，等候时机。交通点、堡垒村的党员群众，积极接待食宿、站岗放哨、侦察情报、向导化妆、提供车马渡船，尽一切可能，为交通线服务。

根据中央军委的指示，1940年10月晋西北成立交通司令部，11月，决死二纵队组建了交通支队（营的编制），在地方各级党和政府的密切配合下负责执行这项艰巨而光荣的交通任务。但是，许多重大的交通任务还得派大部队去完成。晋绥边区的交通任务主要由第八分区担负，尽管日、伪、顽层层封锁，实施百般的恐怖破坏，但八分区军民，以无畏的革命主义精神，与敌人斗智斗勇，捍卫了秘密交通线的畅通无阻。这条连接党中央与各个抗日根据地的秘密交通线，被誉为"钢铁走廊"。

1941 年以前，党内文件主要由地方秘密交通线转送。在日军推行"治安强化"运动以后，部分由交通支队武装转运。

1942 年以来，交通任务量成倍增加，但敌人的封锁也日趋严密、恐怖。为了适应形势与任务的需要，八分区决定撤销交通支队，选拔干部重新组建了 4 个交通队和 6 个兵站。交通队的每一位成员（交通员），严格选调"有坚定的革命立场，有勇于自我牺牲的大无畏精神；经过战斗锻炼，且有作战经验、头脑灵活、身体健壮的年轻连排干部"担任。在八分区交通科的实际领导下，分工担负八分区东、西两方面的通过敌占区的交通任务。同时，八地委和有关各县委也都组织了交通科、队，建立了秘密交通线，相互协同配合。

1943 年，晋绥八分区对敌斗争取得重大胜利，"挤"掉了伸入根据地腹地的岔口、芝兰、草庄头、榆林山等敌据点，解放了据点周围的大部分村庄，根据地又重新连成一片，进而把对敌斗争的中心转向晋中平川，山区成为可靠的后方。此后，为改进过往人员的接待工作，八分区又重新组建了兵站。总站设在静乐县圪西沟，站长张克勤，政委张兰明。下属 7 个分站。北线 3 个，分别设在交城县的兆峰、阳坡，静乐县的周家沟。南线 4 个，分别设在交西县的交口、海岸、青年沟及横尖镇。

兵站的主要任务是负责解决过往人员的食宿、医疗及保卫工作等。向过往人员介绍敌情和当地民情，这是最受欢迎的。兵站还养猪、种菜，在物质条件非常困难的情况下，尽可能的使过往人员吃好、休息好。

据不完全统计，从 1941 年到 1945 年间，八分区共接送干部 2852 人，其中有许多中央和各大区的领导人及中共"七大"代表和中央委员等多人；掩护过往部队、学校等多批，约 5 万余人；护送"日本反战同盟""朝鲜独立同盟""美军联络组"及新闻记者等国际友人数百人；护送物资、武器、文件、书刊等难计其数。

不少交通任务，是经过激烈战斗和流血牺牲完成的。八分区从 1940 年 10 月起奉命承担交通工作任务，直到 1945 年 8 月抗日战争胜利后，把交通工作任务转交吕梁军区负责，前后有 5 年之久。八分区军民为完成交通工作这一重大的战略任务，做出了巨大贡献，60 多人先后牺牲、负伤。二纵队四团团长王何全、五团三营营长董志信、交通队政治指导员田茂秀、交通员郭仰贤、彭明等献出了宝贵的生命。交通支队也曾有重大伤亡。

八分区的交通工作，为保证党中央同各个根据地的联系，为抗日战争的胜利作出了不朽功勋，受到中共中央交通局王凯局长的表扬和晋绥军区的通令嘉奖。总兵站政委张兰明、交通员王义光荣出席了晋绥边区群英大会，被授予"战斗英雄"称号。张兰明被选为中共"七大"代表（候补），出席了"七大"会议。

五、红灯市场

"红灯市场"，是在全面抗战初期，一大批具有民族气节和正义良知的交城社会各界群众及各阶层人士，奋勇反抗和打击日本帝国主义的侵略，在经济后勤战线上树立的一盏红色明灯，一处铜墙铁壁的战斗堡垒，一座热闹繁华的不夜城。

1937年11月13日，侵华日军占领交城县城，向晋西北根据地进行疯狂大"扫荡"，实施惨无人道的"三光政策"和"囚笼"经济封锁，妄图扼杀中国共产党领导的抗日根据地。而国民党政府采取"攘外必先安内"的反动方针，专事与八路军搞"磨擦"，给晋西北根据地军民带来了空前的军事、经济困难，根据地处在极为艰难的困境之中。建立一支强有力的后勤保障队伍，事关根据地的存亡和发展，形势迫在眉睫，意义重大。

成村，位于交城县城西南五华里，是一个拥有千余户人家的平川大村，有古代"官道"穿村而过，是县城通往西南各乡的门户。越过村北的太汾公路，即可进入交城山抗日根据地。当时，成村已成立地下抗日组织，群众基础较好。村西、村南有三千亩芦苇茫茫一片，是非常理想的青纱帐，便于人员和物资的转移隐蔽。成村人在娄烦县和交城东关做买卖的较多，货物来源的门路宽广。村内各条大街又有数十座棚铺和车马大店开张营业，商贩走卒川流不息，买卖兴隆。成村优越的地理环境和良好的群众基础，使其成为八路军敌后物资转运站的理想驻地。于是在1937年冬，一二〇师民运部组建武装工作团，深入晋中平川，在交城县抗联的精心部署和鼎力配合下，开辟了名震晋绥、声传延安的敌后物资转运站——成村红灯市场。

成村红灯市场在交城县抗日救国联合会（简称抗联）的领导下，执行党的抗日统一战线方针、政策，深入贯彻《抗日救国十大纲领》，以成村官道街王家东、西骡马大店为依托，发动和组织群众，联络工商业者及社会上层人士，争取日伪人员，开设乡村集市。集市由市场领导统一管理、指挥。白天，集市转入地下活动，积极组织和筹措物资，存藏货物于全村各家各户。夜间，市场挑灯交易，物资应有尽有。骡马、车辆纷至沓来，沸腾繁忙，通霄达旦。为了保护物资的安全转运，抗联还将敌伪组织防共自卫团秘密进行改组，使其成为市场的武装保卫力量，负责站岗放哨、巡查抓捕坏人，应付日伪、敌特活动。同时，在县城日伪县政府对面设立情报联络站——三端则饭店，情报及时、准确，传送迅速。1940年，红灯市场遭到日军的疯狂摧毁，牺牲干部群众数十人。之后，中共交城县委积极采取应对策略，组织各村轮流举办集市，继续源源不断地为根据地转运物资。

在三年多的时间里，红灯市场组织的货物，远可达京、津、沪等城市，近则来自太原、榆次等地，累计组织购置枪支百余条、子弹若干，购运布料100余万匹、军鞋30万双及各种军需物资3万余驮。转运站将这些巨量物资安全转运晋西北根据地，直通中共中央所在地延安，从而彻底粉碎了日军的军事、经济封锁阴谋，使晋西北边区军民度过最为艰苦的斗争岁月，出色地完成了艰巨任务，迎来了抗日战争的伟大胜利。

第三节　统一战线

交城县、交西县认真贯彻执行中共中央制定的统一战线政策，团结和带领交城社会各界、各阶层人士，积极投身到抗击日军的斗争中来，先后开展四大动员、三三制政权（即在政府工作人员中，共产党员、非党左派进步分子、中间派各占三分之一）建设、村政选举等工作，建立了稳固的统一战线，取得了抗日民族战争的伟大胜利。

一、四大动员

根据晋西北军政委员会决定精神，1940 年四五月间，中共交城县工委和政府在交城山区发动和开展了扩兵、做军鞋、献金、献粮的四大动员工作，按照"有钱出钱，有粮出粮，有力出力"的合理负担政策，动员各阶层人民积极参军、献钱、献粮，动员妇女做军鞋，有力地支援了晋西北区抗战。

二、村政选举

会立村选试点

1940 年夏季，中共文交地委由秘书刘光带队，协同交城县委，在中西川会立村进行村选建政试点工作。为了落实晋西北妇救会关于各级妇救会在村选建政中要积极发动妇女参加的指示，专、县、区妇救会都派干部参加了这次试点。

在深入宣传和广泛发动群众的基础上，召开由全行政村群众参加的选举大会。人民群众唱着"杨柳叶儿青又长，我们要选个好村长，办事公道十六两，不选白眼黑心狼……"，整队进入会场。选举揭晓，妇女积极分子倪玉兰被选为会立行政村村长。这是在八分区选出的第一个女村长，从而为农村妇女参政树立了榜样，当选者戴着红花登上讲台。刘光的讲话激起了群众热烈的掌声，人们高呼着"拥护共产党！""坚决抗战到底！""打倒日本帝国主义！"等口号。会后，会立群众还自发地搭台演出秧歌戏，庆祝村选建政工作的胜利。

这次村选建政试点工作，体现了人民当家做主和男女权利平等。在它的推动下，交城山区根据地各村普遍开展了村选建政工作，村村建立了新政权，民主选举出村干部。同时，还健全了各抗日救国会组织。一些妇女抗日积极分子被选进了村政权。

水峪贯村选试点

1941年4月8日至14日，交城县抗日民主政府在三区水峪贯村进行村选试点工作。开始由村干部进行了村民户口调查登记、公民审查和名单公布，12日早晨分别召开村民大会，选举出村代表和主任代表。14日进行了村选，到会的公民达135人，占公民总数的45%，民主投票选举出新村长。新村长宋德福当即挂红上台，宣誓就职并发表施政演说。又经过群众代表讲话及提出提案后，选举大会在欢快的歌声中闭幕。

当晚由新村长主持，召开了首次村代表会议，推选出各委员会会长、干事及村书记，并明确了村长与各会长之关系，制订了各种会议制度。

截至1941年12月，在交城山区根据地内的6个区、84个行政村中，开展民主选举村政权的工作。17个应进行村选的村庄，有11个进行了村选，共改选村长、副村长21人、书记5人、主任代表2人、闾长40人、代表2人、邻长5人。

地方士绅名流学者担任村长的 6 人，担任副村长的 5 人。村选期间，县区共开过士绅会议 5 次，参加的士绅有 16 人。这样，扩大了农村抗日民族统一战线，广泛团结了各阶层力量，推动了全县抗日工作的开展。

在村选中，妇女和男子一样有选举权，而且有的被选为代表和男人一样工作、抗日，有很高的积极性，发挥了较大作用。

1945 年 2 月至 5 月，交城县抗日民主政府集中组织民众，加强对敌斗争，解除了敌伪对人民的威胁滋扰。解放区实行变工互助和开展生产运动，在群众民主意识日益提高的基础上，老解放区 60 个行政村内的 48 个行政村，150 个自然村，实行了普遍的、直接的、无记名投票的选举。凡年满 18 岁，只要不是汉奸，不分阶级、党派、民族、信仰、文化程度和财产多少，一律有选举权和被选举权。各阶层人民有很高的民主热情和参选情绪。3.5 万多人口中，有选举权和被选举权的约 1.9 万余人，参选者达 80%以上，即 1.5 万余人。老百姓亲自选出了自己的村主席、代表、代表主任、行政委员，村政权为广大人民所掌握。在选举中，各级都贯彻了中共中央"三三制"政策，发扬了高度民主。一方面召开了村、区、县的扩大会议，检查了干部思想，发扬了干部克己奉公为群众服务的精神。另一方面，发动广大各阶层人民检查与批评各级政府的工作。经过这次村选，人民把 110 名能为他们办事的优秀分子选进各级政权机构中任村主席、主任代表，其中有 5 名女代表，并罢免了村政权中那些不能为群众办事的村长和副村长。

1942 年 10 月，交西县石沙庄地主白玉春，因积极拥护减租减息，守法开明，被选为晋绥边区参议员，出席晋绥边区临参会。

第四节　减租减息

一、交城县减租减息工作
科头试点

1941年春季，反"扫荡"结束后，晋绥八专署与交城县政府为解决群众生产和生活困难，由八分区抗联主任米建书、交城县县长任悟僧、县妇救会秘书李友莲、三区委书记李立功等十多人组成工作组，在三区科头村进行减租减息和整顿村政权的试点工作。他们首先发动群众掀起春耕生产热潮，然后深入群众调查研究，分析地富剥削形式，帮助群众提高认识，积极起来参加减租减息。在此基础上，开展了减租减息和整顿村政权的工作，健全了各个群众组织。春耕生产和减租减息工作的胜利进行，促进了群众性抗日工作的积极开展。

减租清债

1943年11月至1944年4月，交城县认真贯彻中共中央减租减息政策，全面开展减租清债工作。全部工作分三步进行。开始，交城县委先以半月时间在麻会、东塔两个实验村进行了试点。此后以两个月着重于内地区（即二、三区和一区之4个行政村），两个半月着重于游击区和收复区。

此项工作中，交城县委和政府坚决地保障农民佃权，采取了发动与组织农民进行减租及对某些顽固地主斗争的方针，并定出了伙种地和减租的具体办法，即1911年以前的旧债一律豁免；1941年以前的旧欠租子一律豁免。在土地上贷账或约一律抽回。据 4 个区的统计，共收回约账 9410 张；被地主、债主霸占后经过群众斗争，退出土地 1040.5 垧，退出的钱钞有白洋 17 813 元、农钞 1913 元、伪钞 65 元、房屋 54 间、窑洞 13 眼、牲畜 156 头、杂粮 313 石、大烟 66 两、衣服 38 件。

二、交西县减租减息工作

交西县农村减租减息工作，经过广泛深入的宣传、动员和调查，采用民主选举出评议员进行逐家逐户评议的方法，取得了显著成绩。截至 1942 年 6 月 3 日，全县 141 个自然村，已有 63 个村进行了彻底的减租减息，尚有 21 个村正在进行中。全县有地主 275 户，租出水地 5826 亩、平地 1245 亩、坡地 4709 垧；有租地户 409 户。减租减息后，改最高平地四六分为三七分，最高坡地四六分为二八分。改最低水地四六分为三七分，最低平地三七分为二八分。除二区以外，全县共减过地主 247 户，租户 336 户，共减粮 1632 石，减钱 1426 元，从而在一定程度上减轻了贫苦农民在经济上的负担。

1944 年冬，交西县减租减息工作已告结束，在一定程度上减轻了贫苦农民的负担。是时，在戴家庄召开了群众大会，并有部队参加，斗争了大地主杨林贵，将大部分财产分给农民。

第五节　经济文化

一、经济贸易

1941 年，中共交城县委和政府响应中共中央号召，粉碎日军经济封锁，在山区根据地内大力发展经济贸易工作。最初，在屯兰川泪坡村建立了第一个公营商店——利记商店，经营布匹、日用品及文具纸张等。接着在麻会村和周山庄办起了油坊，在石相沟办起了酒坊、醋坊和粉坊，从而极大地改善了交城山区军干民的生活。

1943 年 8 月，交城县成立贸易局。此后，在贸易局领导下，相继于麻会村、周山庄、南头村办起了"恒泰昌""西恒昌""东恒昌" 3 个贸易分店，并且在以上地方兴办了油坊、酒坊、醋坊、粉坊、皮作坊和饭馆等。同时，多次在岔口、麻会、南头、白岸、张家山、草庄头等地举办庙会，组织群众进行农副土特产品的收购和牲畜、农具、生活日用品的交流，从而改善了军干民的生活，激发了群众的生产热情，在一定程度上恢复了山区经济。

鲁沿群众合作社。1944 年 8 月，为了粉碎日军经济封锁，在中共交城县委、政府领导下，鲁沿村办起群众合作社，选举阎元功为经理。16 岁以上村民均入了股。合作社成立了妇女纺织班，办起了油坊、醋坊。至年终，妇女纺花赚回 1 万斤米，油坊赚三四千斤米，群众有吃有穿。翌年春，又从临县调来了棉籽，县政府送来了蓝籽和栽培技术，党员干部带头种棉花 60 亩，秋季亩产达 50 斤，从而使棉花和染料自给。1945 年，合作社织布机增加到 18 台，个体户纺车发展到 110 架，每人每天织五六丈布，群众吃到了油、醋，家中有了被盖。

二、大生产运动

1942 年，中共交城县委、县政府、县抗联响应党中央号召，号召机关人员自己动手，开荒种粮、种菜，自行解决两个月口粮。县委机关在麻会村和关头村，县抗联在小应寒村，建立了开荒生产基地。

1944年，为克服日军连年烧杀抢掠给交城山根据地经济带来的严重困难，交城、交西两县普遍开展大生产运动。除组织群众开荒、淤河，进行生产自救外，机关、部队都自己动手，开荒种地。一年内，共开荒36 295亩，试种棉130亩。粮食产量由上年的117 276大石，增加到145 176大石，递增23.8%。试种棉花获得成功，共产籽棉3800余斤，从而大为改善了军民生活，增强了对敌斗争的战斗力。

交西县普遍建立劳武结合的互助组织。1944年春，响应毛泽东主席"组织起来"的号召，交西县在三区河西庄建起了第一个变工队。此后，劳武结合的农民互助组织在全县普遍建立起来。三、四区的民兵分批轮流到二区围困敌据点。民兵外出活动期间，土地由互助组代耕。民兵在围困据点时，除监视封锁敌人外，还帮助当地群众生产。

交城县游击大队创造游击、生产办法。1944年春季，交城县游击大队在对敌斗争中创造了游击、生产的好办法，共作战49次。同时，走到哪里生产到那里，共耕地1000多亩，播种945亩，开荒268亩，并在几十个地方种了21亩菜地。

三、种棉纺织

1942年，交城县抗日民主政府在屯兰川的麻会、姬家庄、武家庄一带，发动群众试种小籽棉花，成立了纺花班和织布班，还在麻会成立了纺织厂，县区机关工作人员和群众一起纺花织布。

1945年2月，为落实4727亩种棉计划，做到全县穿衣半数自给，交城县抗日民主政府组织运回种子，并从临县请来种棉指导员，配合冬学或召开村民大会，巡回对群众进行种棉教育。政府翻印种棉常识，发给各村，由小学教员按种棉节令分期向群众讲解。3月，各村制订出生产计划，适当调剂了种棉土地。

1945年4月，交城县政府、抗联及贸易局为达到全县穿衣半数自给的目标，大批训练纺织妇女，积极动员妇女纺花织布。有11个妇女纺织训练班先后在各处开办。除1个训练班为贸易局开办外，其余10处都是各地群众合作社采取民办公助、计工分红的办法开办的。这种适合群众要求的训练班，很快便吸引了广大贫苦妇女参加。各训练班共发展了21架快机，20多天内织小布120丈，学会织布技术的妇女达74人。

四、群众文化

1944年5月26日至6月2日，交城县召开文教大会，睦联坡等村作了读报、通讯、识字方面的典型报告。

1945年1月，为推动群众文娱更广泛开展，搞好春节期间娱乐活动，交城县各区召开群众文娱干部会议。在会议上，各村小学教员、冬学教员、群众剧团负责人、自乐班、社火的领导人等，共同交流群众文娱活动经验，进一步推动了群众文化活动的开展。

经过短时的准备之后，小娄峰、睦联坡群众剧团便正式开始巡回出演。演出的剧目为反对恶霸、反对迷信内容的《革命挑菜》《反迷信》等。他们的行动，对全县群众文化工作推动很大，许多村庄成立了各种不同类型的剧团、秧歌队。全县共成立群众剧团25个。至6月底，全县群众剧团发展到69个，参加人数达2200人。

1945年6月上旬，交城县召开了为期8天的文教大会，交流学习了睦联坡开展通讯报道、举办黑板报的经验；麻会村开展订报、读报活动的经验；常安村妇救秘书赵伶俐组织妇女冲破家庭束缚，建立识字组，开展识字活动的经验。会议之后，交城山根据地群众文化工作更加蓬勃开展起来。

五、教育发展

1941年冬，交城山区社会教育得到发展，共有冬学41处、识字班9处、读报组5个、剧团2个。

1944年12月，中共交西县委和政府为了普遍提高群众文化知识和政治觉悟，先后在全县范围内建起冬学38个、识字组50个。至次年春，全县民兵自卫队、妇女和儿童掀起学文化、学政治热潮。1944年11月29日至12月14日，交西县集训冬学教员，有50名教员参训。

1940年，中共交城县委和抗日民主政府建立后，就开始在交城山区建立学校。敌在芝兰、岔口扎据点后，由于环境恶化，忙于对敌斗争，学校教育日趋停顿。1943年，芝兰、岔口据点敌被"挤"走后，鲁沿、木瓜会等学校开始兴办起来。1945年6月，交城县有小学32所，其中一区7所，二区10所，三区10所，四区3所，六区2所。有完小1所，儿童受教育人数占到学龄儿童总数的80%以上。

1940年9月，为加强根据地文化建设，打破地主、富农阶级办学的旧格局，开创大众文化教育的新格局，交城县抗日民主政府在科头村举办了小学教员训练班，历时一个月，参训教员有50人。这次训练，着重解决了动员穷苦人民子女入学，粉碎日本奴化教育，实行新民主主义教育问题。

1941年9月，交城县抗日民主政府在西冶村开办了小学教员训练班，用 10 天左右时间，对山区 20 多所小学的教员，进行了抗日政治形势教育和教学培训。

1943 年冬，培训 170 名冬学教员，派往各地成立冬学，于 12 月 20 日前后开课。冬学分成人班和儿童班。儿童班以文化教育为主，成人班以时事政治、生产知识等为主要讲授内容。

第六节　英雄模范

一、英烈丰碑

周　平（1916—1938），原名周国清，江西省永新县澧田村人。1931 年参加中央红军，历任司号员、侦察员、班长、排长、连长。长征时在红一军团任营长。参加过四渡赤水、金沙江、大渡河等战役。他以打夜战、近战、硬战闻名。中央红军到达陕北后，他在红军大学任队长、射击教员。

抗日战争爆发后，党派周平随程子华到山西太原，参加第二战区民族革命战争战地总动员委员会（简称战动总会）武装部的工作，任山西大学游击战术教官、战动总会干部教导队队长。1937 年 11 月，太原失陷，他率亲手缔造的干部训练班第四期学员 100 多人，组成游击干部大队，在太原地区开展抗日斗争。12 月在交城山区组建战动总会游击第一支队，任支队长。1938 年元旦，成立晋西人民抗日游击第一路纵队时，程子华兼任纵队司令（此时任战动总会武装部部长），周平兼任参谋长。不久，该队改编为山西保安第二区游击第一支队，程子华兼任支队长，周平任副支队长，后任支队长。

1938 年 2 月 25 日，清源日军百余人到交城覃村抓壮丁、抢民女，周平率一支队袭击敌人，毙伤敌 15 人。3 月 9 日，周平率一、二支队及特务大队在太原黄楼口设伏，与敌人激战三小时，毙伤敌 160 余人，毁敌汽车两辆。5 月 10 日，周平率侦察队在晋祠附近的柳林村设伏，战斗中生俘伪军 40 余人，毙伤 40 人，缴获步枪 20 余支。5 月 21 日，周平率一支队在交城城西袭击敌人，接着又袭击交城东关之敌，给敌以杀伤。一支队自成立至 1938 年 9 月，周平指挥作战 50 余次，给敌以沉重打击，日本鬼子一听周平的名字闻风丧胆，周平支队成为晋西北的一支劲旅。

1938 年 9 月 12 日，为了纪念"九·一八"事变七周年，一支队准备在太谷县北洮村袭击敌人。当日半夜，周平率 10 连全体战士，头顶繁星，悄悄向同蒲铁路挺进。拂晓前，部队到达北洮村，埋伏在铁路两侧的草丛中。战士们屏息着呼吸，焦急地等待着敌人。突然，在太阳的微光下看到十几个鬼子在铁轨两旁的人行道上晃动，前面 3 个，后面 10 几个，且越来越近。一会儿，鬼子说话的声音也听到了，周平还是不下令开枪，战士们急得心都提到嗓子眼了！当敌离我机枪火力只有 20 米远时，周平猛地站起来，驳壳枪顿时开火，紧接着轻机枪、冲锋枪、步枪一齐开火。几分钟时间，敌人全部死伤。支队长命令部队打扫战场，撤出战斗。突然一声冷枪，击中周平右臂，瞬时鲜血直流。他用左手举起手枪，命令撤退。战士们满腔怒火，不愿撤出，一定要把鬼子全部消灭光！可谁也不知道冷枪从什么地方来。"叭"地又一枪，机枪射手腹部中弹。此时，我一战士向破车皮投出一颗手榴弹，炸死了躲在其后的最后一个敌人。刘震连长急令护送支队长撤退。部队刚撤出战场，援敌坐着装甲车，向空无一人的战场乱发了一阵炮弹。此伏击战，歼敌 16 人，缴枪 15 支、子弹 1000 余发。

当部队向驻地交城县东社镇返回途中，周平因流血过多，光荣献身。三日后，我军民 3000 多人为周平举行了追悼会。并将其遗体安葬在东社镇，立碑永志。全国解放后，烈士遗骸迁葬于石家庄华北烈士陵园。当时碑上写着"欲遂生平志，不顾命与家。但愿血与泪，灌溉自由花"。

顾永田（1915—1940），江苏省铜山县（现徐州市）大黄山乡西珠家村人，是国家民政部公布的全国著名抗战烈士之一。曾读书于铜山县师范和上海某校。1931 年"九·一八"事变后，率领同学参加抗日救亡运动，加入共产主义青年团。1935 年，发动、带领学生参加"一二·九"学生运动被逮捕，旋获释。

1936 年秋，日本侵略军进犯平津，顾永田任山西牺牲救国同盟会总部执行委员和太原市二区牺盟会特派员，年末赴延安学习。第二年春加入中国共产党，7 月，积极组织、宣传群众抗日，并参与了山西工人武装自卫队的工作。11 月上旬，太原失守，任工卫队政治指导员、营教导员，在交城、文水一带，配合八路军一二〇师坚持游击战争。1938 年 2 月 15 日，文水县城沦陷，顾永田任文水县抗日政府县长，几个月内就摧毁了伪政权，建立起各区、村的抗日政权；吸收爱国抗日知识分子参加工作，成立农救会、青救会、妇救会等抗日群众团体，使中共抗日救国十大纲领得到实施；组织战地总动员委员会第三支队和工卫旅二十二团；动员群众参军参战，做军鞋、献棉布、军粮，使活动在交城、文水一带的八路军和抗日新军的军需物资有了保障。同时使大部分乡村成为抗日阵地，日伪政权的管辖不出县城；组织发展农村经济，大兴水利，引汾灌溉，提出"上足下用"新渠章；抵制伪钞，发行"流通券"，促进经济贸易的发展；训练教师，恢复停办小学，培育人才；禁烟禁毒，使人民得到健康。经常教育人民"宁死不做亡国奴"，刘胡兰曾几次聆听顾永田铿锵有力的讲话，坚定了为革命宁死不屈的信念。1939年3月，在"秋林会议"上，抗日新军、牺盟会的主要领导干部一起被阎锡山软禁，灌输反共思想，企图以"劝导""感化""高官厚禄"收买，遭到顾永田的坚决反击，故被撤销文水县长职务。群众闻讯愤慨异常，聚众示威，并把阎锡山派来的县长赶跑。之后，顾永田担任了工卫旅二十二团团长、山西第二游击区行政公署第八专署专员。1940年初，盘踞在太原、清源、交城、文水的日伪军向八分区驻地进行大规模的"扫荡"。顾永田率军转战交城山。2月11日，日伪军趁群众过年之际进山"扫荡"，顾永田亲率一营兵力，在交城县田家沟阻击敌人，打死伪警备队长及日伪军30多人。终因寡不敌众，壮烈牺牲，实现了他"战士捐躯沙场，为中华民族求幸福"的誓言。烈士遗体曾葬于交城县燕家庄的麝香沟，1958年移葬于石家庄华北革命烈士陵园。交城县原址有衣冠冢保留，为交城县文物保护单位。2019年进行了修缮。

郭　萱（1914—1940），字寿畛，乳名金锁，交城县城头村人。1929年，15岁的郭萱考入太原友仁中学，期间，受进步思想的影响，1930年考入太原国民师范（以下简称国师）。在学校，郭萱是一名品学兼优、德才兼备的优秀学生。

郭萱能弹会唱，能写会画，在学校除了刻苦学习文化知识外，还积极协助地下党组织做了大量抗日救亡的工作，受到学校领导的多次表扬。郭萱思想上要求进步，树立了远大的革命理想，在地下党组织的培养教育下，1931年3月光荣加入中国共产党，是交城县第一位加入中国共产党员的人士，被选为国民师范学生会负责人之一。

1931年12月18日，郭萱和同乡石思明同学一起参加了太原爱国学生向山西省国民党部请愿的爱国学生运动，郭萱担任纠察队员。随后，郭萱又参加了反对日本侵占东北，声援东北义勇军抗战的爱国抗日行动，并报名参加学校义勇军，随时准备开赴东北抗日前线，与东北义勇军并肩作战。后学校义勇军遭到阎锡山的极力反对，被迫宣布解散。

1932年1月，郭萱受学校地下党组织的委派，利用寒假期间，回交城发动抗日救亡运动。郭萱和石思明回到交城后，秘密联系杜家庄学校教师张敏曾（成村人）、皮毛工人公议社领导吕昌福、交城商界代表乔万福等，进行秘密策划和准备。经过几天的准备，正月的一天，城关各学校的师生、工人和商人300多人走向街头，进行示威游行。一边高呼"日本侵略者从东北滚出去，打倒日本侵略者"等口号，一边高唱《五月的鲜花》《流亡三部曲》等歌曲，口号不绝，歌声嘹亮。大家抗日救亡的激情十分高涨，游行队伍从城内东正街走到东关，再从东关走到沙河街，不时有群众加入到游行队伍中，田家山的王业等群众也参加了游行。参加游行队伍的人员越来越多，他们冲散县政府警察的阻拦，到了国民党县党部大院(文昌祠)。他们发现县党部大院空无一人，国民党县党部负责人早已逃之夭夭。愤怒的工人和学生，捣毁了县党部的牌子，砸碎了县党部的玻璃窗户。此时，郭萱和石思明、吕昌福、王华卿(学界知名人士)、乔万福等研究，建立了交城县各界抗日救国会，并在原国民党县党部门口挂上了牌子，交城县各界抗日救国会办公的地址就设在县党部大院内。抗日救国会的宗旨是"团结各界抗日团体，敦促蒋介石停止内战一致抗日，要求国民党政府出兵收复东北三省"。抗日救国会成立后，郭萱和石思明抓住有利时机，散发传单，刷写标语，还利用交城的集会和演戏的机会，宣传抗日救亡的思想，开展抵制日货等活动，掀起了抗日救亡运动的高潮。郭萱和石思明开学返校后，抗日救国会停止活动，但这是交城县历史上第一次抗日救亡运动，唤醒了广大民众，为以后交城县进一步开展抗日斗争，奠定了思想和组织基础。

郭萱返校后，参加了国师反对会考的活动。当时山西省教育厅厅长冀贡泉、国师校长冯司直提出复古会考制度，让初师、中师毕业学生参加会考。这一决定引起全校师生，尤其是应届毕业生的强烈不满和反对，郭萱愤怒地对同学演讲："目前国民党对我苏区实行军事围剿，而学校让我们会考，这是学校对我们学生的思想统治，迫使我们学生埋头苦读，不闻政治，不闻革命耍的鬼花招。"这时，郭萱发动石思明、许齐之、段兴汉、周甫川、左生辉等同学积极参加反对会考的斗争。下旬，国师学生会在学校地下党组织的领导下。召开有700多人参加的学生大会。会上，当时任学生会成员的郭萱和地下党员，建议增加临时动议，联络其他中等学校学生反对会考，成立国师后援会，并指定石思明提出临时动议。当石思明同学提出临时动议后，全体学生表示坚决赞成。会后，正式组成国师学生后援会，并声援了太原其他中等学校学生反对会考的斗争。在反对会考斗争中，郭萱还参加了去山西省教育厅的请愿。请愿学生和阎锡山派来镇压学生的军警发生了冲突，并造成了流血事件，使阎锡山大为震惊，迫使省教育厅做出让步，反对会考的斗争取得胜利。

1935年，在校期间，郭萱加入反帝大同盟，并担任该同盟的负责人。年底由于郭萱直接参与山西支援"一二·九"运动的活动，宣传抗日救亡思想，散发革命传单，1936年春，郭萱被逮捕，关进了山西省陆军监狱，后转太原反省院。在狱中，郭萱继续宣传革命理论，秘密组织狱友学习有关革命的内容和知识，与阎锡山当局展开了针锋相对的斗争。1937年春，由于阎锡山被迫开始接受共产党的统一战线政策，将郭萱等一大批政治犯释放出狱。郭萱出狱后，参加山西省牺盟会在国师举办的军政干部训练班。训练班结束后，郭萱投笔从戎，报名参加邛县国民军士二团，任连政治工作员。9月，决死二纵队组建时，任三大队九连政治工作员。1938年8月，任游击九团三营营长。不久郭萱随团部进入洪洞、赵城一带。郭萱率部队刚到，驻店头村的七连就遭到日伪军400多人的突然袭击。郭萱得知情况后，迅速做出迎战部署。郭萱率七连正面迎战，让营教导员王美唐率八连从苑川村出发，沿着南山梁插向敌军左翼；营副曾鸿义指挥九连从苑川堡出发，沿着南山梁插向敌军右翼。当敌人大部队行进在庄稼地里的凹道上，骑着大洋马的日军指挥官显露出来，郭萱一声枪响，敌赵城守备队长松丑中尉应声落马。郭萱率部队与敌军激战两个多小时，毙伤、毙死敌军十余人，余敌狼狈逃回赵城，紧闭城门。这次战斗是九团初到赵城的第一次战斗，沉重地打击了日军的嚣张气焰,鼓舞了河东人民对敌斗争的勇气。为此二纵队司令部、政治部对三营发布了褒奖令。这次战斗不久后的一天,郭萱带几十名战士执行完任务返回驻地的时候,突然和近百名敌人相遇,紧急关头,郭萱当机立断,一马当先,率战士冲入敌阵,展开了一场敌众我寡、敌强我弱的恶战。厮杀中,郭萱的左手食指、中指被打断半截,但郭萱仍和敌军英勇搏斗,亲自从敌军官手中夺得一支二八盒子手枪,并把敌军官处决。这次战斗歼敌大半,余敌狼狈而逃。这次战斗的胜利,大大地鼓舞了我军作战的勇气,打击了敌人的威风。郭萱指挥作战果断,机智灵活,骁勇善战,尤以打近战、硬战而闻名洪洞、赵城一带,成为河东威震敌胆的一名虎将。

1938 年 10 月,一纵队从二战区长官部领取了军饷和武器弹药,准备由大批驮骡载运回晋东南,团首长将此护送重任交给了郭萱。郭萱慎重选定路线,精心布置护卫,亲自率领两个连护送。经过三个小时的爬山涉水,渡汾河、过同蒲路,通过层层封锁线,圆满完成任务,受到首长的表扬。

1939 年初,九团改编为工卫旅二十三团,郭萱仍任二十三团三营营长。秋林会议期间,团部选派郭萱参加秋林第三期集训。在集训期间,旧军官以高官厚禄为诱饵,收买新军干部,瓦解新军。郭萱坚定拒绝引诱,毅然返回部队,表现了一个坚定革命者的高尚气节。

1940 年后,部队转战到交城、静乐、岢岚一带从事武装斗争和民运工作,郭萱兼任工卫旅政治部民运科科长。其间,郭萱在交城县城、西营、城头、成村一带经常与二纵队四团敌工科科长徐正国(交城县燕家庄人)和地下人员王有山秘密研究对敌工作，积极为部队开展民运工作。同时郭萱多次深入距交城 5 里地的成村，和成村村长、地下人员张敏曾，秘密领导和组织了"红灯市场"，将各种物资源源不断地运往抗日根据地，为粉碎敌人的经济封锁，解决部队军需物资的紧缺，做出了积极的贡献。

1940 年 9 月的一天，成村村长张敏曾接到敌人要到成村搜查的紧急情报，他将正在成村开展工作的郭萱迅速藏身村外的苇地里。但是，由于叛徒的出卖，郭萱被日伪军逮捕，关押在县城监狱。在狱中，敌人对郭萱酷刑拷打，暴力逼供，但郭萱铁骨铮铮坚贞不屈。后来敌人又改为软化劝降，以高官厚禄引诱，摆下了酒宴，但郭萱怒不可遏，推翻酒桌，痛斥日军侵略罪行，高呼宁死不做亡国奴。敌人黔驴技穷，当晚将郭萱押到县城下庙，残酷杀害。

吕义中 (1915—1940)，交城县曲里村人。1931 年考入交城县第一高小师范班，1933 年夏毕业后先后在阳湾等村执教。义中性情刚直，轻财重义，敢做敢为。1937 年，"七七"事变后，他毅然弃教从戎，带本村进步青年 10 余人，参加抗日游击队。临行，母亲、妻子眷恋难舍，他婉言劝释：国家兴亡，匹夫有责。署名书誓言于布衾"誓死不当亡国奴！"嘱妻："日寇消灭之日，就是你我相见之时。"

1938 年，义中任交城县抗日游击队副官，后任三五八旅独立四团工作团教导员。是年，因军费困难，他星夜返村发动乡亲捐资抗日。仅其一家捐银元 200 元。

日军盘踞交城县城，平川岗楼林立，县城戒备森严。义中英雄虎胆，经常化装入城侦察，动员钱庄、店铺、富户捐助钱物，运送北山抗日根据地。驻城日军恼恨至极，屡屡画像悬赏其人而不得。

1940年，他率领6名武工队员到平川运送军需，夜宿义望村李凤鸣盐坊内。因汉奸告密，被驻交城县城及清源县高白镇的近百名日军包围。义中临危不惧，沉着指挥，在敌众我寡的情况下一直战斗到黎明，因弹尽力竭，壮烈牺牲，时任三五八旅独立四团教导员。晋绥专署在西葫芦川冯家沟口村为七勇士召开了追悼会。彭绍辉、肖克、吕义中的哥哥吕仁中参加追悼会。随后，中共交城县委组织迁葬，吕义中遗体迁葬回曲里祖坟。20世纪80年代，其子吕学章将烈士遗骸迁葬洪相乡广兴村北山坡。

申德选（1913—1940），原名申永源，交城县天宁镇圪洞村人。1936年红军东渡黄河开辟晋西北革命根据地时，投身革命加入红军，并更名为申德选。

全面抗战爆发后，红军改编为八路军，申德选在贺龙将军率领的一二〇师三五八旅任营长的警卫员，参加了著名的忻口战役。1938年加入中国共产党，并担任一二〇师特务团团部参谋兼交城平川工作团（即交城敌后抗日工作团）团长，为抗日部队筹集了大量粮食、布匹、煤油和武器弹药等军需物资，同时提供了不少军事情报。

申德选为抗日战争做出了积极贡献，被日军驻交城宪兵队视为眼中钉，下令实施抓捕。由于抗日群众的保护和本人机智勇敢，敌人三次抓捕，申德选三次脱险。

1940年，抗日战争进入最艰苦的时期，由于汉奸的出卖，农历九月二十三的晚上，申德选被日本鬼子宪兵队从成村的家中抓走，关进交城下庙。在关押期间，受尽日本鬼子的严刑拷打和威逼利诱，但他宁死不屈，未向敌人吐露任何情况。

鬼子的阴谋不能得逞，便气急败坏，于农历九月二十六残忍地用刺刀将他杀害，并填入枯井，壮烈牺牲。

吕凤图（1903—1941），字河岳，化名吕士清，交城县西社镇南堡村人。1918年，吕凤图考入山西省立第一贫民高等小学，每年期考均名列前茅，被校评为品学兼优生，深得校长、老师的器重。三年毕业会考名列全校第一名。高小毕业后，1924年考入山西省立国民师范完全科，四年制毕业后回乡，在东社村县第二高小任教。在10余年教学中，以耐心教导，教而不倦，特别关爱家贫学生，深得家长和学生的赞誉。所带班级毕业考试，每每名列全县前茅。

1937年，"七七"事变后，日军侵犯交城山区，所到之处烧杀抢掠，生灵涂炭，教育停滞。他于1938年毅然离家，投身交城县抗日政府，被政府分配到屯兰川马兰村，筹办交城县第一民族革命小学。他积极联络地方热心教育人士，将破庙改为教室，学生无住宿，借住农家房屋。他不仅给学生传授文化知识，教唱抗日救国歌曲，号召青年立民族志气，上前线打败日本侵略者，并带领学生到附近各村宣传抗日救国思想。

1941年春夏之交，吕凤图带领张效良等学生到屯兰川一带做抗日宣传和招收学生工作，夜宿徐翁沟村老乡家。第二天拂晓，驻古交日军，突然袭击该村，进行了疯狂的抢掠烧杀，将吕凤图与学生张效良等逮捕。凶恶的敌人用刺刀和枪口对准吕凤图的胸口，威逼他供出抗日政府驻地和隐蔽的工作人员。敌人见他临危不惧，坚强不屈，向张效良连捅几刀，以示恐吓。敌人见威胁无用，残忍地向他下了毒手，吕凤图壮烈牺牲。日寇走后，村民陆续返村，听到被日寇杀害的人群中有呻吟声和哭声，村民才发现学生张效良还活着，将他抬到村公所。他讲述了吕凤图被害情景，群众无不为吕凤图的牺牲，悲痛而义愤。吕凤图牺牲时年仅38岁。

李德胜（1909—1941），又名得胂、信，交城县东坡底乡逯家岩村人，1937年参加革命，先后担任燕家庄行政村、惠家庄行政村长。期间，接受交城县抗日游击政府的领导，征粮中严惩拒粮的亲属，与阎顽反动军官展开武装斗争，为进入这一地区的牺盟太原中心区、八路军、新军、晋绥军担负粮草补给后勤支持。1940年加入中国共产党，直接参与了追剿杀害八路军白副官的匪徒的斗争，对革命家属进行抚慰。1941年夏将婚变后在家闲居的胞弟李德华（福信）送入决死二纵队参军。1941年秋，他动员自己的二妹夫张所参军。他先后任交西县四区农会秘书、人民合作社经理，四区民政助理员。1941年11月，在河西庄同四名战友为掩护群众与日军展开激战，身被日寇刺杀七刀，壮烈殉国。

刘德明（1911—1942），陕西省礼泉县人。1931年12月，在江西省宁都起义，参加红军第五军团。1932年3月加入中国共产党，曾参加红军二万五千里长征。全面抗战爆发后，任八路军一一五师六八六团一营营长，在平型关战斗中光荣负伤。伤愈后任团长、支队参谋长。1939年12月，晋西事变后，到山西新军工作，任决死二纵队副司令员兼晋绥八分区副司令员。他先后7次负伤，勇敢善战，屡建战功。1942年2月17日，在反日军"扫荡"的战斗中，为掩护直属机关人员转移，他亲自带领部队阻击敌人，不幸中弹牺牲，是国家民政部公布的全国著名抗战烈士之一。

李仲英 (1924—1942)，字林卿，文水县明阳村人。在文水城内女高读书时，受老师和地下党员熏陶，确立了抗日救亡思想。红军东征时，在仲英心灵深处播下了革命火种。1938年春天，参加山西工人武装自卫队，积极开展抗日救亡工作，宣传合理负担、减租减息，组织自卫队、儿童团。后接受组织分配，到苏家堡担任小学教师，担任一区妇女救国会秘书，发动妇女开展"四大动员"，组建基层组织。

1941年，李仲英奉命入山，参加党的培训，学习结束后，到交城六区担任区妇女秘书，发动群众，反扫荡，反维持，捉汉奸，除恶霸，开展抗日斗争。元宵节期间，六区全体干部在桃花沟开会，由于区长等人麻痹大意，被敌人包围。仲英在突围中负伤被俘。敌人妄图以封官许愿手段诱降，仲英慨然回答："中华四万万同胞不可侮，最后胜利是我们的！"大义凛然，从容就义。

谭广富 (1911—1943)，交城县东坡底乡申家社人，日军侵占交城后，立志抗日救国。晋西事变后，历任本村农会秘书干事、粮秣员、司长等职。积极组织发动群众，交军粮、做军鞋、出钱、出兵，支援抗日战争。并积极带头捐资、献粮、做军鞋，就连他岳父给他的20斤莜麦炒面也送给抗日战士。在他的带动下，申家社的任务完成得最好，名列四区第一。1940年，广富劳领群众在杏儿里、碾子沟等地挖土窑、打地窖、埋粮食、藏牲畜、转移物资、疏散人口，实行空室清野。他把村里的碾砻搬迁到深山隐蔽处，昼夜为军民加工米面。他带领群众，一边劳动，一边侦察敌情，一有情况，迅速隐蔽于深山。敌人每次"扫荡"，都一无所获。1942年

9月，日军驻扎于岔口，在附近各村建立伪政权，上级将计就计，让广富当了日伪间长。他利用机会把日伪掠索的钱、粮、畜、柴、草等，大部转给抗日部队，同时侦察敌情，传送情报。1943年2月，因汉奸告密，广富同本村党员阎世庆、常道所及村民阎三交、谭富拴、三兴宝等7人及附近各村党员、群众共20余人，遭受逮捕。在岔口敌据点囚牢里，广富发动难友，宁可自己牺牲，不检举一个共产党人。日伪以捆绑、吊打、坐板凳、轧杠子、下竹扦、开"抱头会"（在酷冷天气，脱光上衣，双手抱头，长时间站立）等严刑逼供，要广富说出谁是共产党的干部，广富铁骨铮铮，缄默不语。敌人又用"规劝""许愿"等伎俩骗广富，仍不奏效。敌人黔驴技穷，将囚窖中20余人押解河滩，一排日伪军举起刺刀，命令说出共产党的干部名单，否则统统杀死。眼看20多人全要被害，广富从容不迫，铿锵有力地说："我就是共产党的干部，他们都是良民百姓。"广富大义凛然，从容就义，保护了20多人的性命。

王天明（1905—1943） 字立斋，又字象乾，交城县洪相镇洪相村人。牺牲前系晋绥八分区游击三大队（亦称交城县游击大队）副大队长。

他幼时聪慧好学，性格倔犟，为人正派，精明能干。1932年，27岁时被村民推选为洪相村村长，是当时交城县最年轻的村长。由于他处事公道、兴办公益、重视教育等，受到村民的拥戴。1937年冬天，日本侵略军占领了交城县城，洪相村也成了沦陷区。敌伪政权曾三番五次动员他继续担任村长，他坚决不干。为了维持生计，1938年他当了一名小学教员。在学校他教文化、教做人、教爱国。有一年暑假，他患病，几个学生结伴探视，每人都抱一个大西瓜。这些学生家里都很穷，哪来钱买西瓜？经过详细询问，才知道这些西瓜是他们从瓜地里偷摘的。虽然很生气，但他还是压住火，心平气和地对他们进行了教育，教育学生从小就要为百姓做好事，要处处爱护百姓利益，最后他按估价拿出钱交给学生，嘱咐他们一定要把钱如数付给瓜农，并要诚恳地向瓜农赔礼道歉。这件事曾在乡里传为佳话。

全面抗战开始后，交城境内平川地区被敌占领，我八路军在山区开辟了抗日根据地。一二〇师地方工作团在交城游击大队的配合下，经常深入到敌占区开展工作。工作团了解到王天明是一位爱国志士，便不时与他接触谈心，使他思想认识得到了进步升华，决心投笔从戎、抗日救国。1939年冬，他参加了交城县游击大队。因他有文化，又是本地人，不久就分配到敌占区工作队工作，专门负责筹粮筹款，为边区、为一二〇师提供物资给养。由于他工作出色，1942年提任为三大队副大队长兼敌占区地方工作队队长。1943年秋，因叛徒出卖，被日军宪兵大队抓捕入狱。敌人劝降不成，便严刑拷打，要他供出八路军游击队的关系户、堡垒户及存放物资的秘密地点等情况。据同狱的幸存者回忆，敌人用压杠子、坐老虎凳、钉竹签、灌辣椒水、烙铁烙等种种酷刑，但他始终坚贞不屈，没有吐露出党的一点机密，当年腊月在日军的残忍酷刑下，慷慨就义，年仅38岁。王天明同志牺牲后，敌人不让家属领尸，扬言要将尸体抛到下庙（日军杀人的场所）让野狗啃食。组织上通过在日伪宪兵队内部关系，趁夜暗将他的遗体从城墙上用绳子吊到城外运回。遗体被烙的血肉模糊，面目全非，无法辨认，最后家属从口中的两颗假牙才辩认出是他。

交城解放不久，中共交城县委、县政府对王天明烈士进行了追悼，其长子作常代表全家参加了悼念活动。

薛明杰（1918—1944），交城县东坡底乡会立村人。1937年，"七七"事变爆发后，日军的铁蹄踏入交城境内。1938年春，牺盟会太原中心区来到会立村，宣传抗日救国，发动民众抗日，明杰积极响应，以饱满的革命热情，投身到抗日救国的革命行列。1940年6月，他光荣地加入了中国共产党，时任村牺盟会秘书、党支部委员。

1940年至1942年，日军对交城山革命根据地进行疯狂的"扫荡"和"蚕食"，交城山抗日斗争处于最困难时期。在极其艰苦的斗争条件下，他带领民兵，组织发动群众，开展坚壁清野，反维持、反"扫荡"、反蚕食，配合我地方主力部队，积极开展游击战，为"挤"掉岔口、米家庄敌据点，巩固和扩大山区根据地，做出了积极的贡献。

明杰不仅将自己的生命置之度外，还毅然动员自己的亲人投身于抗日斗争中。他的大哥薛明俊、堂弟薛拉中、堂嫂覃解心及堂侄薛吉林4人参加了革命。他们在拔据点的斗争中，不幸被敌先后逮捕，为了保护群众生命安全，为了抗日战争的最后胜利，他们在敌人的严刑拷打下，坚贞不屈，视死如归，大义凛然，被日军残酷杀害，献出了他们年轻而宝贵的生命。

1944年11月24日，薛明杰带领交西二区民兵，配合县游击六大队，攻打东社日军，宿营西社，被日军重兵包围。在突围中他率民兵与敌进行了顽强的抗击和殊死的斗争，不幸身负重伤，但他仍坚持战斗，直到流尽最后一滴血，壮烈牺牲，年仅 25 岁。

吕怀忠 (1916—1945)，山西省崞县土屯寨人，是国家民政部公布的全国著名抗战烈士之一。1937 年，日军侵华，他毅然投笔从戎，到晋绥军官教导团学习军事，悉心研究。1937 年 6 月加入中国共产党。9 月，太原告急，教导团南下，被调到临分二战区随营作战。后调山西青年抗敌决死队转战后方，任游击五团大队长，中校团副代理团长。晋西事变后，部队整编，改任营长，后充任游击三团参谋长。1940 年任五团参谋长，翌年任副团长、交文支队副支队长。同年 9 月调任一支队代理支队长。1943 年 9 月 18 日夜，吕怀忠率部奇袭草庄头，击毙日军 30 多人，俘伪军 100 多人，缴获大量武器、弹药及军需品。晋绥军区还以草庄头战斗为范例通令嘉奖。1944 年 6 月，调任分区一科长，同年升任第八军分区副参谋长。

1945 年 9 月 1 日，在解放文水战斗中，吕怀忠亲赴火线，指挥作战，不幸牺牲。临终时告其战友说："我毫无个人顾虑，遗憾的是再不能为人民服务，同大家并肩作战。"吕怀忠牺牲后，我党政军民在交城县南堡村举行了隆重的追悼大会。1958 年，将烈士遗骸迁至石家庄华北烈士陵园。

张发有（1921—1945），幼名张实成，交城县西社镇南堡村人，是独生子。牺牲前系交文支队六大队骑兵侦察排排长。1937 年，全面抗战爆发，尽管他当时不懂得多少大道理，但国家有难、匹夫有责的道理他还是懂得的。于是，血气方刚的他决定参加在他们这一带经常活动的八路军，上前线打鬼子。一天夜里，他约了村里同龄的十几个伙伴，共同商量参军打鬼子的事。在他的带动下，伙伴们积极响应，一锤定音，决定立即回家说服父母参加八路军。但他回家后告诉父母亲这一决定时，父亲说："实成，你是咱家的独苗苗，走了后，家里怎么办？你母亲一天不见你就着急，你不心疼？再说当兵不要独生子，部队要你吗？"母亲也泪流满面地说："实成，你走了后，留下爹妈日子怎么过？"他听后，在父母面前默默地站了一会儿，还是诚恳地说："爹、妈，国破家亡，日本人侵略咱中国，如果所有人都像我一样守在家里，谁去打鬼子。再说，国都没有了，还能有咱家吗？"父母看到儿子的这股坚决劲，满含热泪地支持了儿子的抉择。不久，他和伙伴们一起安排好家中的事情后，挥泪告别了父母，走上了抗日前线，参加了活动于交城山的交文支队，当上了一名八路军战士。

在军营中，他除了完成各项战斗任务外，一有空，就抓紧时间学习文化、军事知识。不到一年时间就学会了不少文化知识，掌握了许多军事技能，受到战友们的称赞和上级首长的肯定，他当了班长。从此以后，他更加严格要求自己，每次执行任务，无论大小战斗，他都带领战士们冲锋陷阵，英勇杀敌，被上级首长誉为新战士中的佼佼者，随之提升为副排长。由于他的突出表现，不久，又正式提升为六大队骑兵侦察排排长。这一职务的任命，意味着更艰巨的任务在等待着他。因为侦察排是插入敌人心脏的一把尖刀，用好这把尖刀，往往能给敌人以致命的打击。所以，部队首长将他叫到司令部，千叮咛万嘱咐："发有同志，你现在肩上的担子可不轻啊！每次战斗的胜败与否，关键在于你们的侦察结果是否准确，有勇无谋可不行，智勇双全才是一个指挥员必备的素质。"面对首长的嘱托，他默不作声，只是频频点头，最后发誓："请首长放心，发有记住了，决不辜负首长的期望。"就这样，他肩负重任，带领一排侦察人马开始了与日军迂回作战的征程。

1941年，日军在吕梁山区修碉堡、筑炮楼，烧杀抢掠，无所不为，害的人民群众颠沛流离、鸡犬不宁。交城、文水、汾阳、孝义都有日军驻扎。开栅、曲里、武元城、芝兰、青沿、岔口、古交的屯兰等地都有日军的炮楼，封锁严密，重兵把守，时刻防御我八路军的进攻。面对这一状况，八路军采取和日军迂回作战的游击战术，将侦察工作放在了重要位置。于是，他带领侦察排的战士们日夜巡回在这一地区侦察敌情。这年秋季的一天，他侦察到敌人的一个碉堡里有军火仓库，三层共有哨兵8人，其中前门有两人，中门有两人，仓库门两边各两人。掌握了这一情况后，他和战友们立即商议，准备夜间偷袭，并和曲里村地方政府的转运计划衔接。半夜子时左右，一排人马悄悄地摸进敌人据点，他和一名战友先杀死两名门哨，然后换上日军服装，与副排长一起带领战士们逐层靠近军火仓库，杀死了中门两名哨兵，进入军火库区。待其余哨兵发现时，几把寒光闪闪的匕首已逼在他们的胸前，缴获了他们门上的钥匙后，将其消灭。仅用了一个小时就将全部军火转运外出，乘着夜色运到了区政府。这次夜袭，共缴获重机枪10余挺、枪支数十支、子弹数千发、粮食数十吨。当敌人发现时，侦察员们早已消失的无影无踪了，气得敌人嗷嗷大叫。上级首长对这次的成功夜袭给予大力表彰，他本人乜受到了嘉奖。1942年，他光荣地加入了中国共产党。

这年冬季，第八军分区党委决定拔掉日军武元城据点，消灭中西川中敌军的有生力量，粉碎敌人的全面封锁计划，把侦察任务交给了侦察排。接到任务后，他辗转反侧，夜不能寐。为了圆满完成上级交给的侦察任务，他带领侦察排的战士们利用平时学到的简单日语和口令，白天侦察出入要道，晚上化装成日军，神不知鬼不觉地进入敌人据点，终于摸清了敌情：这里有一个加强营盘踞，之前大部分鬼子和不少军火已运到岔口、古交屯兰据点，只剩一个连守护。侦察到这一情况后，他立刻报告了分区地委，区委当即决定夜里攻袭该据点。8月14日深夜，区委支队全部人马由侦察排带路，火速前进，集中优势兵力，枪炮齐鸣，一举歼灭了全部守敌，缴获了大量武器，并迅速撤出战斗。等到屯兰、岔口的敌人增援时，我军已安全转移到根据地内。这次战斗，不仅壮大了我军声威，而且沉重地打击了敌人的嚣张气焰。

1943年，八路军开赴交城山区，打了十几场漂亮的游击战，削弱了敌人的有生力量。这年夏季，他所率领的侦察排屡建战功，得到了上级首长的充分肯定。有一次，他在开栅执行侦察任务时，不幸被敌人发现包围。面对敌人的围困，他临危不惧，决定拼死突围。全排人马分成三路，由他和一名战士引诱敌人重兵，冲开一条血路，其他各班分两路避敌撤退。在突围时，他左臂中弹负伤，另一名战士倒下牺牲。他带伤连夜奔跑了40余里，深夜隐蔽于上山水村的老乡家里，养伤半月才悄悄地回到南堡老家。半夜敲门，看到突然出现在面前的儿子时，爹娘又惊又喜，抱住他说："听村里人传，说你已经死了。你没死，真是太好了！"他将被敌人包围、如何突围的经过讲给了父母，开始母子抱头痛哭，听到后来又大笑，母亲说："实成，在家多住些日子，身体痊愈后再回部队。"他说："不行，首长、同志们还不知我的情况，况且还有更重要的任务在等着我呢，必须马上归队。"第二天一早，他告别了父母返回了部队。

这年深秋的一天夜里，阴雨连绵，他按照八地委指示，带领侦察排的战士潜入西冶川，与当地村政府的人员接了头，摸进青沿村梁上的日军碉堡，抓获了一名日军头目，据其口供：古交、屯兰、岔口日军连通接应，其中青沿碉堡盘踞200余名鬼子；屯兰、岔口重兵盘踞一个团，军火、器械大部集中在这里。他将这一情况立即报告了上级，上级认为这是消灭青沿日军的大好时机，经过周密部署，一举拔掉了这个据点。

有一次，他在执行任务途中，路过南堡村，于家中作短暂停留，父母高兴万分，说："你回来的正好，我们给你找了一个本村的姑娘，你多住几天，等成了婚后再走。"他面对父母的期待，沉思片刻后坚决地说："爹妈的心情我理解，但现在还不是成家的时候，等赶走了日本鬼子再成家也不迟。"于是，他告别了泪流满面的双亲，毅然决然地前往执行任务。父母作梦也没有想到，这次仅半个小时的团聚，竟是和儿子的最后永别。

1945年盛夏的一天，地方党组织领导在西社村召开重要会议，侦察排担负保卫任务。深夜，全村一片漆黑，伸手不见五指，会议室里油灯闪烁，领导们正秘密地研究工作。不料，由于汉奸（大岩头村张仁鳌）告密，日军调集了大部队将西社村围了个水泄不通，与会人员生命危在旦夕。在这千钧一发的紧急关头，为了使地方党组织领导迅速安全地转移，他和战友们一起掩护与会人员冲破封锁乘着夜色进行突围。敌人密集的枪声划破了寂静的夜空，四周的敌人步步逼近会议地点。他组织全排战士向东、南、西三面冲杀，与敌人展开了血与火、生与死的肉搏战，以引开敌人的重火力。经过一个多小时的激烈战斗，战士们都倒在血泊中英勇牺牲，他自己也胸部中弹，带伤阻击敌人，在村南的麦田里昏了过去。从昏迷中醒来，他仍然听到枪声不断。这时，如果他默不作声，也许会保住性命，但他满脑子想的都是如何保护同志们安全突围，于是，他故意在藏身处向敌人射击，将敌人的注意力吸引到他这里，掩护同志们向北边转移。这个办法很有效，敌人听到枪声，一窝蜂地向枪响处涌来，不但枪杀了他，而且疯狂地用刺刀将全身刺了个遍。就这样，同志们安全脱险了，他却和战友们为了党，为了中国人民的解放事业，献出了自己年轻而宝贵的生命，牺牲时，年仅 24 岁。乡亲们看着一个个血肉模糊的侦察排战士，无不失声痛哭，怒火满腔，发誓要为烈士们报仇，将日本鬼子赶出中国。当父母和堂妹爱儿为他收敛遗体时，血肉粘连，衣服剥都剥不下来，最后只好用白布裹身，套上新的军装予以安葬。

他牺牲后，政府追认他为革命烈士、优秀共产党员。

二、英雄模范

1944 年 10 月，交城县抗日民主政府在驻地南头村召开群英会，全县民兵英雄、劳动英雄荟萃一堂，相互交流生产、战斗经验。会议选举出段祥玉、苏侯女（西孟村人）、阎安林（大水村人）、王林林（青沿村人）、王林丹（女）等 15 名出席晋绥边区群英会的代表。

1944 年 12 月 7 日至 31 日，晋绥边区召开第四届群英大会，交城县 15 名、交西县 14 名英雄模范赴兴县出席会议，并被评为边区民兵英雄、劳动英雄等。其中段祥玉、崔三娃、韩凤珠被评为边区特等民兵战斗英雄，何德信被评为边区特等农业劳动英雄。

段祥玉（1912—1974），原名段兴玉，乳名长大儿，交城县东坡底乡横岭村人，1940 年加入中国共产党。

祥玉自幼家贫，四岁丧父，随叔父生活，以牧畜稼耕维生，爱狩猎，善射击，被誉为神枪手。1937 年 7 月 7 日，"卢沟桥事变"发生，日军发动全面侵华战争。11 月，日军侵占交城。国破家亡，中华民族到了最危险的时刻，段祥玉毅然加入中国共产党，积极投身抗日斗争，担任横岭村抗日游击小组组长。他勇敢善战，多谋善断。1940 年担任燕家庄行政村民兵中队长，参加了被毛泽东主席表扬的岔口"挤敌人"斗争，组织指挥了二十里阻击战、消灭木村队长、智取督导班等著名战斗，被上级领导称为卓越的民兵指挥员，他所在的中队被群众誉为"常胜中队"。1944 年担任交西县三区民兵大队长。12 月，光荣出席晋绥边区群英会，荣获"晋绥边区特等民兵战斗英雄"称号，位列英雄谱第一名。1945 年 8 月调任交西县武委会副主任、主任。在巩固抗日根据地、配合部队对敌作战中作出了卓越贡献。1946 年，段祥玉当选交城县议员、晋绥边区参议员。《吕梁英雄传》反映的就是以段祥玉为代表的晋绥边区英雄集体的光辉事迹。

段祥玉鼓励、支持妻子魏秀莲参加革命工作，并通过妻子影响和带动了一大批妇女同志积极支前、慰问伤病员、传送情报、掩护革命同志。她们为抗战的胜利作出了重大贡献。

段祥玉重视农业生产，1944年率先在横岭村组织起变工队，开办水磨油坊，提高了劳动生产效率，使群众切身体会到了组织起来的重大意义和作用，受到了教育。在变工队取得成功的基础上，带领村民相继成立互助组、新民农业生产合作社。他的事迹成为葫芦川，乃至交城县的先进典型。

抗日战争胜利后，段祥玉遵照上级机关的安排部署，迅速率领民兵深入交文平川打击反动阎匪，取得骄人战绩。交城解放后，他又投入到了解放太原的支前大军之中，冒着枪林弹雨运输物资、抢救伤员、防特反奸……，胜利完成了太原战役的支前任务，为太原战役的胜利作出了贡献。

中华人民共和国建立后，段祥玉担任横岭村党支部书记，带领社员平整土地，将小块耕地改造为大面积农田；垒砌河堤，将乱石滩改造成良田。1959年，他服从上级安排，到西葫芦林场工作，专业于植树造林，1963年任场长，1969年任林场革命委员会主任。

段祥玉虽然担任村里、单位的领导，而且功勋众多，但他不忘初心，牢记党的使命，兢兢业业，艰苦奋斗，严于律己，宽以待人。无论在战争年代，还是在社会主义建设时期，他始终以共产党员的标准严格要求自己，身先士卒，坚决维护党和国家利益，坚持工作在先，吃苦在先。他严格要求子女和亲朋，学习先烈事迹，继承革命意志，奋力工作；决不许居功自傲，贪图享乐；要廉洁正气，敢于同不良风气作斗争，不辱使命，不忘国耻，为社会主义建设作出贡献。

在病重期间，他郑重嘱托西葫芦林场党支部、横岭村党支部及子女亲朋：在他去世后，不要占用耕地，葬在荒草山坡即可。节约耕地，多打粮食，支援国家建设。丧事一切从简，不做孝服，不摆宴席，不要铺张浪费。段祥玉去世后，生前友好和葫芦川群众数百人自发来到横岭村，祭奠英灵，缅怀英雄遗志。

崔三娃（1911—1982），交城县石沙庄村人。他性刚毅，有胆量，喜射击，善狩猎。1941 年加入中国共产党，在抗日战争和解放战争中，屡立战功，为民族之独立、国家之解放作出重大贡献。他曾任交城县武委会副主任、中共吕梁地委候补委员等职。

崔三娃幼年家贫。财主的债，逼得父亲典房卖地，终致被逼而死，贫穷的生活更是雪上加霜。无奈，母亲卖掉女儿，换得几斗谷米，暂度时日。为了养家糊口，他 13 岁就给财主放牛。茂密山林，狼豹出没。财主为了牛儿的安全，让三娃出坡放牛时带上火枪，练习打猎。很快，他成了中西川一带小有名气的猎手。

1938 年，日军的铁蹄踏进交城山区，所到之处，烧杀抢掠，惨绝人寰。1940 年，晋西北八地委、八专署、八分区及交城县委、交城县抗日政府等抗日组织相继在交城山区成立。在抗日干部的教育、影响下，他认识到只有消灭日军，群众才能过上安稳的日子。他寻机击毙几名进山扫荡的日伪军，携带缴获的枪支毅然参加共产党领导的交城县抗日游击大队。他先后担任民兵分队长、中队长、大队长，带领民兵与日本侵略军血战于交城山。1942 年 3 月下旬，三娃获得"日军佐佐木轻装突击队 150 余人，欲偷袭驻中西川戴家庄一带的地县党政机关"的情报，迅速向八分区韩钧司令员作了汇报。根据战斗部署，他率领民兵配合六支队在石沙庄设伏，消灭佐佐木轻装突击队日军 100 余名，缴获重机枪、轻机枪和步枪 100 余支，赢得石沙庄伏击战的胜利。6 月，日伪军700 余名乘驻中西川的八路军主力部队外出作战，只有民兵武装留守之际进犯中西川。三娃组织民兵巧摆地雷阵，阻敌进犯。日伪军死伤数十，逃回据点。三娃射击准确，弹无虚发。年底，日伪军扫荡中西川。他率领民兵大队埋伏在戴家庄山头。他连发三枪，将三个日军军官击落马下，日军阵脚大乱，为战斗的胜利开了个好头。1943 年夏季反扫荡战斗中，他向各民兵大队发出"杀敌比武"的倡议，得到全体民兵的踊跃响应。他率领的大队毙敌 47 名，其中他一人毙敌 35 名，其他大队各毙敌 10 余名。他被誉为"神枪手"。

日军曾以"一两肉换一两金"为诱饵，妄图捉拿他。然而三娃置生死于不顾，勇敢善战，带领民兵，配合部队，采取各种办法，断粮断水，将插入根据地腹部的岔口敌据点"挤"掉。1944 年 12 月，他光荣地出席了晋绥边区群英会，荣获"特等民兵战斗英雄"称号。

日本投降后，崔三娃率领民兵下山入川，与反动的阎锡山军队战斗三载，打出了威风，为晋中战役的胜利再立战功。

中华人民共和国成立后，崔三娃担任石沙庄村干部，继续发扬"自立更生，艰苦奋斗"的优良作风，带领群众发展农业生产，取得显著成绩。1964 年，多美尼加革命党访问团来交城考察学习游击战术，崔三娃作为优秀的民兵指战员和身经百战的神枪手，在岔口猴儿山日军碉堡遗址，向友人详细介绍了当年抗日战争中成功的游击战经验，令考察学习的友人敬佩和赞赏。晚年，他依然保持党的优良传统，以身作则，严以律己，为广大青少年树立了光辉的榜样。

韩凤珠（1914—1993），交城县双家寨村人。他 16 岁当长工放牛并开始打猎，练就了一手好枪法，当地人称他为"神枪手"。抗日战争开始后，他从溃兵手中缴获了3支长枪与1支短枪。1938年春，他带枪参加了村抗日自卫队，并任队长。1940年加入中国共产党。

在抗日反扫荡中，他组织群众空室清野，建立村与村民兵联防，探消息、送情报、埋地雷、安地枪、放冷枪、打伏击，杀伤敌人，保护人民。1942年春节，他配合部队伏击日本鬼子，用紧缺的3颗子弹打死了敌人的两名机枪手和一名反扑的敌人。同年夏天，他带领民兵游击小组夜袭白草寺，夺回了多头被敌人掳去的耕牛。当年秋天，日本人在岔口等地扎了据点。在党中央"把敌人挤出去"的指示下，他和其他几位民兵英雄配合，对据点实行四面围困，日夜袭扰，采取断水、断粮、断路等办法，使敌人龟缩在碉堡里寸步难行，最后狼狈逃走。

他在军火厂工作期间，发明了踏火手榴弹、地枪、地雷等武器，并大大提高了该武器的灵敏度与适应性，有效地杀伤了敌人。

他先后担任四区自卫大队队长兼游击小组组长、区武委会副主任、区武装部部长、县武委会副主任、县军火合作社主任、晋绥八分区军火合作社主任、炸弹厂厂长及八分区解放太原支前指挥部南留润粮站站长等职。据1944年晋绥《抗战日报》报道：他在两年之中，参加大小战斗300余次，杀伤敌军80余人。1944年12月，他出席了晋绥边区第四届群英大会，被授予"特等民兵战斗英雄"称号。

他与民兵英雄崔三娃、段祥玉等人的战斗故事被作为素材载入了马烽、西戎所著的《吕梁英雄传》一书中。1993年，因病逝世，享年 79 岁。

王林林（1923—2008），交城县水峪贯镇青沿村人，1942 年加入中国共产党。1937 年秋参加圪垛区民兵游击队，翌年担任队长。1944 年出席晋绥边区第四届群英大会。中华人民共和国成立后，一直扎根农村，为当地新农村的建设作出了贡献。

杜葆元（？—1945），山西省永和县人，1937 年 4 月参加革命，1943 年任晋绥八分区四十一队生产部指导员，在交城县东、西葫芦川领导部队的生产合作社。不仅为部队打算盘，而且为群众谋利益，带动了群众的两个小合作社的发展。他会同区村干部举办妇女纺织训练班，亲自传授纺织技术，间接讲授政治课，受到当地群众的欢迎和爱戴。1944 年 12 月参加晋绥边区第四届群英会，被授予部队特等模范工作者称号，后调任八分区供给部生产科科长。1945 年在西葫芦川病故。

石连胜（生卒年不详），交城县鲁沿村人，1940 年参加村游击小组。1943 年 11 月 9 日，在交城民兵英雄选举大会上，石连胜被选为全县民兵英雄第一名。1941 年至 1943 年，他参加了 123 次战斗，消灭敌人 2 名，打伤敌人 10 名（内有指挥官 1 名），打死洋马 2 匹，夺回毛驴 1 头、骡子 3 头，捕捉汉奸、敌探 13 名，缴获子弹 10 箱、饼干 2 箱。

马吉庆（生卒年不详），区民兵中队长，组织起爆炸小组，与崔三娃、韩凤珠联防作战，实行枪雷结合，使敌人遭到重大伤亡。首次在青崖沟作战，4 颗雷就消灭日军 11 名，受到八分区、八专署的嘉奖。

贾秋大（生卒年不详），交城县人。任民兵中队长，反日伪"维持"。参加围困青沿据点。

王万吉（1914—? ），交城县人。1938 年参加革命，任战士、侦察员。1951 年退伍回村。1943 年减租斗争中，领导行政村群众从地主手中要回被霸占的土地 500 多亩、牛 6 头、租子 20 多石，清查出贪污粮 200 多石，300 多佃户及被地主压榨下的群众都翻过身来。被群众推选为村抗联主任。1944 年组织变工队，开生荒，被选为队长。在他领导下的行政村，到处充满了朝气。

卫兆英（生卒年不详），女，交城县人，交城县模范妇女代表。她积极宣传生产的重要性，将全村妇女组织了 7 个拾粪小组，每天芋领妇女拾粪、打扫街道。她组织妇女做军鞋，在军鞋竞赛会上，她村的军鞋获得全区第一名的好成绩。她的工作得到大家的赞扬，曾荣获晋绥八分区妇女劳动英雄第一名的嘉奖。

第二章　人民解放战争时期

第一节　党的领导

一、党的建设

抗日战争胜利后，1945 年 8 月 30 日，交城、交西两县恢复合并为交城县，中共交城县委、县政府经过重新调整后建立。1946 年 5 月，撤销交城县党政等组织机构，由中共晋绥八地委、八专署和八分区兼管原交城县所辖工作。1947 年 1 月，恢复中共交城县委、交城县政府建制，交城县有 113 个行政村，63 个中共支部，1977 名党员。

解放战争期间，交城党组织迅速发展壮大，在 30 个党员空白村发展了党员。

中共交城县委领导干部群众积极地进行了已解放地区的政治、经济建设。在对敌斗争上，开展了政治攻势和战略防御。1949 年 9 月统计，交城县共建立农村党支部和党小组 82 个，党员 2000 人。

二、培训学习

1945 年 12 月至翌年 3 月，中共晋绥八地委在交城县关头和五里铺训练所属各县党、政、军、群团干部。交城县 190 名干部参加培训。其中有正式党员 139 人、候补党员 14 人、非党干部 37 人。从而为适应解放战争的需要，为交城县干部队伍的建设，做了一定的、基础性的工作。

1949 年 7 月至 10 月，中共交城县委分四期训练了全县
8 个区、134 个支部的 475 名农村党员干部。训练内容为学
习党纲、党章以及农村政策，总结土改、整党工作，通过批
评与自我批评，检讨强迫命令、自私自利、贪污腐化等错误
思想作风。

经过培训，使全县农村广大党员干部普遍提高了政治思
想觉悟和执行政策的水平，进一步克服和纠正了不良作风，
确立了不断革命的思想。

第二节　武装斗争

解放战争时期，交城县党政军民配合交文支队，先后进
行了两次开栅保卫战，并多次打击了交城阎军的出扰。平川
地区 33 个村庄的民兵实行了联防自卫。

1947 年 1 月 5 日，中共交城县委及其政权、军事、群
团组织机构恢复，此后，全县对敌斗争进入战略进攻阶段。
1947 年 3 月 1 日，晋绥军区独立二旅和八分区交文支队取
得黄崖大捷，重创阎军十九军驻交城七十二师。4 月 4 日，
解放古交。1948 年 7 月 5 日晚，吕梁军区部队解放开栅镇，
歼灭守敌阎军六十九师二〇七团两个营。6 日晚，攻克交城
县城外围敌据点。7 日凌晨 4 时，最后解放交城县城，至此
交城全境获得解放。

一、交文支队

1945 年 9 月，八分区一支队和交城、文水县游击大队
合编为交文支队（也称文交支队）。林子元任支队长，赵钧
一任政委，原金丰任参谋长。支队建立后，一面配合中共交

城县委及一区委开展瓦解敌军的政治攻势，一面配合地方武工队、民兵及人民群众开展武装斗争。至11月，陆续扫掉了覃村、义望、安定、开栅等据点，将太汾公路沿线交城县境内的敌据点全部肃清，歼敌600余人，然后进驻开栅镇。

二、著名战斗

第一次开栅保卫战

1946年1月12日拂晓，阎军十九军驻交城七十一师两个团和驻文水四十四师一个团进攻开栅。敌开始先以大炮轰击，然后分路进攻，企图消灭在开栅的交文支队，并占领开栅。交文支队利用有利地形，连续击退敌军三次进攻，毙敌150多人。下午4时左右，敌又集结全部兵力，并收罗了在交城尚未撤走的日本兵一个团，共计1000余人，再次向开栅发动进攻。当敌冲到离西坡交文支队阵地10米处时，交文支队四、五两个连集中全力将敌击退。进攻东门的敌人攻进东门后，尚未占稳东街口，即遭交文支队二、三连交叉火力扫射，杀伤敌数十名，使敌再不敢前进。文水之敌渡过文峪河，进到开栅西门不远处时，被交文支队一连利用有利工事将敌击退。这时，第八军分区副司令员范忠祥带民兵1500多人，前来参加反攻。敌误以为是增援部队赶到，立即向后撤退。交文支队见势当即用三个连的兵力分三路进行追击，将敌全部赶进交城县城、文水县城。

这次开栅保卫战，交文支队打退了五倍于我的兵力，使敌弃尸100余具。春节时，我军政民召开联欢会，庆祝开栅保卫战的胜利。

第二次开栅保卫战

1946年7月2日，阎军为了配合蒋介石进攻延安，打通太汾公路运输线，调集重兵 7000 余人，并雇佣日本军人，附大炮、坦克，再次向驻开栅的交文支队二营发动进攻。早晨，敌先以猛烈的炮火向二营阵地袭来，而后在坦克的掩护下，开始集团冲锋。交文支队战士们上好刺刀，准备好手榴弹，待敌逼近到二三十米处时，手榴弹便成排地打出去。敌几次冲锋都被打了下去。敌军的坦克逼近了护村河，坦克炮和机枪猛烈地袭来。步兵以"一"字形散开，又向交文支队阵地扑来。等敌接近时，支队指战员又以一阵手榴弹和机枪将敌打下去，使敌死尸遍地，余者在坦克的掩护下向后退去。中午，敌停止了进攻，并不时地发出冷枪。这当儿，交文支队二营营长和各连连长视察阵地，战士们抓紧时间修筑工事，营部通讯员转来了开栅群众送的慰劳品。煮熟的鸡蛋上写着"誓死保卫开栅""保卫胜利果实"等字样。

下午 3 时，枪炮声、手榴弹声再次淹没了战场，敌军冲上来了，又被战士们用手榴弹和刺刀击退回去。战斗继续进行至黄昏。成批的敌军在猛烈炮火的掩护下，冲上了七连阵地。战士们端起刺刀勇敢地刺向敌人。敌一批批地涌来，连长命令部队杀出一条血路，向在南门的五连靠拢，会同五连向敌反击。夜晚，五连和七连战士在夜幕掩护下悄悄接近了东门，一阵手榴弹打向敌人，使敌被迫退出了东门，战士们从敌军手中夺回了失去的阵地。

次日清早，西北山上又有敌军压下来。从平川方面，敌也兵分几路向开栅前进。敌一阵炮火后，交文支队战士迅速进入战位。等敌接近了，以机枪集中射向敌人，将敌又打了下去。战斗一直在继续，交文支队指战员已伤亡大半，弹药也不多了，阵地上响起"为牺牲的同志们报仇！""誓与阵地共存亡！"的口号。

战斗持续到下午4时，敌军在大炮、坦克的拖护下，又开始了猛烈进攻。日军军官指挥着并带头往上冲。交文支队指战员拿起冲锋枪和手榴弹一齐向敌冲去。敌军突进来，被打出去。当再突进来时，交文支队队部传来了撤退命令。战士们边打边退。敌军用炮火封锁了退路，支队组织火力压制敌人，才使部队和伤员撤到了后山。这时文水敌人也从南面增援过来。

这次保卫战，坚守开栅镇的交文支队两个连和营部近300人，只留下136人。敌付出了更大的代价，死伤500余人。战斗结束后，部队奉命回到了沙沟村，第八军分区召开了庆功大会，地委和分区首长高度评价交文支队二营指战员在这次开栅保卫战中表现出沉着、勇敢、顽强的革命精神。100多名干部战士（包括烈士）立功受奖。在庆功会上，因交文支队一营在古交打击来犯的阎军工兵二十一师并俘获190余人，也受到了奖励。

全歼敌省防军三十团

1946年6月2日，阎省防军三十团兼交城县保安团团长郭省三，带领大队人马到西营村抢粮抓兵。交文支队和交城县武工队闻讯迅速赶赴西营。经过激战，歼敌一部。余敌逃到城头村西北庙内架起机枪顽抗。交文支队和武工队奋起追击，将敌包围。在打扫战场时，发现郭省三在死尸堆里装死，将其俘获，以后镇压。战斗中，武工队缴获敌一挺机枪，成为交城武工队拥有的第一挺机枪。

五战五捷

1947年1月30日至2月1日，交文支队于开栅外围五战连捷。31 日晚，交文支队进至开栅镇以东 5 里的武陵村一带。翌日晨 9 时，开栅敌奋斗团外出活动，当行至文倚村附近，被交文支队追击部队切断后路，遂奔向大陵、大营之间，恰又遇到交文支队伏击。一阵手榴弹和刺刀拼搏，30 个奋斗团员全都当了俘虏，只有 4 人漏网。驻开栅镇阎军二一四团闻讯派兵包抄文倚村，走到村边，先有 30 多人被俘，其余窜至三里外的方园村，全部被歼。这时，开栅阎军二一四团营长亲率一个连和一个枪炮排，又向交文支队进攻。到了武陵村，遭交文支队包围，十几分钟后，被击毙 50 余人。交文支队某连拿着缴来的联络旗，乘胜追到了西石侯村。谈笑之间，30 余敌被俘。1 日下午 5 时，攻袭寨子村的战斗胜利结束。20 个小时内，交文支队缴获 1 门迫击炮、7 门轻炮、8 挺机枪，80 余支步枪，俘敌 150 余名。

战斗结束后，交文支队受到表彰，表彰他们敢于和七倍多于我的敌人血战到底的英雄气概。

黄崖大捷

1947 年 3 月 1 日凌晨，驻交城阎军十九军七十二师由师长艾子谦带领，分三路从峪口、广兴、窑儿头入山，妄图奔袭驻夹岔地区的八分区和交城县党政机关以及交文支队。在此之前，晋绥军区独立二旅正转战到交城夹岔地区。为此，二旅旅长唐景龙、政委廖汉生亲自指挥，将兵力埋伏于东社、黄崖山上。交文支队负责等敌进山后，抄敌后路，堵住山口。

敌军先向二旅阵地爬去，交文支队立即堵住了黄崖沟口。战斗打响后，适值西北风大作，飞沙走石。敌军面朝西被大风刺得睁不开眼，拉不开栓。二旅居高临下，把敌军扫下黄崖沟底。敌军大批地从沟里向山口涌来，妄图逃命，被交文支队截住，陷入团团包围之中。二旅和交文支队集中火力，逐渐缩小包围圈，打得敌军无处藏身。

战斗从上午八九点钟一直打到下午三四点。阎军七十二师除师长艾子谦及负伤之副师长王维桢率残部 300 余人逃走外，700 余人被俘，130 余人被打死。战斗中，二旅和交文支队缴获迫击炮 3 门、轻重机枪 83 挺、小炮 30 门、步马枪 500 余支。

解放古交镇

1947 年 4 月 4 日，晋绥军区独立二旅、八分区交文支队和十八支队，以及交城县第六、第七区的地方武装和民兵，解放了古交镇。当时阎军工兵四团驻扎在古交镇以及周围的东岭、羊圈沟、麻坪岭、红梁上、水泉寨。

是日午夜 12 时开始总攻。经五六个小时激战，黎明时，攻下东岭、麻坪岭等外围据点。接着，进行水泉寨战斗。水泉寨据点分前、后院，部队连续发动两次冲锋，均被敌火力压住，未能奏效。第三次，担任掩护的部队加强火力压住敌人，连长亲自带领战士们像猛虎一样冲了上去，一场肉搏战之后，解决了前院敌军。后院敌军又拼命顽抗。为了减少伤亡，指挥部令麻坪岭炮兵开炮，轰倒夹墙。敌军纷纷退回屋内进行垂死挣扎。战士们一涌而进，避开敌火力，向屋内塞进几颗轻炮弹，炸得敌军血肉横飞，半个小时结束战斗。接着，部队又胜利地攻克了红梁上据点。

下午，部队开始打古交。经三进三出，顽强战斗，攻下了主碉堡，解放了古交镇。

再次解放开栅镇

1947 年 5 月下旬，交文支队接吕梁军区拔掉开栅敌军的命令。此前，阎军六十九师二〇五团于3月底再次侵占开栅镇。该团有9个步兵连、1个老虎炮连。装备有2门炮、2挺重机枪、18挺轻机枪。每连配有两挺轻机枪。同时，城头、大营、寨子、西营各驻敌保安团一个连。

5月底的一天，交文支队进到窑儿头。夜晚9时轻装出发，经洪相、广兴到武陵村。一营埋伏在村南水渠，二营埋伏在方园村北面，三营作为预备队。次日晨5时左右，侦察员分别活捉和打死两名从大营出来的敌军。开栅敌军听到枪声后，派两个连的兵力向武陵村开来。进入伏击圈后，交文支队战士从几面冲来，不到几分钟，将敌两个连全部缴械。接着，开栅敌又派一个营的兵力向武陵村开来，被交文支队包围后，除逃跑一部分外，大部被俘。这时，敌团长亲率300多人尾追而来，在尚未弄清情况时，被交文支队一营截住后路。敌团长带队掉头往开栅逃跑。埋伏着的交文支队从几面猛烈冲出。除敌团长带少部分逃脱外，其余大部被俘和击毙。在此之后，交文支队一连和二连奉命到达寨子和西营村，解决了两地的保安队。其余3个连到洪相堵击二〇五团逃跑之敌，又俘敌80余人。

这次战斗，交文支队共俘敌900多人，缴获老虎炮1门、重机枪2挺、轻机枪16挺、步枪500余支、子弹3万余发，收复了开栅镇，解决了开栅周围的5个敌据点。

1947年7月中旬，阎军以两个师和一个纵队的兵力从文水出发，进攻开栅。交文支队预先埋伏在开栅西面吕家山一带。由于地形有利并指挥得当，经猛烈袭击，俘敌800余人。次日，敌又直扑南堡塔儿上交文支队驻地。交文支队的指战员奋勇迎战，前后夹击。敌腹背挨打，死伤100多人，狼狈逃窜。

1948 年 7 月 5 日晚，吕梁军区地方部队攻克开栅镇，歼灭守敌阎军十九军六十九师二〇七团二、三两个营。俘副团长杨增福、二营营长韩鹏程、三营营长年介夫以下 532 人。缴步枪 138 支、重机枪 5 挺、轻机枪 11 挺、冲锋枪 2 支、步重炮 1 门、轻炮 18 门、子弹 1.2 万余发、炮弹及其他军用品。

解放交城

1948 年 7 月 6 日晚，吕梁军区部队攻克交城县城外围敌碉堡。7 日凌晨 4 时，相继乘胜攻占交城县城。守城阎军一部分被歼于城内，另一部分弃城逃窜，于上午 11 时在途中被堵击歼灭。计俘阎方交城县长贺正泽、保警大队长田侠贵以下 700 多人，缴粮食 60 多石。

第三节　统一战线

一、选民代表会议召开

1946 年 2 月 26 日上午，交城县在东社举行县议员、参议员选举大会。全县共 108 个行政村，13 万人口。除义望村未选出代表外，共选出代表 109 名。其中有 57 岁的老人，也有 18 岁的青年。群众中的英雄模范占全体代表的三分之一。成分为工人 5 名、雇工 2 名、贫农 42 名、中农 51 名、富农 3 名、商人 5 名、医生 2 名、士绅 2 名、妇女代表 3 名。在平川地区，因环境关系，代表多用聘请或秘密选举产生。会议共进行 5 日，到会代表有 106 名。先由代表推选出主席团 9 人，然后通过代表认真学习选举条例，听取大会报告，讨论提出候选人，最后经过代表投票选举，选出正式县议员

82 名、候补县议员 2 名，其中一区 27 名、二区 13 名、三区 12 名、四区 19 名、五区 16 名、六区 8 名、七区 5 名，机关干部 9 名。又由县议员代表群众选出罗贵波、张永清等 8 人为晋绥边区参议员。这次选举大会于 3 月 1 日结束，它进一步促进了全县民主政权的建设，对团结各阶层人士，孤立反动势力，产生了很大的作用和影响。

二、王正河起义

1946 年 2 月 26 日夜，在中共交城一区委和武工队发动的政治攻势下，驻清源高白镇以连长王正河为首的阎军某部四营四连举行起义。一区武工队和民兵以及交文支队二营担负策应工作。交文支队一个连据守在高白村东，一个连卡住高白村西的太汾公路以防御清源和交城敌军增援。交文支队另一个连配合交一区武工队和民兵包围敌村连部。深夜 12 点，战士和民兵以及武工队员们从院墙和大门进入村连部院内，迅速卡住敌居住的各个房间，然后统一行动，将敌全部缴械。当交城和清源之敌得悉情报赶来增援时，部队、武工队和民兵早带起义人员取路王明寨，到达大辛村。次日，在大辛召开了庆祝会和欢迎会，还为起义人员演唱了秧歌剧。

三、石千峰阎军缴械反正

1947 年 4 月 6 日，敌从古交向石千峰溃退途中，行至东岭附近，有被强编去的敌自卫团 9 人，携步枪 8 支、轻炮 1 门，投奔第七区公所。9 日，敌再次反扑古交扑空。在仓皇向石千峰溃退之际，又有李家庄自卫团员的父母妻子将他们叫了回来。接着又有 8 人携步枪 7 支，投奔第五区公所。另有 2 人携步枪 2 支分别向二、五区公所反正。各区机关、群众为他们举行热烈的欢迎大会，政府并对他们进行了适当的安置和救济。

第四节　支前南下

一、支援晋中战役

1948年6月10日至7月20日，经过土改的交城山地铁木工人，在支前工作中，发挥了高度的劳动热情。他们不顾艰辛，不怕流汗，以突击的精神，完成了支援前线的任务。共制作作战器材577件、大小云梯1092架、骡马掌240副，另给卫生处制造器具22件，总计做了2160个工。桑生茂等被火烤得眼睛冒着血丝，仍不停歇地抡着铁锤。工作结束时，给王玉杰记功一次，石万义、桑生茂、黄玉林、王光成、王守文受表扬。

截至1948年8月10日，全县动员了三批共1795人的支前队伍，支援晋中战役。第一批动员了1495人（包括铁木工133人在内），从6月15日开始，服务一个半月。其中，运输队集中毛驴300头，由沙沟往文水县麻家堡运送粮草。民工担架队出动267副担架，由区村干部带领，在前线抢运伤员、抬云梯、运送炸药等。

第二、三线的主要工作有：由交城往峪口运粮，又由峪口往各磨坊运粮，各磨坊磨成面又往开栅转送，用1.5万个工，以人工背送转运45万斤麦子；由二区、七区往沙沟运粮30余万斤，计工1万余个；三、四区共完成110万斤柴的任务；另外还完成了磨面、抬云梯、招待伤病员等军勤任务。

第二批动员150副担架、民工200人、毛驴100头，于

7 月底开始上前线服务。

第三批从 8 月 10 日左右开始动员，共动员民工 100 名、担架 150 副、毛驴 130 头。

二、支援太原战役

1948 年 10 月 5 日至 20 日，交城县动员长期民工队 275 个、2200 人；民兵 5 个连、570 人；临时民工 22 个连、1900 人；大车 17 辆；看护员 14 人、木匠 20 人、窑工 82 人，总计 4786 人的支前队伍，于 20 日前全部到达榆次，支援太原战役。

支前队伍纪律严明，要求做到服从命令听指挥，坚决完成任务不动摇，一不怕生活艰苦，二不怕工作艰难，三不怕流血牺牲，四不开小差，五轻伤不下火线。在支前工作中，全队涌现出许多英雄模范人物。他们冲锋陷阵，抢救伤员。战斗激烈时，有的民工毅然拿起伤员的枪，不顾生死，浴血奋战，有的献出了宝贵的生命。

翌年 4 月，太原战役结束。5 月，支前队伍归来时，县委、县政府召开了隆重的欢迎大会。会上表扬了各连队选出的支前模范，公布了模范事迹。对于在支前中牺牲的人，都宣布为烈士，白县政府颁发了烈士证书，并给以抚恤。

三、南下西进

1949 年 2 月，中共晋中二地委和交城县委根据中共晋绥分局指示，组织动员干部南下，支援祖国南方解放。交城县 85 名干部积极报名南下，配合人民解放军，赴四川、湖南等省，参加接收新解放区的工作。

第五节　经济文化

一、发展农业

开荒变工

1945 年，交城县各级党委和政府十分重视进一步发展农业生产。除一区外，其余 6 个区，82 个行政村，465 个自然村，共开荒地 12 540 亩，淤河滩地 870 亩，种棉 978 亩。粮食总产量增加到 1.637 万石，产棉达到 32.3 万斤。

1946 年 8 月初，交城四区 10 个行政村，71 个自然村，在春耕前就有 61 个村组织了变工，共组织 54 个变工队，171 个小组。春耕一完，区干部便抓紧组织剩余劳动力砍山。26 天内，共砍下大小木料 60 万件，获利本币 2500 万元、小米 2 万余斤。按劳力强弱及砍的数量分红，解决了全区 40% 以上人的穿衣问题，20% 人的口粮问题。此后又抓紧转入变工夏锄。夏锄中又新发展变工组 18 个。中西川河西庄在霍海喜领导下，把小队变成全村大变工队，共参加农民 40 余户。

1946 年，民兵英雄段祥玉领导组织起来的四区横岭变工队"三年没跌倒，越变越起劲"。横岭变工队是 1944 年在段祥玉帮助下，群众自愿组织结合起来的。全村 22 户，参加变工的 20 户，组织了一个变工大队、两个小组以及多个儿童组。民主选出段祥玉为生产大队长。变工组民主讨论并适当规定了人与牛工的顶法，以及折工记工方法。变工组内有意见民主提出，干部以身作则、先人后己。变工账每 10 日结算一次。节省出的劳动力用在开荒上，两年中共开荒 126 亩。一年四季，种地、搞运输、砍山打柴，又修起水磨油坊，全村 90% 的群众都翻了身。

武装保卫春种

1948 年 1 月至 5 月，交城县接敌区民兵游击队积极掩护敌碉堡附近群众抢种。入春以来，三区民兵基干连每日拂晓上山警戒，防敌突击，掩护群众抢种土地 2000 余亩，连距敌碉堡二里的土地也抢种完毕。

六区民兵游击队曾几次掩护群众，从敌仓库内夺回种子 3000 余斤。掩护接敌区群众，回村抢运回埋藏的山药蛋 1 万多袋。至 5 月 10 日，全区已有 1 个行政村、6 个自然村的群众将 5200 余亩土地抢种上。在这期间，民兵游击队伸向敌据点附近开展地雷战、麻雀战，抓获了敌 9 个便探，炸死敌 4 名。

七区民兵游击队掩护 14 个村的群众，到敌据点附近抢种夏田 900 余亩，秋田 2000 垧。民兵游击队并且在战斗空隙帮助贫苦军工送粪。

修筑甘泉渠

1946 年春，交城平川人民在中共交城县委的领导和交文支队的武装保卫下，开始修筑甘泉渠。该渠由开栅修起，经广兴、洪相、安定，直至成村村南。约半年时间，胜利完成了长 15 华里的渠道工程任务，将文峪河水引入县城以西平川村庄。

山地水利

1946 年上半年，交城山地广修水利，变旱地为水田。二区镇城底开了一条 3 里长的水渠，70 多亩地受益。三区东社、西社、横岭、塔上、大岩头、峪口六村动工 20 多天，夏收前修堰，淤地 1300 亩。沙沟筑起 200 多丈长的三条防水堰。

二、稳定经济

1945 年，为反对阎锡山政权的经济封锁，解决解放区人民群众吃、穿、用的问题，中共交城县委和一区委领导开辟了西营村集市。阴历每月三、六、九日为集日，在民兵的武装保护下，群众踊跃地赶集上市，进行物资交流，从而活跃了农村经济，丰富和改善了人民生活。

1948 年 7 月 7 日，交城县城获得解放，中共交城县委和县民主政府坚决贯彻执行了党的各项政策，使全县社会秩序迅速稳定，人民安居乐业。一是贯彻了保护工商业的政策。县民主政府一进城，就在东关街和北巷商业区内张贴出布告，并派遣纠察队巡逻，命令部队和地方干部不得进民房和商店。与此同时，努力恢复和发展生产，积极组织商品流通，活跃城乡经济贸易，迅速扭转了城市经济的混乱局面。在解放后半个月时间内，使原有的 70 余家大小商号得以复业，并又新增加了一些饭铺和流动摊贩。一个月中，全县赶集上市的群众达 1.5 万人左右。市场秩序井然，物价稳定，城乡一派繁荣。

1948 年 8 月 31 日，交城县政府对全县新老区工商业调查统计结果为：

新区：彩布行 3 户，经营布匹，1947 年开办；杂货行 8 户，1945 年开办；作坊有酒、醋、油、酱坊 8 户，磨坊 19 户，1944 年至 1947 年开建；盐坊 10 户，1944 年开办；杂货小摊 12 户、陈物小摊 24 户、饭铺 15 户、文具品铺 2 户、中西药铺 11 户；成衣局、理发所、照像馆 7 户，修车铺 6 户，煤窑1个。共125户。

老区：群众合作社6户，经营布匹、杂货，1943年至1947年逐渐壮大起来；群众磨坊5个，1947年开办；煤窑8户，1945年至1948年开办；军队生产推销站2户、药铺4户、理发所3户、钉掌铺3户、小摊15户、小贩2户、小铺2户、临时推贩6户，除钉掌铺为1944年至1948年开办外，其余均1948年开办。共计56户。

三、文化教育

群众文化

1947年2月15日，为了宣传解放战争的胜利和鼓起生产热潮，挫动解放区文艺活动的开展，中共交城县委和政府在驻地沙沟村举行了全县剧团会演和时事宣传画展大会。全县共有20个群众剧团，其中二区3个、三区9个、四区5个、五区3个。参加比赛的剧团有11个。每个剧团演出一个节目。经过评比，评出冯家沟口剧团为第一名，南头剧团为第二名，沙沟剧团为第三名。

冯家沟口剧团成立于1944年9月，他们将演剧和生产相结合，生产变工队把演员组织在一起，在家排了，地里排。因为要提前演出，一个月秋收可以缩短三分之一时间。戏剧教育了群众，同时也教育了演员自己，全村人在文化和政治思想上有显著进步。

教育发展

挤掉日军扎在交城山区的全部据点后，根据地连成一片，交城解放区文化教育事业进入复兴时期。至1945年10月1日，已恢复和建立完全小学3处，即在古交建立第二完全小学，东社建立第三完全小学，开栅建立第四完全小学。三座完全小学共有学生 410 名。除此之外，不含一区，全县还有小学 59 座、冬学 229 座。办冬学的村庄占到自然村总数的 58% 以上。

1946 年 9 月 25 日，交城开始集训冬学教员，参加受训 189 人。全队分编为 14 个小组，课程以时事、土地、公粮条例为主，文化课为辅，采取大家教、大家学的教学方法。在 10 天学习中，学员们在认识上均有了不同程度的提高。

1948 年 7 月 7 日，解放军攻城部队一进城，就在县立中学门口加设卫兵，把学校保护起来。8 日下午，新华社晋中分社记者汪洋在中学与城内各学校教员和学生接头，向他们宣传党和政府的文教政策，商量恢复学校的工作。

7 月 26 日至 29 日，交城县政府召开交城平川教育界座谈会，到会教员和学生达 144 人。会上学习讨论了形势和党的政策，研究了开办小学的问题。此前，政府对全县中小学教员下令，规定各学校统一于 8 月 5 日开学。在短期内，使新解放区的教育事业得到恢复和发展。

第六节　英烈丰碑

刘宏智 (1915—1946)，交城县夏家营镇小辛村人。他目睹日军侵华，百姓涂炭，毅然投身革命，参加牺盟会，发动村民，拒捐抗税，与日伪斗争。

晋西事变后，晋绥八分区和县区地下工作人员多以小辛村为据点，以刘家为堡垒，与驻扎在县城的日伪军展开曲折斗争。他想方设法保护地下工作人员；站岗放哨，警戒敌人活动；散发传单，大造革命舆论。1941 年，参加晋绥八专署敌工科工作，以开设粮店、磨坊作掩护，专事收集情报，侦探敌情。他以掌柜身份，奔波城乡，进行革命活动。又以村长身份深入敌特机关，接洽日伪军政要员，以宴请、馈礼等手段，迷惑敌人。后被汉奸告密，被捕入狱。在狱中忍受了严刑拷打，敌人一无所获。宏智获释后仍从事革命工作。五区区长夏舟被捕入县狱后，他佯装亲友，多次探监，暗赉银钱，传递情报，为夏舟等20余人成功越狱创造了有利条件，作出重要贡献。

1940 年秋，宏智获悉阎军由省城运大批军火武器于交城，向上级做了汇报。三五八旅埋伏于郭家寨一带，以出其不意、攻其不备的灵活战术，把敌人打得溃不成军，获得大批枪支弹药。

宏智曾与交文支队、武工队配合多次狙击敌人。1946年 2 月，以政治攻势，做通驻扎在清源县高白镇的阎军连长王镇河的思想工作，促使其弃暗投明，反正起义，一举拔掉高白据点。

1946 年 7 月 20 日，阎军大批人马出发到小辛一带抢粮。宏智探获消息后，配合交文支队战斗，因寡不敌众，在战斗转移中，他为掩护同志突围，孤身奋战。剩下最后一颗子弹时，决心以身殉职，自击腹部，并吞咽赤金戒指，冀求速死报国。敌人妄想获取情报，将他送入医院治疗。他拒绝医治，敌婉言劝生，他严词以对。翌日长逝。

康仁选（1917—1946），字德明，交城县东坡底乡逯家岩村人。1937 年抗日战争爆发后，一二〇师工作团、山西青年决死纵队、山西工卫旅和牺盟会等军队和组织先后驻扎交城山区，同时晋绥第八分区、县、区等抗日政府和组织相续建立。在各级抗日政府和抗日武装轰轰烈烈的"抗日救亡"影响下，康仁选积极响应，踊跃参加抗日活动。1939年底，他担任逯家岩村邻、闾长，后任交西县三区冯家沟口行政村粮秣委员、行政村村长。1942年4月30日，他光荣加入中国共产党。12月，康仁选接受交西县三区区委分配，担任逯家岩村"维持会长"。他利用其公开合法身份，对敌人进行了各种合法斗争。逯家岩是离岔口敌据点很近的一个村，他以高昂的热情，置个人生死于度外，经常出入据点为我方递送重要情报，为围困敌据点，创造有利条件。他根据抗日政府决定，积极组织逯家岩等村群众转移，空屋旷野，制造"十里无人区"，使岔口据点成为陷入完全被我围困的孤岛。同时帮助群众安居生产。随着对岔口据点的加紧围困和对敌斗争的进一步开展，敌人到了惶惶不可终日的地步。敌人对岔口村及周围村"维持会长"施加压力，扬言"维持会"是为八路干活的，准备杀害他们。党组织考虑到他们的生命安全，先后将岔口村、逯家岩"维持会长"刘福全、康仁选等先后撤出。1943年3月，康仁选担任逯家岩行政村村长、民兵中队长、交西县三区民兵副大队长，其间他身患肺结核，带病同民兵日夜奔波于山川之间，活动于敌据点周围，开展"挤"敌斗争，对敌人进行了艰苦卓绝的斗争，一直坚持到"挤"掉敌据点和抗战胜利。

1945年抗战胜利后，鉴于康仁选身体原因，县委调他担任县委收发员。他身患重病，经常咯血不止，但他仍以饱满的革命热情和革命者的坚强毅力，同病魔进行顽强斗争，一直带病为革命忘我而工作，圆满完成党交给的任务。1946年在逯家岩战斗中，康仁选光荣牺牲，时仅30岁。

宋俊英(1919—1947),名润棠,交城县洪相镇广兴村人。14岁高小毕业。结识先进青年,接受新生事物。矢志革命,抗日救亡,曾赴陕西省革命根据地学习革命理论和军事知识。

晋西事变后,返晋参加晋绥第八专署敌工科工作。他经常深入敌区,收集日伪情报,成绩卓著,加入中国共产党担任敌工科副科长。为了打入敌人内部,设法充任日伪警备队小队长。在日军大肆推行"三光"政策期间,多次为我方递送情报,为革命作出贡献。

县警备队长姚兴业,效忠于敌,是抗日地下工作的障碍,俊英时时警惕,然姚诡诈多端密告敌人,俊英私通八路军。俊英以攻为守,事先贿通姚家佣人,将加盖晋绥八分区戳记的书籍文件暗藏于姚家顶棚之内,指出姚通共党。日伪见证据属实,将姚斩杀。一次,在宴请阎军驻安定据点的排长时,因醉酒而暴露身份,转移到文水,后在交城县城头被捕。俊英身陷缧绁,正气浩然。敌人用尽酷刑,一无所获,于1947年2月15日慷慨就义。

马 厌(1923—1947)交城县天宁镇奈林村人。1923年生,小名二续。当年,他虽没有被抓壮丁、当常备兵,但却被强行编入村自卫队。为了生计,他一边下窑挖煤,一边耕种几亩薄田养家糊口。虽对阎顽的统治心中不满,却敢怒而不敢言,对村里的民卫军、自卫队的活动只好消极应付。一天,他因下窑及种田劳累,早操迟到,被罚头顶砖头跪地,烈日下暴晒,数小时不让起来。就这样,村自卫队队长郭秉明及"兵农基干"侯新顺等人还认为对他的折磨不够,拿来屎尿盆给他顶在头上,并让自卫队其他队员给他脸上吐唾沫,浑身上下泼屎泼尿,折磨了整整一天。为此,他实在咽不下这口气，毅然决然弃暗投明，趁民卫军监视不备，奔赴交城山，参加了革命。交城县抗日民主政府任命他担任了奈林村地下村长。

他担任地下村长期间，负责奈林敌伪人员活动侦察，发动群众反对内战，为解放区根据地筹集粮食物资，支援根据地和解放战争。因为他在奈林村人缘好，情况熟，善于同敌人进行隐蔽斗争，为根据地筹集了大量粮食、油盐等急需物资。

在锄奸反霸斗争中，为了打击阎伪村政权的嚣张气焰，他不顾个人安危，深入虎穴探敌情、摸情报，为对敌斗争做了大量工作。并亲自领着交城县八区武工队，趁村民卫军、自卫队早操训练之时，摸了村自卫队连部，缴获民卫军枪支20余支，然后领着武工队突袭奈林村，镇压了骑在村民头上作恶多端的伪间长月明老婆和村自卫队"兵农基干"侯新顺。奈林村的敌伪人员、坡底乡的伪职人员、县警备队有劣迹的反动骨干，一听到他的名字就闻风丧胆，听马色变，只好白天来，晚即去，不敢在奈林村留宿住夜，这样一来，每到夜晚，村里便成了共产党八路军的天下。所以，他的名字在村民中倍受敬仰和尊重，但敌伪村政府以及黑恶势力却对他恨之切齿。他们布暗哨、放密探，对他的活动进行监视，一旦发现他的行踪，便密告伪县政府及县警备大队。1947年农历三月的一天，当他在村筹集粮物时，被敌特人员侦悉，密告了伪县政府。伪县政府如临大敌，秘密集结县警备大队200余人，将奈林村包围，挨门逐户搜查。他得悉情况后，为了避免村民牵连受害，趁敌不备，挺身突围，向村北山上转移。警备队发现后，三路围攻追击。他一边反击，一边狂跑，一直跑了五里多路爬上云梦山。在苍树山玉皇庙脚下的一块巨石后隐蔽起来，并以巨石为掩体，与包剿之敌展开了殊死战斗。敌人虽将他三面包围，但因他枪法准，谁也不敢向前靠近。为了保护为解放区捐粮献物的众多村民免遭敌人迫害，他从怀里掏出记有村民捐粮献物的名单点燃焚烧，看着化为灰烬，然后向围敌射完最后一发子弹，甩出了随身挂的三枚手榴弹中的两枚，镇定自若地把最后一枚手榴弹揭开盖，将引线挂在手指上，面对胡乱喊叫着"缴枪不杀""投降不杀"不敢向前的围攻之敌，从大石后挺身站了出来，正义凛然地大声喊道："来吧！哪个不怕死的！就上来吧！"他以威震山河之势，吓得200多警备队官兵胆破肝裂。之后，面向着养育他的故土——奈林村拉响了手榴弹，为中国人民的解放事业献出了年轻宝贵的生命，英雄之魂化作青烟直冲云霄，当时，他年仅24岁。

他牺牲后，敌伪县、乡、村以为拔掉了他们的眼中钉、肉中刺。1947年"三自传训"中，敌伪对他的亲属并未放过，伪村政权及自卫队对其亲属变本加厉的进行迫害。将他的父亲马毛五老人扣押县特警组，对马家严密监视控制，任何人不准迈出街门一步。凡与他有亲缘关系或与其稍有粘连来往的青壮年均遭到迫害：他的妻兄牛明则、连襟罗秉武、罗秉武的叔伯兄弟罗秉祥、与罗秉武伙开过煤店的伙计郝帮雁均被扣上"共匪亲属""伪装分子"的帽子，五花大绑，口塞棉花，拖到村西磁窑河乱石滩中，惨死在阎顽"兵农基干"的乱棍之下，上演了一幕凛冽寒秋的血腥惨景。

梁树棠（1913—1948），山西省灵石县双池镇（今交口县双池镇）人，1934年秋考入山西工业专门学校。1936年春，红军东征到晋西南即参加农民协会工作。同年冬，放弃工业专门学校学习，考入村政协助员训练班，参加山西省牺牲救国同盟会。训练结束后，由牺盟会派遣，以联络员身份到霍县开展工作。

1937年冬被派回灵石县双池镇一带组织领导地方游击队。1938年2月至1939年12月任中共灵石县委联络站负责人。1938年3月加入中国共产党。曾参加晋西南区党委组织的训练班。1938年5月任中共灵石县委宣传部部长。组织领导灵石县委的流动训练班，采用启发式、问答式的教育方法，边讲边议，时间短、效果好，被晋西南区党委书记林枫誉为"树棠式的训练班"，其经验被推广到全区。1939年1月至1940年2月任中共灵石（河西）县委书记兼宣传部部长。领导县委在建党、统战、群众、政权、武装、民建等方面的工作中取得显著成绩，成为洪赵地委的模范县之一。1939年2月作为晋西南根据地代表团成员之一赴延安，向党中央汇报根据地建设情况，受到毛泽东等中央领导人的接见和赞扬。12月在中共晋西南区党员代表大会上，当选为中共七大代表。1940年2月至5月任中共灵石（西）县委书记。领导灵石县人民坚持反对国民党顽固派，整顿党的组织，开展地下武装斗争。1940年5月奉命撤退到晋西北的兴县，担任中共晋西区委宣传部教育科科长。9月奉命去延安向毛泽东等中央领导汇报晋西事变后灵石县的反顽斗争情况。1941年调任晋西区党委兴县县委书记。1942年11月至1945年8月任晋绥分局第八地委组织部部长。转战晋中前线。其间，1945年春到延安，4月至6月作为晋绥代表团成员出席中共七大。

1945年9月至1948年7月任中共晋绥第八地委副书记兼组织部部长。1948年晋中战役开始后，兼任晋绥第八分区后勤总指挥部政治委员。1948年7月15日光荣殉职。

第二编

向社会主义过渡时期的建设和发展

　　1948年7月7日,交城县获得解放,人民成为社会的主人。中共交城县委、县政府进驻县城,在广大人民的大力支持下,采取措施稳控社会治安秩序,继而开展新区土地改革,贫雇农有了自己的土地。适时组织农民走互助合作道路,农民的生产积极性空前高涨,粮棉生产连年获得增产、增收。同时,工商业也得到了恢复和发展。1953年,交城县进行第一次人口普查,全县人口共计115 366人。

第一章　党政建设

第一节　整党工作

开展整党和结束土改工作

1949 年 11 月 25 日至 1950 年 2 月 12 日，中共交城县委在全县老区、半老区和新区开展整党和结束土改工作（简称"整结"）。参加这次整党和结束土改工作的县区干部有 130 余人，将 79 个行政村，分三批进行"整改"。在"整改"前，各区委组织各村支委和部分党员进行培训，组织学习党的基本知识、"整党"的方针政策等，为"整党"培养骨干分子。随后，以支部为单位，吸收群众参加，听取党外群众的意见，开展批评与自我批评，密切了党群关系，促进了土改工作的结束。在整党的基础上，重建了党支部，重编了党小组，重订了各种规章制度，并吸收 339 人加入党组织，从组织上纯洁、健全了党。

全县农村开展整党运动

1950 年 11 月 8 日至 1951 年 3 月 20 日，中共交城县委对全县农村支部及全体党员进行了一次系统的整顿。整顿前，先组织培训党员。先后共培训六期，每期半月至 20 天。培训内容是进行党的基本知识的教育，抗美援朝和反美爱国的一致的教育，群众路线和工作方法的教育，抗美援朝和反帝爱国的教育，以克服革命成功的盲目自满思想。全县共培训 72 个支部，1038 名党员，85 名团员。每培训一期，便以集训的党员为骨干，回村整顿一批党支部。整顿分为三个步骤：一是开展批评与自我批评；二是处理问题，鉴定党员，民主选举，整顿组织；三是建立制度，登记党员，制订计划。通过整党，提高了党员的思想觉悟和党组织的战斗力。

中共交城县委作出《进一步加强党的政治领导和思想领导》的决定

1951 年 8 月 25 日，中共交城县委作出《进一步加强党的政治领导和思想领导》的决定。指出：随着形势变化，党的任务也有了变化，现在的任务是巩固已得胜利，继续发展成果，就是要实行民主化、工业化。新的历史任务就是经济建设，当前就是打基础。经济建设又是长期性的，因而是艰巨的。因此在党内必须有一个明确的政治方向，进一步加强党的政治领导和思想领导，才能领导人民胜利前进。

中共交城县委对基层组织进行整顿

1951 年 10 月，根据省委、地委要求从现在起到 1953 年底，对所有党员进行一次共产主义和共产党员标准教育，对党的基层组织进行一次普遍整顿的指示精神，县委决定对全县基层组织开始进行整顿。为此，县委成立了整党委员会，由县委书记任井夫任主任，组织部部长郭光任副主任，张明仕任整党办公室主任。全县共有支部 96 个，党员 2919 名。其中农村支部 82 个，党员 2677 名；机关支部 14 个，党员 242 名。县委计划 1951 年冬至 1952 年春，对三、四区全体党员和五、六、七区部分党员进行整党；二、六区所有党员和五、七、八区剩余党员，到 6 月底结束。整党方针是：在县委的领导下，依靠内在力量，团结改造不完全具备和不够党员条件的党员，清洗混入党内的不纯分子，进一步提高党的战斗力。

11月13日至12月14日，县委在党校，对老区13个支部，1个党小组，215名党员进行首批整顿。党校开设《劳动创造世界》《中国如何实现共产主义》《党的利益高于一切》等课程，对党员进行共产主义和党员标准教育。在提高思想认识的基础上，对照党员标准对党员进行审查鉴定。在215名党员中，够条件的145名，基本够条件的48名，完全不够条件的22名。对不够条件的党员分别进行了处分，其中开除党籍2人，清出党内8人，取消后补期1人，留党察看2人，退党8人，自行脱党1人。

中共交城县委对47个支部1807名党员进行整顿

1952年11月2日至1953年3月底，县委对47个支部、1807名党员进行全面整顿。这次整党的方针是：在全县四类支部中应以二、三类支部作为重点，一类支部继续提高。在教育与提高中结合反对党内右倾及资本主义思想，反对贪污、浪费及强迫命令作风，并在此基础上加强组织整顿。整顿的方法为：集中训练与分期发动群众相结合。整党分为三个阶段：学习培训阶段、"三反"检查阶段、组织处理阶段。向党员讲解社会主义大工业的前途，交城县五年建设规划，按劳分配的原则，农村今后的发展方向，反对官僚主义和命令主义，反对违法乱纪行为等课程。在"三反"检查阶段，县委把党员的思想提高到党员的八项标准上进行教育，批判了少数党员存在的各种不良倾向。通过小组揭发和检查，使每个党员认识到自己存在的问题，明确了今后努力的方向。在此基础上，根据地委的指示精神，将整党中查出的坏分子清洗出党，对犯有错误的党员给予了适当的纪律处分。

中共交城县委制定《关于加强党的政治思想领导与改进工作作风的决定》

1953 年 3 月 26 日，县委制定《关于加强党的政治思想领导与改进工作作风的决定》。决定指出：为提高工作效率，改进工作作风，各级党组织必须做到：①健全党组，规定制度，自上而下，坚持由党内到党外的工作程序；②县区村党务系统在进行总结工作时，必须首先总结干部中的思想变化情况；③县委委员依据地区分工，每人要亲自联系一个农村支部，并经常进行检查与指导；④县委宣传部、办公室联合出刊小报，要结合中心工作经常指导支部，进行宣传工作；⑤县委委员与各区委委员要推广先进经验，在全县范围内树立典型；⑥支部要进行群众路线工作作风的教育，并逐渐走向经常化与制度化；⑦县委、区委报告员在每一季度结束，要通过可行形式集中研究一次农村支部工作，总结经验，解决后进支部存在的问题。

中共交城县委对未经整党的农村党员进行整党

1953 年 8 月 12 日到 1954 年 2 月，县委对未经整党的农村支部 50 个、党员 1479 人，进行整党。首先县委成立整党领导组，由任有保、武保华全面负责，办公室由贺万喜、胡增丰、李怀明等 3 人负责，并抽调整党组织员、专职整党干部和区委员共 37 人组成 6 个整党工作组。县委采取集中整党和工作组下村整党相结合的办法，圆满完成了整党任务。这样从 1951 年 10 月到 1954 年 2 月，对全县 95 个支部、2605 名党员全部整党完毕。共开除党员 26 名，党纪处分党员 29 名，劝退和自退党员 45 名。

1954 年 1 月 30 日，中共交城县委作出《关于结合普选选举农村党支部的决定》。《决定》要求：全县农村党组织，结合人民代表大会普选，对党支部班子成员有计划地进行一次民主选举。根据县委决定，对全县农村二类和三类支部班子普遍进行一次民主选举。一类支部班子中，只对个别自私自利、脱离群众的支部进行了调整。

中共交城县委整顿农村二、三类支部

1954 年 9 月至 1955 年 6 月，县委对农村二、三类 18 个支部、492 名党员进行整顿。整顿的内容是继续贯彻党的总路线，认真学习七届四中全会精神，进行怎样做一名好党员的教育和工农联盟的教育。整顿的方法：一是抽调 38 名干部组成整党工作组，深入各村进行整顿；二是举办农村落后支部整党训练班，将 7 个支部的 102 名党员、56 名团员、12 名积极分子进行集中训练，统一整顿。通过整顿，开除党员 7 名，留党察看 9 人，警告处分 10 人，劝告处分 2 人，劝退党 3 人，自行退党 8 人，进一步纯洁了组织，提高了党的战斗力。

中共交城县委加强农村政治思想工作与党组织建设工作

1955 年 8 月 26 日至 30 日，县委召开农村政治思想工作会议，参加会议的有县直机关和区、乡、村党支部书记、组织委员、支部指导员、基层工作组长，共计 357 人。会议听取了县委《关于两年来反革命分子破坏农业社的报告》和《关于加强农村党建工作的报告》，并分析和总结了农村支部各方面的成绩和存在问题，使大家进一步认识到阶级斗争的尖锐性和复杂性，深刻体会到加强农村组织建设的重要性。会议在提高认识的基础上，制订出下一步工作计划和施。

10月16日中共交城县委制订《关于加强党在农村的政治思想工作和党的组织建设的工作计划》。《计划》指出：党的组织在农村已有很大发展。全县共建立农村支部194个，其中乡总支19个，乡支部51个，分支124个，党员3127名，占全县农业人口的2.5%，党员成分一般是好的，贫雇农成分占全县党员总数的68%。当前农村党组织发展不平衡。全县有空白自然村37个，空白农业社44个，有3名党员以下的设党组织。由于忽视党的政治思想工作，有一少部分党员的资本主义思想和违法乱纪行为十分严重。为此，县委提出以下工作计划：一是积极发展与巩固党的组织，把建党工作形成经常化。根据交城实际情况，在三年内即从1955年至1957年全县计划发展党员768名，其中农村发展688名，机关发展80名。农村发展重点：1955年主要是放在30个空白自然村，44个空白社和新建的107个农业社，机关重点放在经济等要害部门。1956年重点放在1955年新建107个农业社和1956年新建、扩建的农业社。1957年发展重点放在大社和部分新建社，机关放在党委部门、经济部门。为了有计划地发展新党员，必须采取分期接纳的办法，坚决贯彻省委关于"发展一批、巩固一批、再发展一批"的方针。党的基层组织必须划清入党对象和积极分子的标准界限，进行分类排队，分批接受。必须严格入党手续，不得草率从事。二是加强对党员的思想教育工作，逐步形成支部教育制度。具体要求是：1.坚持定期或短期训练党员的教育制度，规定每月一次党课，每半月一次支委会议，七天一次小组生活会议；2.以点建立传授点，每月25日左右进行一次传授，由下乡的县委委员和党的报告员作报告；3.在县级机关和较大的农业社，或在有条件的农业社举办业余党校，每月举办一次；4.加强短期训练，县委计划在秋收之后至1956年春耕之前，要把平川包括截岔地区的支部进行一次训练；5.定期召开党员大会，充分发扬民主。

中共交城县委制订整党建党规划

1956年1月20日，交城县委研究制订出《关于在并社转社中进行整党建党的规划》。《规划》指出，为贯彻执行中央七届六中全会精神，必须从思想上、组织上经常整顿农村党支部，使每个农村党员都能成为社会主义革命的战士，每个农村支部都能成为农村社会主义的战斗堡垒，这对完成全县农业高级合作化具有重大作用。为此，县委计划在三年内，将全县农村支部普遍进行6至7次整顿。

目前，全县农村正经历着一场深刻的社会主义改造运动。县委决定在正月十五前，基本消灭农村的富农经济。这就必须要有一个坚强的农村支部，领导这场重大的变革。具体要求有以下四个方面：

1. 提高党员社会主义觉悟，批判党员的资本主义思想。

2. 纯洁和巩固党的组织，将混入党内的反革命分子、阶级异己分子、蜕化变质分子开除出党。

3. 随着农村生产方式的变化，必须立即改变党的组织形式，有党员35人以上者均可成立总支委员会，有党员5人以上的大队自然村可成立党的分支。

4. 调整支部的领导成分，健全支部集体领导制度，加强党对农业社的政治思想领导。

中共交城县委制订建党工作计划

1957年6月20日，县委制订《关于1957年党建工作计划》。《计划》针对 1956 年建党工作中存在部分新党员不合格的问题，根据省、地委对建党工作的指示精神，决定将建党工作重点放在加强对预备党员的教育、考察和转正工作上。《计划》要求：加强对全体党员特别是新党员的教育，以提高党员的质量。发展新党员工作，要放在党的基础特别薄弱的地方和切实需要调整党员成分的地方。到年底，全县计划发展党员 84 名。

文水、交城成立党校，分期训练干部

1958 年 4 月，文水、交城党校成立。5 月中旬至 9 月上旬，结合整风运动举办了 4 期训练班，每期 23 天至 29 天。交城干部参训达 356 人。训练内容是形势教育、总路线教育、农业发展纲要教育、党章教育、正确处理人民内部矛盾和加强思想政治工作的教育、群众路线和支部工作教育等。训练期间还开展批评和自我批评，解决党员干部中存在的暮气、保守、意志衰退、不问政治和骄傲自满等问题。

1958 年 12 月，中共交城县委所属 15 个区、乡党委、1 个机关党委、12 个党总支、4 个党组、130 个党支部，共有党员 3473 名，其中女党员 372 名。

第二节　各代会议及人大会议

一、各代会议

1949 年 11 月 6 日至 8 日，交城县首届各界人民代表大会第一次会议召开。会议传达贯彻新区开展土改运动的方针、政策，讨论研究恢复和发展冬季生产和冬季教育等问题。至 1952 年 9 月，交城县第一届各界人民代表大会召开 11 次

会议。

1953年3月10日至11日，各界人民代表大会常务委员会召开扩大会议。出席会议的有常务委员21名，列席人员6名。会议听取县委副书记秦克昌所作的《关于目前政治形势和结束常务委员会工作的报告》，常委会副主席安天明作的《常务委员会四年来的会务总结报告》。至此，各界人民代表大会常务委员会宣告结束。各界人民代表大会从1949年11月6日至1953年底共召开了两届14次会议。它代行了县人民代表大会的职权。各界人民代表大会是交城县逐步健全人民民主制度的过渡形式，对巩固和加强基层民主政权建设，对全县互助合作、增产节约、抗美援朝、镇压反革命、统购统销等工作都起了很大的促进作用。

二、基层选举

1954年2月8日起，交城县基层选举工作分批展开。第一批28个乡（镇），于3月15日选举结束。第二批41个乡（镇），从3月3日开始，到3月底基本结束。全县参加选举的选民占全县总数的91％。各乡在选举人民代表大会代表时，都经过选民充分的民主讨论。全县有151个农业社正副社长、34个信用社和供销社正副主任、309个互助组组长当选为人民代表。

三、人大会议

1954年7月2日至6日，交城县第一届人民代表大会第一次会议在县城召开。应出席大会代表157人，实出席代表142人。大会审议通过了政府工作报告，听取了县委副书记秦克昌《关于宣传讨论宪法（草案）》的报告，并就代表们提出的380件提案，作出《关于提案审查与提案解答》的报告。大会一致通过《关于宣传讨论宪法（草案）的决议》《关于政府一九五三年财政收支执行情况和一九五四年财政预算报告的决议》《关于政府半年来工作报告和夏季几项主要任务的决议》。大会选举张士华为县长，刘本芝、阎怀才为副县长。

第二章　农工商建

第一节　农业水利

一、农业生产

1949 年，交城全县农业产值达 1600 万元，粮食产量达 14 863 吨，其中小麦 1940 吨、棉花 139 吨、油料 155 吨。

1950 年，中共交城县委（以下简称县委）、交城县人民政府（以下简称县政府）贯彻中共山西省委提出的"把互助合作与新技术日益密切相结合起来"的方针，在全县掀起学技术、推广优种、增加产量的农机改良运动。县政府设立农业推广所，并以互助组为主要对象发放水利贷款折米 3 万公斤、牲畜贷款 15 万公斤、农药贷款 12.5 万公斤、推广优种及防治虫贷款 12.5 万公斤、新式农具贷款 12.5 万公斤，各项贷款共折米计 77.25 万公斤。各村在生产委员会下设改良小组。当年，全县推广黑麦 541.5 亩、水车 26 辆，系统选育 169 小麦种子 89 石。义望村曹大魁互助组浸种 2 亩，每亩增收一斗；康家社孔金桃妇女互助组，精耕细作，每亩比单干增产 20%。

1950 年，全县农业产值达 1697 万元，粮食产量达 15 876 吨，其中小麦 2005 吨、棉花 219 吨、油料 175 吨。

1957 年，农业产值达 1751 万元，粮食产量达 15535 吨，其中小麦 2413 吨，棉花 39 吨，油料 176 吨。

1958年，农业产值达2179万元，粮食产量达22 697吨，其中小麦3095吨、棉花555吨、油料204吨，人均收入为56元。

7月28日，中共交城县委发出紧急指示，号召全县人民开展增产节约运动。指示中首先肯定了前段各社、组和广大农民抗旱播种的成绩，指出目前天气干旱的严重程度，要求各区委、乡党支部、工作组要积极组织群众战胜旱象，并大力开展增产节约运动，把增产任务当作刻不容缓的政治任务去努力完成。并提出三项增产节约的具体措施：发动所有农业社、互助组和个体农民，查苗补苗，突击空白地；抓紧夏锄，扩大追肥面积；开辟水源，充分发挥小型水利的作用。

二、互助合作

1952年3月，交城县四区石渠河村办起全县第一个农业生产合作社。该社分为两个组。经民主选举，产生社长、会计、文化指导员、技术指导员和组长。村党支部副书记张芝禄当选社长。石渠河农业合作社试办头一年，就取得巨大成功。粮食总产达36 038公斤，比上年增长8157公斤，平均亩数产达到74公斤，比上年增长14公斤。社员人均粮食达462公斤，集体积累粮食2500公斤，向国家交售余粮2500公斤，备饲料、种子5000公斤，农业合作社发挥了比互助组更大的优越性，显示旺盛的生命力。9月，交城县石渠河张芝禄初级农业生产合作社，被评为山西省先进合作社一等模范，受到华北局的表彰和奖励。并奖给"六六六"粉农药1吨，该社在试办社几年中，合作社粮食年年丰收，各业兴旺，集体经济不断壮大社员生活得到进一步改善。

1955年9月6日，中共交城县委举办新社骨干训练班。参加训练的有238个新社社长和生产队长，20个老社的社干，还有部分乡的支书、乡长，共计 505 人。训练班通过贯彻中央《关于发展农业生产合作社的决议》精神，通过典型发言，介绍经验，进一步明确了"积极引导，稳步前进"的办社方针。最后经严格审查，共批准新建社 215 个。这次训练班，对全县合作化运动起了积极的推动作用。到年底，全县农业社发展到 416 个，入社农户达 14 052 户，占全县总户的 47.5%。同时，供销合作社发展到 59 个；信用合作社发展到 47 个；手工业合作社发展到 12 个。互助合作运动蓬勃发展。

11 月 27 日至 29 日，中共交城县委召开平川和截岔地区 24 个乡的支部书记、正副社长、互助组长、办社积极分子等 567 人参加的紧急动员会议。会议首先从分析农业生产合作社的情况入手，检查和批判了右倾保守思想。会议认为，自从 9 月上旬在全县传达贯彻了毛泽东《关于农业合作社问题》的指示后，广大农民合作化道路的积极性提高了。截至 11 月底，全县农业社由 426 个发展到 564 个，参加合作社的农户占总农户的 65%，但由于对发展农业合作化的形势分析认识不够，由此形成县上保守、点上放松、乡上收兵、要人不能的现象。会议通过阶级分析，清除保守思想，修改了全县的建社计划。以符合毛泽东的指示和县委会议精神，掀起农业合作化运动的新高潮。截至 12 月底，全县农业生产合作社发展到 653 个，参加农户占到总农户的 89%，全县基本实现了初级农业生产合作社。

1956 年 1 月 18 日至 23 日，中共交城县委召开由 698 名高级社干部参加的训练会。会议在分析研究高级社的优越性、学习高级社的性质及办社政策的基础上，制订出联社、并社、转社的具体规划，决定将 653 个初级社全部转人高级社。县委还对办社的方法和步骤作出详细安排。

会后，在全县范围内进行了广泛深入的宣传发动。并按照会议的规划进行联社、并社、转社的工作。截至 2 月底，全县成立高级社 78 个，加入农户达 30 968 户，占全县总农户的 99.54%。全县基本实现了高级农业合作化，取得农业社会主义改造的决定性胜利。各乡都召开了千人以上的庆祝大会，热烈庆祝农业实现高级合作化。

1958 年 8 月下旬至 9 月 7 日，据《交城小报》报道，全县经过并大社转公社运动，有 24 个乡 78 个高级农业合作社进行合并，办起 7 个人民公社，即：城关、西营、洪相、义望、段村 5 个乡合并为"东风人民公社"；寨上、岭底、裴家山 3 个乡合并为"阳光人民公社"；邢家社、草庄头两个乡合并为"红星人民公社"；会立、永田、西社、横尖、寨则 5 个乡合并为"五星人民公社"；东社、水峪贯、古洞道 3 个乡合并为"周平人民公社"；原相、南头两乡合并为"红旗人民公社"；岔口、营立、姬家庄、镇城底 4 个乡合并为"红专人民公社"。10 月，农村人民公社增为东风、曙光、红星、卫星、红专、红旗、跃进、五星、周平、红雨 10 个。参加人民公社的社员达 3.2 万户，12.4 万人。至此，全县实现人民公社化。

三、水利

1958 年，新建石壁水库、奈林截潜流工程。东社、岭底等地"三级治水，引水上山"。岭底乡各村通力协作，建成 13 层梯田式水库。

第二节　工商城建

一、工商业

工业发展

1949 年，交城县工业总产值为 132.7 万元，生产原煤 2 万吨、布 3 万米，地方财政收入达 24.6 万元。

1953 年，交城县有集体所有制的工业生产合作社有 2 个、私营工业企业有 16 户，有职工 144 人，个体手工业有 306 户，共计产值达 320.39 万元。

1956 年，经过社会主义改造，有工业企业 161 户，工业总产值达 347.02 万元，其中全民所有制工业企业 3 个，职工 119 人，工业产值达 38.68 万元，占全县工业总产业总产值的 11.12%。集体手工业合作社 28 个，职工 105 人，产值达 29.49 万元，占全县工业总产值的 8.5%。个体手工业 130 户，工业产值达 278.85 万元，占全县工业总产值的 80.38%。

1957 年，全县国内生产总值达 231 万元，比 1956 年下降 5%，人均国内生产总值达 102 元，比上年增加 23 元。生产生铁 60 吨、原煤 3 万吨、皮革 0.5 万张、白酒 30 吨。地方财政收入达 68.4 万元。

1958 年 5 月 31 日，中共交城县委召开各乡党委书记，各机关、学校、企业支部书记和行政负责人会议。会议要求各乡、各机关、各单位通过街头活动，通过说唱、广播、演戏、演讲、出板报、座谈等多种形式，把党的社会主义建设总路线宣传贯彻到广大群众中去。6 月底，据《交城小报》

称，经过总路线的宣传贯彻，全县人民在"全党全民办工业"的方针指导下，掀起大办工业高潮。全县建成 274 个工厂，其中较大的有采铅矿厂、采铁矿厂、焦油厂、耐火材料厂、制酒厂、火药厂、洗棉厂等。当年，全县国内生产总值达 3175 万元，人均国内生产总值达 103 元。

供销合作社

1950 年 5 月，成立交城县供销合作社。供销社是民办合作性质的农村商业和资金融通组织，由社员入股经营，并以股参加分红。县供销社成立后，贯彻稳步布点的方针，一方面新建基层供销社，一方面改造原有供销社。到年底，全县共新建基层供销社 4 个，改造旧社 2 个，新发展社员达 3544 人。

1954 年 2 月中旬，县委决定新建农村供销社 24 个。全县原有供销社 37 个，大都是联村形式，范围较大，对群众生产、生活非常不便，加之行政区划乡后，大部分供销社与行政区划，在社员归属问题上发生错交现象，与党政领导范围不一致，对开展工作十分不利。为此，根据"以乡建社"的方针，县委决定以乡新建供销社 24 个，根据地区条件和群众生活条件，分季进行，年底全部建成。

二、工商业社会主义改造

1955 年 12 月，中共交城县委开始对手工业、资本主义工商业进行社会主义改造。23 日，县委召开扩大会议，传达中央和省委对资本主义工商业改造的精神，决定抽出县委副书记刘斌、副县长张秀明、供销社主任张效志、工会主席郝开明、手工业社主任石映琪、财贸部副部长姚金劳、统战部副部长陈永褆 7 人组成工作组，由刘斌、张效志分别任正副组长。工作组下设办公室，吸收工、青、妇、工商联等单位负责人参加，以掌握手工业、工商界作动员报告，参加会议的干部有200余人，工商界人员有250余人。会后，干部以机关，工商界以行业学习小组为单位组织讨论。为做好长期教育工作，工、青、妇、工商联等有关工作都制订出教育计划和制度，以保证改造工作的顺利进行。

1956年1月17日，县委在工商界中作第二次动员报告。19日，县委召开扩大会议，传达榆次地委在汾阳召开的私改会议精神。20日，县委向财经队伍进行传达，接着分别召开工人、店员、资本家及家属、核心分子会议。23日，杂货、百货、国药、棉花及烟酒、文具等行业成立起迎接改造筹备委员会，同时向县人民委员会递交了全行业公私合营或合作形式的申请书。2月16日，县委集中召开全体私改队伍会议，制订宣传发动提纲，根据党内外干部和工商界的思想动态，进行广泛深入的宣传教育。在思想发动的基础上，对全县私营工商业和手工业进行全面摸底。通过摸底，划清农兼商、商兼农、小商贩与资本家的界限，富农兼商的界限，手工业与农民兼营手工业的界限等。澄清底子后，县委在城关选择棉布、百货、烟酒、杂货等重点行业，在农村选择西营镇进行"私改"试点。农村和县城试点工作的成功，将全县的私改推向高潮。随即"私改"队伍在工商界中分别作了清产核资的宣传动员，组织了评议审查小组，贯彻"自清、自估、自填、自报"的方针，实事求是、公平合理地对私营工商业进行了清产核资、公私合营的工作。截至2月20日统计：1.资本主义工商业3户（煤窑2户，磁窑1户），资金1.95万元，现已全部以公私合营形式改造完毕。2.私营商业共318

户，477 人，资金 12.26 万元，已改造 257 户（占总户数的 80.92%），379 人（占总人数的 79.5%），资金 8.84 万元（占总资金的 72%）。3. 手工业全县共 2763 人，已改造的人员占总人数的 75%，资金占总资金的 85.1%。4. 运输业方面全县有胶轮车 55 户，72 人，资金 8.47 万元，全以公私合营形式改造完毕。根据以上情况，全县对手工业和资本主义工商业的社会主义改造任务基本完成。

1954 年，中共交城县委组织全县私营工商业者学习党在过渡时期的总路线，加强对他们的思想教育，有计划有步骤地进行社会主义改造。在手工业方面，帮助走互助合作的道路，在鞋帽业、木工业、缝纫业等行业中，组成了 12 个生产合作社。在商业方面，棉布业的 17 户成为国家的经销店；百货业、文具业、杂货业，都在本县国营公司进货。这些经销代销商户占私营商业总数的 24.5%，同时，对有"五毒"行为的少数工商户进行了严肃查处。全县共查获私营工商户违法案件 60 余起，县委采取教育为主的方针，按其违法情节轻重，给予了适当处理和处分。

三、城乡建设

计划制定

1952 年 5 月 15 日，中共交城县委制定老根据地三年建设计划。计划主要内容：一、因地制宜地全面地恢复和发展畜牧业与副业生产；二、政府帮助修建房屋，改善交通，扩大商业合作贸易网；三、加强文化教育和卫生防疫工作。

照明

1957 年 4 月 25 日，由手工业联社兴建的城关发电厂竣工并正式发电。该厂投资 27 万元人民币，改造 120 千瓦飞机头为发电机，年发电量为 1.2 万度。机关、厂矿开始用电照明。

第三节　统购统销

为了贯彻执行山西省委制定的统购统销政策，1953 年 11 月 24 日至 30 日，县委召开县乡积极分子会议，参加会议的人员达 700 余人。县委书记赵子文在会上作《关于党在过渡时期总路线和执行省委统购统销计划》的报告。《计划》指出：引导农民走向互助合作和粮食统购统销，是对农民逐步实现社会主义改造的具体措施。对手工业的改造，也是引导他们组织起来，走上半机器化和机械化道路。对私营工商业，采取利用、限制、改造的方针，改造他们过渡为社会主义企业。会议期间，评选和奖励了夏季征购模范 5 名，批评和处理了个别党员在国家征购小麦时抢购套购囤积不售的错误行为，提高了大家多卖余粮的自觉性。12 月 25 日，县委派工作组深入到全县 30 多个支点，召开各乡干部、党团员、积极分子和劳模参加的会议。会议贯彻党在过渡时期的总路线，讲解"统购""统销"政策，宣布具体的征购办法。月底统计，征购任务为 773 万斤，实际完成 936 万斤，超额完成 15.6%。

1955 年 9 月 12 日至 16 日，中共交城县委召开县、区、乡三级干部会议。会议听取了县委领导关于《目前政治形势和我们的任务》《互助合作，秋季生产》《棉花棉布油料统购统销》等报告。会议指出：农村工作的重心是互助合作，农业增产；农村生产的重点是棉花棉布油料实行统购统销。

11月6日至12日，中共交城县委再次召开县区乡三级扩干会议。会上，大家听取县委领导《关于目前形势与统购统销任务》《征购工作方案》等报告。经过小组讨论，大会表态，提高了与会人员完成任务的信心和决心。截至12月底，全县共征购粮食达1007万斤，占分配任务的94.57%；征购棉花达22.6万斤，占分配任务的86.5%，征购油料达76.9万斤，占分配任务的65.2%。基本完成粮、棉、油统购统销任务。

3月21日至23日，中共交城县委组织召开县区乡干部紧急会议，与会人员265人。会议传达贯彻了榆次地委关于粮食实行"三定"（定产、定购、定销）的会议精神，学习了《人民日报》关于粮食"三定"的社论。使与会人员充分认识到国务院提出"三定"是非常适时的，是进一步搞好统购统销工作的有效措施。各乡参照1953年、1954年生产和出售余粮的基数，制定出1955年增产任务和卖给国家余粮数额。县委根据专署所分配的统购统销任务（1050万斤），结合各乡的实际情况，将任务分配到各乡。

4月初，中共交城县委又召开县区乡三级紧急扩干会议。会议对农村生产情况进行了分析。认为当前农村生产情绪不够高涨，部分农民思想不够稳定。会议要求：全县各级党组织，要继续贯彻粮食"三定"政策，向群众宣传统购政策的重大意义，进一步澄清缺粮底子，做好粮食供应；农业社和乡政府要尽快定出增产计划和统购计划；并要抓紧春耕播种工作，保证春耕播种面积，力争在最短的时间内扭转农村生产自流、思想混乱的倾向。会后，县委抽调236名干部组成工作组，分赴各乡进行检查和督促。

第三章　教育科技

第一节　文化教育

中华人民共和国成立后，为适应新的发展需要，交城县对旧的文化、教育单位和人员进行社会主义改造和整顿。1956年6月，中共交城县委文化教育部成立后，交城县的文化教育事业得到了长足发展。

一、繁荣文化

《文锋周报》创刊

1951年1月1日，交城县《文锋周报》创刊。八开二版，油印报，由县人民文化馆主办。1952年6月停刊，共出77期。主要报道内容是宣传党的路线方针政策，宣传国内外时事，配合抗美援朝，参军参战，镇压反革命，取缔会道门，禁烟肃毒，开展爱国丰产运动，宣传新婚姻法，以及学校民主教育，反对奴化教育，开展教学研究，改进教学方法，开展农村扫盲识字，办好农村冬学和民校等。

《交城小报》创刊

1951年6月26日，中共交城县委机关报《交城小报》创刊，八开二版，周刊油印报。开始发行于全县的区村、机关、学校等。报道内容主要有整党整风、镇压反革命、抗美援朝等，以及宣传国际、国内政治经济形势，全县城乡的工农业生产、党的文化生活等。该报对县委适时了解各方面的情况正确决策提出了依据。

北方老根据地访问团晋绥分团来交城访问

1951年8月15日，中央人民政府北方老根据地访问团晋绥分团由副团长康永和率领，随行有电影队、杂技团、摄影队、文工团等百余人，到达交城进行访问。17日，访问分团分赴交城老区代家庄、关头、东社、麻地会等村，召开群众会、座谈会、报告会、老区代表会，登门上户进行访问。同时，访问分团还为群众放映电影、表演杂技、演出节目。访问历时9天，于25日离开交城。

加强对全县民校的管理

1955年11月上旬，中共交城县委对全县民校义务教师进行了训练。通过训练，使广大义务教师一致认识到办好民校的重要意义，并对扫盲工作有了足够的信心。义务教师返乡后，都向乡党政作了汇报，并定出具体工作计划。覃村向党支部对以社办校问题进行了研究和讨论，整顿和健全了乡校部，各个农业社认真传达和讨论上级指示精神，检查了过去两年民校工作和扫盲工作中存在的缺点和问题，并在社内建立起校部，在教学中采取长期包教、短期包教和临时包教等办法，把民校办得有声有色。

开展文化活动

1955年12月，中共交城县委召开全县农村俱乐部工作会议，讨论交流开展农村业余文化活动的经验教训。并根据自愿小型多样的方针，开展文体活动，组织电影队在28个中心店放映电影56场，进一步活跃了群众的文化生活。

同年，中共交城县委传达贯彻了省委关于开展群众性文化活动的会议精神，整顿了县文化馆，并以义望、水峪贯等村为基点，在全县广泛开展了群众性的文化活动，先后共建起了 197 个农村俱乐部。

省城工人访问团莅临交城

1956 年 2 月 19 日，省城工人访问团第二十三分团来到交城。下午 7 时，城关举行工农兵联欢晚会。参加晚会的有1000 多名社会主义建设积极分子 207 名新战士，还有城关镇农民群众、机关干部、学校教师及省城工人访问团全体成员共 2000 多人。联欢会上，县委宣传部部长侯辅邦讲了工农联盟的新关系。工人访问团代表讲了工农联盟对国家建设的重要意义和工农业互相支援的伟大成就，并代表省城 17 万工人祝贺交城合作化的伟大胜利。交城农民代表武振才讲了话，他表示一定要在工人阶级领导下，努力生产，办好高级社，多产粮食和工业原料，支援工业化建设，为提前完成五年计划和实现 1956 年至 1967 年农业发展纲要而努力。新兵代表、教师代表也都发了言，一致希望工农联盟更加巩固发展。

中共交城县委召开农村俱乐部会议

1956 年 3 月 7 日至 10 日，交城县委召开农村俱乐部会议。参加会议的有各农业社文化福利股干部、俱乐部主任和文艺积极分子共 193 人。宣传部部长侯辅邦在会上作动员报告，文化科副科长马锡彬传达全省文化会议精神和 1956 年农村文化工作计划。与会人员一致表示，为建设好 201 个农村俱乐部而努力。

实现文化县

1958 年 8 月 22 日，交城实现文化县。全县文化工作的具体情况是：1. 扫除文盲，普及了业余教育。全县有 90%的青壮年扫除文盲，并有 80% 以上的毕业学员参加业余高小、初中技术班学习。2.村村社社办起幼儿园、托儿所。3.村村有初小，大村有高小，普及了小学教育。4.全县办起各类中学 30 座，达到乡乡有中学。5.普及了红专业余学校。县成立干部红专"大学"1 所。乡社建立农民红专高小 389 所、初中 42 所、"大学"5 所，达到乡乡社社都有红专学校。6.科学技术研究基本普及。县、乡、社、厂矿、机关、学校都建立了科学工作委员会和科普协会。全县有科学技术研究小组 547 个，达到乡乡社社都有科研组。7.普及了卫生保健网，消灭了各种传染疾病。县人民医院 1 所，乡村医院 26 所，产院 206 所，保健站 262 所，保健员 1270 名。8.普及了体育活动。县、乡、厂矿、学校都建立了体育协会。全县共有体育场 427 个，锻炼小组 697 个。9.普及了文化组织。全县有职业剧团 2 个、电影队 2 个、文化馆 1 个、业余剧团 97 个、俱乐部 472 个、图书馆 380 个。

二、教育发展

1950 年，全县各村以村干部、积极分子和有组织的男女青年为主要对象，办起夜校，学技术、学文化。1950 年 11 月 6 日至 17 日，中共交城县委组织集训义教（义务教员）173 人，随即在全县开展了冬季运动。到 1951 年 1 月 10 日统计，全县冬学民校有 216 所，学习、读报小组 22 个，参加学习的男女青年壮年达 8623 人。

检查冬学情况

1951 年 11 月 9 日，县委组成 5 个冬学视导小组，分赴全县各区检查冬学情况，帮助解决办学中的具体困难，宣传动员群众上冬学，修整冬学校址。年底，全县已成立冬学 160 所，不仅每个行政村都成立了冬学，有些自然村也成立起冬学，上冬学人数达 8700 余人。冬学于 12 月 20 日全部开学。

开展扫除文盲工作

1952 年 5 月，遵照省政府《关于迅速推广祁建华速成识字法的指示》精神，交城县成立扫盲委员会，配备专职扫盲干部 174 名，培训村干、义教、小教 1192 名。是年，全县办起冬学和民校 473 所，其中民校 197 所，参加学员达 22 669 人，占应入学人数的 81.4%。

中共交城县委制订关于知识分子工作的初步规划

1956 年 3 月 9 日，交城县委为了加强党对知识分子的领导，根据省地委组织宣传会议精神，制订出对知识分子工作的初步规划。规划指出：全县共有各类知识分子 3268 人，其中大学生 20 人，高中生 78 人，初中生 705 人，高小生 2465 人。今后，1. 要确实改进对知识分子的使用问题；2. 要认真地组织知识分子的业务研究和业务学习；3. 对回乡参加生产的高小、初中毕业生及其他在乡的知识分子要重点运行培养使用；4. 对全县失业的 100 名知识分子要在 1957 年底基本解决就业问题；5. 要扩大知识分子队伍，大量培养专门人才，20 年后全县知识分子人数要达到 6625 人。因此各级党组织要切实加强对知识分子的领导、教育和培养，使他们发挥更大的积极性和创造性，并有计划地培养一批新的知识分子，以适应社会主义建设的需要。

中共交城县委召开中、小学毕业生代表会议

1957 年 5 月 26 日至 28 日，县委召开中、小学毕业生代表会议。主要议题是正确处理中、小学毕业生升学就业问

题和参加农业生产劳动问题。县委号召中、小学毕业生要服从国家需要，如果不能升学，就愉快地回到农村参加生产劳动。

扫除文盲，提高农民的科学文化技术水平

1957年11月24日至12月2日，县委召开农教工作会议。参加会议的有各乡党委副书记、宣传委员、义务教员共381人。会议通过学习有关文件传达上级有关会议精神，使大家认识到，扫除文盲能提高农民的科学文化技术水平，扫除文盲是社会主义建设的需要，大家表示一定要加倍努力，团结进取，把扫盲工作搞好。

中共交城县委召开宣传教育工作会议

1958年3月2日至6日，中共交城县委召开宣传教育工作会议。参加会议的有各乡、厂矿、手工业社党支部副书记、支部教员、宣传员代表等168人。会议交流总结了过去宣传教育工作的成绩与差距，讨论通过了《一九五八年宣传教育工作计划》。《计划》指出：为搞好宣传教育工作，乡乡要设立夜间党校，社社要建立宣传教育网，队队要配备宣传员，全县宣传员要由目前的300名发展到600名。要扩大报刊发行范围，做到社社有《山西日报》，队队有《农民日报》，组组有《交城小报》。会议要求，打破保守思想，扫清暮气，鼓足干劲，让宣传教育工作也来个大跃进。

第二节　科技创新

一、科学技术普及协会第一次会员代表大会

1956年12月21日至23日，交城县科学技术普及协会

第一次会员代表大会在县城召开。会议讨论了《交城县科学技术普及协会暂行章程(草案)》,通过了《一九五七年科普工作计划》,并选举产生科学技术普及协会常务委员会,选举李守信为主席,宋志洛、李湘、丁效禹为副主席。

二、开展滚珠轴承化运动

1958 年 8 月 30 日,中共交城县委召开电话会议。会议指出:工具改革是当前的一项中心任务,而运输工具实现滚珠化又是当前工具改革运动的重点。县委要求,在 9 月 20 日前,全县碾、磨、推车、扇车、辘轳、水车铁轮车和山药加工器等工具,全部装上滚珠轴承。这样,全县共需滚珠轴承 1.5 万—2 万套。为尽快完成任务,除乡乡建烘炉大搞轴承外,必须全党全民总动员,发动乡社干部,全体社员、机关干部和学校师生,人人都动手,个个包任务,并要按时按量完成。

会议之后,各乡各单位苦战一昼夜,9 月 1 日,全县 80 个烘炉全部行动起来。大搞推车、大车等 8 种运输工具的滚动轴承模型。是日,县委鉴定了各家的模型,认为洪相用胶泥制成的轴承模型很好,决定普及推广。两天来,城关铁业社完成滚珠模型 250 副,可供应各乡制造滚珠。截至 9 月 14 日,全县共制成滚珠 14.5 万颗,滚珠轴承 9700 套,可为全县安装上万辆(件)工具和车辆。

第四章 "三反""五反"及"镇反"

第一节 镇压反革命

一、镇压反革命运动

1950 年 7 月 21 日，在全县开展镇压反革命运动，严厉镇压反革命分子。这次运动的重点是打击土匪、特务、恶霸、反动党团骨干和反动会道门头子五个方面的反革命分子。

二、取缔反动会道门运动

1950 年 10 月，遵照地委指示，中共交城县委结合"镇压"工作，在全县范围内开展了取缔反动会道门运动。从 1950 年 10 月到 1951 年 9 月，全县被取缔的反动会道门有一贯道、金丹道、先天道、后天道、黄香道、还乡道、九宫道等十几个会道门。同时逮捕点传师以上道手 65 名，处决罪恶重大的道首 3 名。经宣传教育，全县有 8400 名群众退出会道门，占入道人数的 80% 以上。

第二节 "三反"运动

1952 年 1 月 3 日，中共交城县委召开全县干部参加的"三反"动员大会。县长杨小克在会上做"三反"动员报告，一场"反对贪污、反对浪费、反对官僚主义"的"三反"运动在全县开展。

参加运动的有县直各机关、各区及企事业单位，共 33 个单位、544 人。"三反"运动分五个阶段：学习动员阶段、坦白检举阶段、核实定案阶段、追赃处理阶段和批判思想阶段。7 日，在学习文件提高的基础上，各单位以小组开始坦白、检举。中旬，县委在全体干部会议上，将有贪污行为的 2 名干部宣布撤职。20 日，在干部和工商界 570 余人参加的大会上，将 2 名干部逮捕。在 22 日的大会上，又将 2 名干部和 1 名奸商分别进行了处分和法办。

在运动开展后的半个月时间内，共收到检举干部贪污受贿信件 115 封，揭发资产阶级向干部行贿信件 77 起。随即县委组织力量，通过查账目，找对证，对每个案件进行核实定案。全县查出"老虎"（贪污 1000 元以上的当时称"老虎"）27 只，其中"大虎"2 只，共贪污款达 3.93 亿元（旧币下同）；查出贪污百万元以上者有 50 人，贪污款达 1.386 亿元；查出贪污百万元以下者有 163 人，贪污款达 4989 万元。

4 月 1 日起，运动进入追赃处理阶段，共追回赃款 2.655 亿元，占贪污总数的 74.68%。根据党的过去从宽现在从严、坦白从宽亢拒从严、多数从宽少数从严的政策，对 66 名贪污干部分别作出处理。其中刑事处分 2 人，行政处分 40 人，党纪处分 24 人。根据上级指示精神，县委又组织力量深入群众调查了解，对证事实，对非贪污事实的 31 名干部进行纠正。"三反"运动到 5 月上旬基本结束。

第三节　"五反"运动

1952 年 2 月 11 日开始，中共交城县委在工商界开展反行贿、反偷税漏税、反盗窃国家资财、反偷工减料、反偷窃经济情报"五反"运动。参加"五反"运动的工商户共有245户。"五反"运动与"三反"运动密切配合，互相协作，共查出有"五毒"（即行贿、偷税漏税、盗窃国家资财、偷工减料、盗窃经济情报）行为的243户，占工商总户的99.2%；查出"五毒"款达2.826亿余元（旧币下同），其中偷税漏税占65.8%，行贿占7.42%，偷工减料占10.22%，盗窃占17%。在"五毒"中，200万元以下者有224户，200万元以上500万元以下者有10户，500万元以上1000万元以下者有8户。到4月上旬，因考虑到当前生产，"五反"运动暂告一段落。

8月14日至24日，县委对结束"五反"运动进行一系列准备工作。25日至27日，县委召开有工人、店员和工商界人士参加的扩大代表会议，明确指出结束"五反"运动的方针政策。28日至29日，对照"五严五宽"政策，县委对"五毒"人员进行处理：在243户有"五毒"行为的工商户中，全部免退者有226户，占5.34%；全部补退者有5户，占20%；罚款者有1户，占0.4%。

1952年9月1号，县委在工商界人士和工人、店员中，分别进行总结教育工作，全县"五反"运动基本结束。

第四节　整风运动与反右派斗争

1957年春，全党开展以解决人民内部矛盾为主要问题的整风运动。6月5日，中共交城县委召开全县机关干部参加的整风动员大会，县委第二书记任有保作动员报告。他指出，这次整风运动要执行"从团结的愿望出发，经过批评与自我批评，在新的基础上达到新的团结"的方针。同时要使整风运动和进行社会主义思想教育、正确处理人民内部矛盾紧密结合起来，以清除官僚主义、主观主义和宗派主义，把各项工作搞上去。会后，县委利用半个月时间训练了一批整风骨干，并抽调强有力的干部组成整风工作队，分赴基层开展整风运动。

为切实搞好整风，县委专门召开有各界民主人士 59 人参加的会议。县委第一书记刘耀在会上作动员报告，并根据"百花齐放，百家争鸣"的方针，发动与会人员广开言路，畅所欲言，对党提出批评和建议。会上有 56 人发言，不少人为改进工作提出很多宝贵意见，但有少数人却乘机向党发起进攻。

7 月，县委组织县级机关和文教卫生系统 45 个单位，开展了反击斗争。采用大会小会相结合、会内会外相结合的方法，广大干部职工揭发和批判了一些右派分子反党反社会主义的言行。

8 月初，县委组织工商界职工开展了反右斗争。县委从各单位抽出干部组成 7 个工作组，分赴各总店帮助开展工作。19 日，统战部部长陈永福向工商业者作了反右斗争动员报告。

经过 5 个多月的整风反右斗争，到 11 月上旬，定为右派分子的有 103 人。后经复查，重新确定右派分子 62 人。其中县级机关有 21 人，工商界有 12 人，交城中学有 4 人，完全小学教师有 25 人。

第五节 "肃反"运动

1958 年 4 月到 5 月，中共交城县委分两批开展"肃反"运动。参加第一批"肃反"的有县级机关党政群团，有银行、供销社、林管区、县级各公司、完全小校等 36 个单位，共 1430 人。县委从公检法抽调 9 名负责干部组成 5 人小组，从 4 月至 11 月先后进行了 8 次摸底排队，确定重点调查对象。随即对重点对象进行外调、个别谈话和小组斗争。到 1957 年 8 月，由 20 人组成 6 个调查小组，对案件认真进行了复查工作。

第二批"肃反"从 1957 年 11 月中旬开始至 1958 年 5 月结束。参加"肃反"的有小学教师、基层所属单位、工商界、剧团、运输社等 375 个单位，共 2779 人。运动分三步进行：1958 年 1 月 23 日至 2 月 13 日，在小学进行。3 月 10 日至 22 日在驻城关单位进行。4 月 6 日至 29 日，在其余单位进行。

前后两批"肃反"，共肃出反革命分子和坏分子 128 人，占参加运动总人数的 3.02%。其中，特务分子有 37 人，反动党团骨干分子有 46 人，伪军政警宪人员有 29 人，汉奸有 7 人，反动道首有 2 人，恶霸有 1 人，阶级敌对分子有 1 人，政治骗子有 1 人，叛变自首分子有 4 人。

对 128 个反坏分子的处理情况是：判刑有 80 人，留机关控制使用的有 12 人，受行政处分的有 30 人，免予和不予处分的有 5 人，自杀的有 1 人。

第五章　抗美援朝　上山下乡

第一节　抗美援朝

1950年6月25日，朝鲜内战爆发，9月，以美国为首的所谓"联合国军"在朝鲜仁川登陆，10月7日美军越过三八线，悍然扩大侵朝战争，将战火烧向中朝边境，严重威胁中国的安全。10月，中共中央和中央人民政府应朝鲜民主主义人民共和国的请求，作出"抗美援朝，保家卫国"的战略决策，派遣中国人民志愿军入朝参战。

一、保卫世界和平、反对美国侵略委员会交城支会成立

1950年11月19日，交城县直各机关团体举行抗美援朝、保家卫国座谈会，并宣布成立中国人民保卫世界和平、反对美国侵略委员会交城支会。

二、超额完成扩军任务

1951年1月6日至20日，交城县共招新战士305人，体检退回56人，实送分区入伍新战士249人，超额完成任务的24%。

三、抗美援朝捐献飞机大炮运动

1951年2月6日，中共交城县委向全县党员发出《关于开展抗美援朝捐献飞机大炮运动的指示信》，要求全县党支部广泛深入地进行宣传动员，党员带头，带动群众，轰轰

烈烈地开展抗美援朝捐献飞机大炮运动。

4月24日至26日，县委召开抗美援朝代表会议，参加会议的有各界代表288人。会上，县委书记李瑞讲了抗美援朝和镇压反革命的伟大意义，代表们进行了诉苦发言。同时，会议还向全县发出捐献飞机大炮的号召。

6月中旬开始，中共交城县委贯彻中国人民抗美援朝总会发出的"推行爱国公约、捐献飞机大炮和优待烈军属"的号召（简称"三大"号召），很快在全县掀起主动订立爱国公约、捐献飞机大炮、拥军优属代耕的局面。

7月17日，中共交城县委召开全县区委书记会议，对前段捐献武器运动情况进行认真检查，发现存在着单纯追求数字、工作简单粗糙、忽视增产捐献和自愿原则等问题。针对这些情况，县委要求在群众中进行诉苦和回忆对比活动，宣传"三大"号召的重要意义，提高群众的思想觉悟，将自觉自愿、增产捐献的原则贯彻到底。

截至8月底，全县80%的青年订立了爱国公约，共捐献2.3亿元（旧币），对1285户烈军属实行了代耕。全县前后共捐献达8.66亿元（旧币）。

四、赴朝慰问团传达小组莅临交城

1951年7月17日，中国人民赴朝慰问团华北分团榆次专区传达小组莅临交城县，向广大干部群众宣讲慰问团赴朝经过、美帝侵朝罪行、中朝人民友谊和中国人民志愿军抗美援朝的英雄事迹。

五、抗美援朝宣传周活动

1953年1月1日至10日，中共交城县委根据抗美援朝总会的指示，在全县开展抗美援朝宣传周活动。县委抽调

261 名干部分赴各区进行宣传。县委抗美援朝委员会组成 11 人的飞机检查队，由县委书记任井夫任队长，分 3 个检查组，深入重点村进行巡回检查指导。各村以支部召开村级扩干会，全县参加会议的村干部达 9100 多人。会上，进行集中报告，分组讨论，干部群众总结了三年来取得的成果。会后各村进行了趁前途远景，查思想、查公约，新旧对比、前后方对比、战争和平对比，以苦引苦、以乐引乐、以恨引恨、以爱引爱等"一算、二查、三比、四引"的教育活动；并召开庆祝前方胜利后方丰收的祝捷大会，使全县 90% 的群众受到了教育。许多青年积极自愿报名参军上前线，成村等 9 个村 160 多名青年咬破手指按了血印，决心随心听从祖国召唤。

六、优抚代耕

1953 年 5 月 21 日，中共交城县委、县政府发出《继续加强抗美援朝，做好优抚代耕工作的指示》。《指示》要求：1. 加强抗美援朝思想教育，动员群众实行前后方互保合同，区村领导必须把优抚工作当作一项政治任务去完成。2. 发动群众和烈军属订立爱国优抚代耕合同，对无劳力者必须全部实行包耕包产。3. 向烈军属详细讲解代耕政策，鼓励他们积极参加生产劳动。4. 个别烈军属肥料缺少，无力解决者，应在剩余义务工内解决，或结合积肥运动适当解决。5. 关于个别烈军属的柴、水问题，可发动群众帮助解决。

第二节 上山下乡

1956年，毛泽东主席发出"农村是一个广阔的天地，在那里是可以大有作为的""知识青年到农村去，接受贫下中农的再教育，很有必要"的指示。10月25日，中共中央政治局下发《1956年到1967年全国农业发展纲要(修正草案)》的文件。1957年12月7日，中共交城县委召开精简机构、加强农业第一线会议。会后，各机关、企业、学校掀起了轰轰烈烈的上山下乡热潮。先后有312名干部报名上山下乡。经县委研究，批准首批75名上山下乡干部参加农业生产第一线，到农村定居和劳动。

1958年1月12日，县级机关、学校、企业和手工业等单位1500余人在人民礼堂集会，热烈欢送首批上山下乡的75名同志到农村去。会上，县委第二书记任有保讲话。他在阐述了干部上山下乡的重要意义后，勉励大家要积极参加劳动锻炼，服从当地领导，紧密联系群众，虚心向群众学习，把自己锻炼成一个真正的社会主义和共产主义战士。会上，有9名上山下乡的同志表态发言。会后，进行大游行。13日，上山下乡的干部起程到点工作。

第六章　法律卫生

第一节　贯彻婚姻法

封建社会，盛行买卖婚姻，童养媳、调亲、一夫多妻的现象普遍存在，时有因反抗婚姻而发生的妇女死亡事件，对妇女造成极大的伤害。在交城抗日根据地，中国共产党和抗日政府提倡婚姻自由，教育和限制买卖婚姻，受到广大人民群众的热烈拥护。

中华人民共和国成立后，国家重视妇女的解放。1950年5月，中华人民共和国的第一部法律《中华人民共和国婚姻法》颁布实施。交城全县城乡利用黑板报、广播筒等宣传工具，大力宣传婚姻法，推行实施新的婚姻制度。

12月，交城县成立婚姻改革委员会，由党、政、司法、妇联、青年等部门组成。县长杨小克任主席，宣传部部长马千其和妇联负责同志任副主席。制订出到12月底贯彻婚姻法计划：组织县检查组结合中心工作进行检查；清理所有婚姻刑事案件；组织干部学习婚姻法与有关文件，清除封建思想；利用各种宣传工具，在群众中大张旗鼓地宣传婚姻法。

为切实搞好贯彻婚姻法宣传运动月，中共交城县委成立贯彻婚姻法宣传委员会。新婚姻法在交城全县得到了迅速贯彻，离婚率、再婚率一度高升。妇女在婚姻上得到了彻底解放。

第二节　卫生体育

一、卫生

1951 年 5 月，交城县设立卫生科，1958 年 10 月改建为卫生局。1952 年，交城县卫生院配备专职妇幼保健员 2 人，1955 年设妇幼保健股、卫生防疫股，配卫技人员 4 名。从 1950 年起，全县各村陆续建立保健站 56 个。

爱国卫生运动

新中国成立初期，在全县范围内开展了群众性的爱国卫生运动。1953 年初，成立交城县爱国卫生运动委员会、卫生工作者协会，各区设卫协分会。中医、西医、针灸医生以及乡村接生员、卫生员大部分加入卫协会。1955 年，会员发展为 242 名。他们发动并带领群众，订立卫生公约，执行卫生制度，全县爱国卫生出现新面貌。1958 年，响应国务院"除四害，讲卫生"号召，开展了垃圾、粪便、污水无害化处理，改良厕所 10 503 个，改良畜圈 533 个，填污水坑 134 个，疏通污水渠道 704 条，出现了洪相、阳湾、连家寨、梁家庄等卫生先进村。

地方病防治

新中国成立以来，贯彻执行"预防为主"的卫生工作方针，积极采取防治措施，有效地控制了各种传染病的发生和流行，天花、霍乱、白喉等传染病于 20 世纪 50 年代绝迹。

医疗水平

1951 年，交城县人民医院能治一般常见病，1953 年作首例剖腹产手术，1955 年始作阑尾切除术、疝修补术等多种腹部手术。

器械

1949年县卫生院只有听诊器和少数刀、剪、钳、镊等简单器械；随着医疗事业的扩展，医疗器械逐渐增多。1953年购进血压计两具和简单消毒设备；1955年购进显微镜1台和简单化验器械。

二、体育

1956年，交城县体育运动委员会建立，体育运动有很大发展，体育设施相应增加。

学校体育

新中国成立以后，中、小学定有两课、两操、一活动。即每周两节体育课，每天有早操、课间操，下午有课外体育活动。课外体育活动有田径、球类、体操、游戏等。1956年，各中、小学校按照国家"劳卫制"标准，进行体育锻炼，凡达到标准者分别发给少年级、三级、二级、一级"劳卫制"证章和证书。

军事体育

20世纪50年代，军事体育内容主要为打坦克、打敌机、投弹、射击、刺杀、爆炮等。

体育竞赛

新中国成立后，交城县连年举行运动会，开展体育竞赛，主要活动内容以田径赛为主。20世纪50年代后期，篮球、排球、乒乓球、体操、射击以及航模等项目逐渐活跃，由自发活动发展到举行比赛。1952年交城中学学生康守廉百米赛跑达到11秒。次年交城中学学生郭朝辅百米赛跑成绩达到12秒。1957年山西省国防体协举办小口径步枪教干训练

队，共青团干樊釜州以 10 枪 85 环的优异成绩获得山西省级
射击教练员证书。

第三编

社会主义建设的探索发展

第一章 农林牧水

第一节 农 业

一、农田整治

1958 年至 1966 年，以深翻土地为中心，开展农田基本建设的群众运动。全县 24 万亩耕地普翻一次，深度达 0.2 ~ 0.3 米。

1964 年开始农业学大寨运动，农田基本建设主要是深翻改土、培肥地力，建设"大寨海绵田"。

1969 年—1975 年，农田基本建设发展为工程治理与生物治理相结合。山区筑石堰、修高灌、种草植树，建设保肥保水的大寨田 (水平梯田、滩地、坝地)；平川开渠打井，渠系配套，截潜盖沙，平田划垄，根治低产田，实现园田化。全县兴修工程 600 项，投入劳力达 28 000 人，平地划堰有 17 075 亩。山区建设大寨田有 12 397 亩，扩大水浇地面积有 4000 余亩。至 1976 年全县建成大寨田有 16 099 亩。

1977 年—1979 年，造地有 1275 亩，新建大寨田有 3051 亩。基本实现园田化面积有 7 万亩。

1985 年，全县山区建成保肥保水田有 20 219 亩，占山区耕地面积的 19.6%，人均有 0.52 亩，平川 13 万亩耕地基本实现园田化。

盐碱地改良

交城县盐碱地面积有 41 800 余亩，占耕地总面积的 17.1%，其中轻度盐化面积有 23 460 亩，中度盐化面积有 8900 亩，重度盐化面积有 9450 亩，遍布整个平川地区。

1955 年苏联水利专家布尔亚克、土壤专家沃洛宁到小辛村视察，指导县水利模范张盘采用划小甲埝、小水匀浇的措施，防治次生盐渍化。至 1957 年全村 2112 亩耕地，全部改为 1 ~ 2 亩一旦，改变了大水漫灌方式，控制了盐碱危害，粮食亩产由 50 多公斤提高为 98 公斤，总产量增加 5 万公斤。

1956 年广兴、洪相等村采用沟洫台田，排水治碱。田间每隔一丈宽，挖 1.5 ~ 2 尺深、宽 3 尺的控水沟，挖出的沟土垫在台田上，地下水位相对降低。种植玉米和棉花。

1969 年大营村根据"盐随水来，盐随水走"的道理，采取灌水洗盐、截流防盐、排水驱盐、铺沙改盐、综合根治的措施。990 亩棉田每亩铺沙 100 ~ 130 担，3000 亩盐碱地经过治理遇旱能浇，遇涝能排，全部耕地园田化。1971 年全村粮食总产量有 195.8 万公斤，亩均 265 公斤；1974 年粮食亩产超三斤，棉田有 990 亩，总产皮棉 192.5 万公斤，亩均 42 公斤。改变了"村南盐碱滩，村北胶泥湾，村东光秃秃，村西不长粮"的凄荒局面。

胶泥地改良

交城县粘质二面积约有 35 260 亩，占耕地总面积的 14.4%，其中重粘土 (胶泥土) 面积有 14 400 亩。1969 年西汾阳村开始在胶泥地连续铺沙，结合施用秸秆肥，土性大变。改造前种小麦、高粱，亩产仅有 150 公斤，到 1978 年小麦套种玉米，亩产小麦有 200 公斤，玉米有 300 公斤，两作达千斤。

1978年阳渠村组织200人，在胶泥地里（胶泥层厚度为50厘米左右）"开膛挖肚，剥皮取肉，粘土填沟，黄土盖地"，每隔4米挖一条3米宽的沟，把下层黄壤土翻出来，将表层胶泥回填沟内，浅耕混和推平。一个半月改造胶泥地350亩。次年比未改造的对照田增产70%。

1978年县技术站在义望村试用风化煤改造胶泥地。一年观察：亩施风化煤有1500公斤，土壤容重下降 $0.07g/Cm^3$，总孔隙度增加2.31%，5厘米地温相对提高 1 ~ 2 度。农作物根系发达。产量比未改良的胶泥地提高10% ~ 13%。

二、治理典型

水峪贯镇

水峪贯镇位于西冶河中段，天旱滴水贵如油，雨涝山上泥土流，河水横冲直撞，石滩越积越广。1976年公社开展劈山改河、缩河造地的农田基本建设。三年筑坝达10 226米，建成大寨田达2850亩，造地达780亩，保护了5个村庄，1600亩耕地。

石渠河村

石渠河村位于西葫芦山区，1951年建社初，有390亩旱坡地，亩产50公斤上下，建社以后，男女劳力45人，利用冬闲进行农田基本建设，4年时间建蓄水池3个，修梯田10亩，刨坡畔45条，并24块田为7块，增地2.5亩，开渠3条，扩大水地26亩，植树3000株，造林1300亩，开荒100亩。1955年转入高级社，又用4年时间，修蓄水池20处，打井6眼，修总长2000米的护地坝8条，治理小流域增地200亩。1970年以来，进行平整土地，小块并大，增地30亩，筑拦河坝 500 米，改河道一条，防风护地 50 亩。1980 年全村水浇地发展为 200 亩。1985 年总产粮食达 54 424 公斤，亩均 125 公斤，比 1951 年分别增长 150%、279%。

西营村

西营村位于山前洪积扇裙与文峪河冲洪积平原交接凹地，"村周臭水亢，村外碱荒滩，春种五六次，秋收三成粮。""春天白茫茫，夏天水汪汪，秋收二三成，冬天遭饥荒"。1970 年开始采取打井开渠、平田整地、以水促土、综合治理的方针。5 年挖退水渠 26 条，总长达 25 000 米，打井 60 眼，其中深、中层井 23 眼，扩大井水地达 2500 亩，改善面积达 4000 亩，平田整地达 1500 亩，建成"地成方，树成行，渠成网，路笔直"的园田化 6500 亩。修路达 21 条，建桥达 21 座，植树达 17 万株，铺设防渗渠道达 5000 余米。全村 6900 亩耕地，分成 65 个方田，实现渠、路、树、机、电、井六配套的高产稳产田。1970 年全村粮食亩均达 150 公斤，总产量达 92 万公斤；1973 年大旱之年，粮食总产量达 196 万公斤，亩均达 423 公斤；1975 年粮食总产量达 216 万公斤，亩均达 475 公斤。1964 年到 1970 年国家供应粮食达 90 万公斤，1971 年到 1975 年交售国家粮食达 183 万公斤。

覃村

覃村位于山前洪积扇间洼地，20 世纪 60 年代初，村北荒坡沙滩，村南盐碱下湿。粮食亩产量达 80 公斤左右。1962 年开始农田基本建设，至 1965 年整修山坡荒地达 1000 亩，治理盐碱地达 400 亩，耕地由 2387 亩扩大为 3780 亩，水地发展到 1579 亩，粮食总产量由 28.5 万公斤增为 72.1 万公斤。棉花总产量由 0.2 万公斤增为 1.05 万公斤。1967 年到 1971 年拣石头，开辟河滩地达 200 亩。动土达 20 万方，治理下湿盐碱地达 1000 亩。开排水渠达 12 条，平整土地达 600 亩。1977 年对 3100 亩下湿盐碱地实行综合治理，组织拖拉机 20 部，平车 100 辆，拉沙 4 万余方，600 亩重碱地铺沙 3 寸厚。挖渠 32 条，植树达 12 000 株，动土石达 30 余万立方米，投工达 15 万个。建成渠、路、林三配套，使下湿盐碱地成为涝能排、旱能浇的园田。1978 年全村粮食总产量达 133.9 万公斤，亩均达 379.5 公斤，比 1977 年分别增长 64%、70%。

三、农业科技

合理密植

交城县农作物传统种植法大部沿袭宽行稀植的方式，玉米旱地达 800 株／亩，水地达 1200 株／亩；棉花达 4000 株／亩，马铃薯达 2000 株／亩。"高粱地里卧条牛，还嫌高粱稠；谷子地里卧只鸡，不嫌谷子稀"。

1952 年始提倡合理密植。改革播种耧。耧腿由 1.2 市尺缩成 0.8 ~ 1 市尺，实行带尺定苗。山区谷子亩留苗达 7000 ~ 8000 株。平川高粱达 5000 ~ 6000 株，密植比稀植一般增产 15% ~ 20%。

20 世纪 60 年代，玉米、棉花推广宽窄行种植，一穴双株和玉米坑种。金皇后玉米密度达 1500 ~ 1800 株／亩。611 波棉花达 6000 株／亩左右。谷子推广阳泉市下章召村的宽幅条播。

20 世纪 70 年代种植玉米、高粱杂交种。晋杂 5 号高粱株型矮小，叶片上举，密度为 10 000 株／亩。丹育 6 号玉米密度达 3500 株／亩。棉花推广矮化栽培，株型紧凑，节间短，密度达 12 000 株／亩。

1980 年后实行因品种、因地力合理密植。至 1985 年主要农作物一般种植密度：谷子山区春播达 20 000 ～ 25 000 株／亩，复播达 30 000 株／亩左右；玉米中单 2 号达 2600 株／亩左右，小玉米达 5000 株／亩；高粱晋杂 4 号达 8000 ～ 10 000 株／亩；棉花露地栽培达 9000 ～ 10 000 株／亩，覆盖达 8000 株／亩左右；马铃薯达 3000 ～ 3500 穴／亩之间。密度比解放初期增大 1 ～ 1.5 倍。

技术更新

小麦：1951 年始推广优种 169，实行温汤浸种，防治黑穗病。三犁两耢，精耕细作。20 世纪 60 年代推广太谷县杨家庄发展水地小畦浇灌、合理追肥的经验；推广"以田定产，以产定穗，以穗定苗，以苗定播量"宽幅条播、合理密植、的栽培技术。

20 世纪 70 年代推广麦田施磷。水地推广文水县开栅镇"平田整地，合理用水，重施底肥，氮磷配合，合理密植"的经验；河灌区推广闻喜县东官庄"纳雨蓄墒，伏雨春用，四早三多（早灭茬、早深耕、早细犁、早带耙；多细犁、多浅犁、多耙地），耕耙保墒，用养结合，提高地力，选用优种，巧种活管"的经验。结合根外喷磷，化学除草，及时防治病虫害等农业新技术。1978 年广兴村的 1986 亩麦田，亩产量达 424.5 公斤。1979 年西街的 470 亩麦田，亩产量达 510 公斤。1978 年本县技术站编写《小麦栽培管理历程表》推广全县。

棉花：交城县栽培棉花历史短，对棉花喜温、好光、无限生长的特性掌握不当，往往导致落蕾、落铃、产量低、红花多。

20世纪50年代推广"九早三多一晚","五打"（打底叶、打赘芽、打旁顶、打正顶、打老叶）整枝技术，效果亦好亦坏。有"九早三多一晚，棉花取得丰产或棉花长成光杆"之说。20世纪60年代推广种棉劳模曲耀离、吴吉昌的芽苗移栽（苗要小、穴要小、水要少、天要好）和手捏蹲苗技术。1965年—1980年推广文水县植棉模范王继成"高密度、精整枝、早打顶"、"多留苗、少留条、条够不等时、时到不等条"适合本县早熟棉区的整枝技术。1975年推广劳模吴吉昌"巧留油条，一株双秆棉"和冷床育苗移栽技术。1978年全县移栽棉花达177亩，发育早，生长好．铃期长，总生殖量大，成桃多，平均亩产量达43公斤～60公斤，比直播棉花增产55.6%。棉花播种时间实行霜前播种（谷雨），霜后出苗，比20世纪50年代提前7天—10天。

蔬菜：传统作法，有的菜农在越冬菠菜、韭菜地里覆盖热性骡马粪。有的利用地窖软化栽培韭黄（黄芽韭）。20世纪50年代菜农开始用芦秆、高粱和玉米秸秆设置屏障挡风，提高地温和气温，育苗种菜。1960年本县良种场建立用炉火增温的玻璃温室，栽培黄瓜、豆角。两年后中止。20世纪60年代推广冷床、阳畦育苗，栽培韭菜、芹菜等耐寒作物。

1977年在山西省农科院指导下，东关建立改良温室15间和本县第一个竹架塑料大棚，面积达1.37亩，黄瓜总产量达11 499公斤。大棚黄瓜比露地黄瓜早上市37天，4月24日上市，7月23日终收。小拱棚覆盖栽培的西葫芦，亩产量达6295公斤。1985年全县阳畦面积达1250亩，小拱棚栽培面积达3820亩，塑料大棚有23个，面积达12亩，温室有 3 个。栽培作物有番茄、黄瓜、甜椒、甘兰、芹菜等。栽培方式多为间套复种，一年三茬或四茬。四季都有鲜菜上市。王村、奈林等村，采取地膜覆盖加小拱棚栽培西瓜，上市时间由小暑提前为夏至。1985 年推广马铃薯整薯栽培法面积达 5200 亩，蓖麻整枝、玉米采用隔行去雄技术达 5000 余亩，都取得显著效果。

四、耕作改制

20 世纪 70 年代全县推广以麦秋带状套种为主要形式的两种两收和三种三收，充分利用热量资源和光照条件，实现亩产吨粮或"百斤棉、千斤粮、万斤菜"。主要形式有：

三种三收：

洪相乡农科站：6 尺 1 带（或 1 丈），8 行小麦，2 行玉米（一穴双株）密度达 2400 株／亩，麦收后复播 7 行谷子（或大豆、或移栽高粱），亩产小麦达 405 公斤，玉米达 375 公斤，谷子达 219 公斤，合计 999 公斤。

瓦窑村：6 尺 1 带高低垄各半，5 行小麦种低处，4 行棉花种高处，麦收后种 4 行白菜。亩产小麦达 300 公斤，棉花达 58 公斤，白菜达 5000 公斤。

两种两收：

广兴村：6 尺 1 带，6 行小麦，占地 2/3，2 行玉米，占地 1/3。亩产小麦达 344.6 公斤，玉米达 259.5 公斤，合计 604.1 公斤。与小麦复播谷子和平作玉米比较：

小麦套玉米比小麦复播谷子增产 10.3% ～ 65.7%。三种三收比小麦复播谷子增产一倍。

南街：4.2 尺 1 带，3 行小麦占地 1.8 尺，2 行棉花，占地 2.4 尺，密度达 2400 株／亩。8 亩高产田，亩产小麦达 325 公斤，棉花达 50 公斤。 1975 年棉麦套种面积达 44 亩。平均亩产小麦达 280 公斤，棉花达 40 公斤，棉麦套种田由于田间小气候改善，棉蚜危害亦轻。

典型村带状套种效益表

种植 形式 数量 项目	一亩地全年总产量（公斤）					比玉米 单作 增产%	比麦茬 复 播谷子 ±
	小麦	玉米	谷子	高粱	总产量		
小麦套玉米	218.1	357.2			575.3	+10.3	+12.7
小麦复播谷子	358.2		152.3		510.5		
小麦套玉米 （三作）	299.9	564.8			864.7	+65.7	+69.4
玉米单茬		521.8			521.8		
小麦套玉米 移栽高粱	347.1	338.4		339	1024.5	+96.3	+100.7

山区东坡村：1975 年 20 亩玉米、马铃薯套种，一耧四犁，一犁玉米，株距 1.2 尺，一犁马铃薯，穴距 1 尺，马铃薯选用生育期短的宁紫号。亩产玉米达 200 公斤、马铃薯达 1000 公斤（折粮 200 公斤），比单茬玉米亩产 250 公斤增产 60%。

梁家庄科研组：1977 年—1978 年玉米与药材套种，1丈 1 带，两行玉米，8 行党参，亩产玉米达 225 公斤，党参达 75 公斤。两年套种面积达 37.2 亩，产玉米达 11 916 公斤，平均亩产量达 318.5 公斤，产药材（党参、冬花、黄芪、元参、白芷）收入达 7580 元，每亩收入达 204 元。

移栽：1975 年洪相乡农科站 2 亩麦田移栽玉米。麦收前半月玉米育苗，麦收后争时移栽，成活 97%，及时浇水、追肥和中耕。小麦亩产量达 418 公斤，移栽玉米达 585 公斤，共产 1003 公斤。1976 年广兴村麦田移栽玉米面积达 50

亩。小麦亩产量达 492.5 公斤，移栽玉米达 409 公斤，共产达 901.5 公斤。1978 年全县带状套种面积达 10.7 万亩。

五、地膜覆盖

1981 年段村科技组试行塑料薄膜地面覆盖栽培棉花（简称地膜覆盖），面积达 12 亩，亩产棉花达 82.8 公斤，比同等条件下露地棉田亩产 50.6 公斤增产 63.6%。1982 年覆盖植棉示范 162 亩，阳渠村科技组 3.5 亩覆盖棉花，亩产量达 101 公斤。1983 年在国家资助下，覆盖植棉面积达 1240 亩，平均亩产量达 67 公斤。覆盖棉田占棉田总面积的 7%，产量占到棉田总产的 12%。段村康吉的 1.05 亩覆盖棉田，品种晋棉 5 号，采籽棉达 380 公斤，轧皮棉达 149.7 公斤，衣分达 39.39%，亩产皮棉达 142.5 公斤，被吕梁地区树为高产典范。

塑料薄膜地面覆盖，对耕地有显著的增温、保墒作用，土壤理化性质得到改善。覆盖棉田比露地栽培早出苗、早现蕾、早吐絮，整个生育期提前 10 天左右。铃大、花多、品质好。1983 年覆盖栽培西瓜、蔬菜 60 亩，瓜、菜提早上市 15～20 天。

1983 年县技术站在寨子村盐碱地采用地膜覆盖种棉花。4 月 30 日播种，5 月 12 日调查，覆盖出苗齐全，对照田八成。6 月 11 日调查覆盖田植株各生育指标，均比对照田高 0.63%～4.7%，发病率与虫食率低 30%～37.2%。皮棉亩产量覆盖田达 166.5 公斤，对照 87 公斤。地膜覆盖有抑制盐分上升、改善理化性能的显著作用。至 1985 年推广盐碱地地膜覆盖种高粱、棉花 4000 余亩，均取得不同程度的压碱改盐效果。

1985 年地膜覆盖栽培推广应用到小麦、玉米、高粱等作物。全县覆盖栽培面积达 8683 亩，其中棉花达 3190 亩，瓜类达 2322 亩，蔬菜达 2725 亩，粮田达 134 亩。

六、激素应用

1965 年县良种场应用 "920"（赤霉素）0.5PPm 溶液浸种，处理夏收双季—号马铃薯种块，打破休眠期。早发芽，早播种，一年两季马铃薯，亩产量达 3200 公斤。洪相乡农科站、义望学校科研组土法生产 "920" 成功。后为大工业产品取代。

1975 年广兴村棉田喷洒 5% 的矮壮素，起到蹲苗矮化，防止狂长的效果。1980 年县技术站与大营村科技组联合试验，用浓度 2% 的矮壮素喷洒高粱，提前成熟 5 天，增产 24.9%。

1982 年始，棉花、蔬菜和瓜类作物上推广应用三十烷醇、增产灵和乙烯利。1983 年秋阴雨连绵，棉田光照不足，迟迟不吐絮。喷洒乙烯利，比未喷棉田早吐絮 5 ~ 7 天。

1985 年，全县应用植物调节剂面积达 57 627 亩，取得保铃、保花、多结实，加速生长，促进早熟、增产的效应。

七、农技普及

举办展览：1952 年 12 月 2 日本县首届农业展览会开幕。粮作馆有劳模曹大魁选送的 169 小麦、811 谷子、4198 高粱实物，棉作馆有斯字棉标本。农具馆有喷雾器、选种机、各式水车等新式机具。1972 年秋农业展览会，主要普及优种知识，开始认识高粱、玉米杂交种的杂交优势。1980 年农业展览馆，主要宣传麦田施磷的效应和耕作改制的成果。

组成网络：1952 年全县 1098 个互助组，设技术指导员，当年分片传授技术 14 次，694 人学会使用步犁，127 人学会制造棉蚜皂，346 人学会修理步犁和喷雾器。1966 年洪相乡成立了第一个乡办农业技术站，农民技术员有 5 人，试验田有 20 亩。1970 年阳渠村成立第一个村级农技组，青年技术员有 3 人，试验田有 130 亩。1971—1975 年，县选送青年农民技术员 115 人到吕梁地区农科所学习，学制 2 年。1975 年，每个生产队配备技术员、种子员、植保员，开展科学实验。县、乡（公社）、村（大队）、队四级农业技术网趋于完善。乡农科站有 104 人，耕地有 854 亩，村、队农技组为 2539 人，耕地有 5160 亩。1981 年后，四级农技网络转为县、乡综合型的农业技术服务中心（公司）和农民科技专业户相结合的新农技体制。

八、科学施肥

肥料种类

有机肥料 常用的有人、畜禽粪便、土杂肥。西营、广兴一带曾用棉饼、油糁和黑豆作基肥，段村、义望等地习惯麦茬撒播绿豆、小豆作绿肥，山区有打林灰、卧羊等传统积肥习惯。

1949 年以来，在人民政府倡导下，农村利用冬闲季节，收集根茬、秸秆、枯枝、落叶、垃圾、灰渣、道土、草皮等，开展积肥运动。1952 年推广田间薰肥，1960 年开始推广"高温速成沤肥技术"。公社、生产队实行畜禽垫圈积肥管理办法。1972 年起建立投肥制度，每个劳动力全年投杂肥 50 担。猪每口年投肥 100 担，羊每只年投肥 30 担，大牲畜每头年投肥 150 担。以质定等，交肥记工。1985 年，平川亩施肥 50 ~ 80 担，山区亩施 30 ~ 50 担，比 1949 年亩施 15 ~ 20 担增长 2 ~ 4 倍。

1968 年交城县良种场试种田菁，亩产鲜草达 2200 公斤，铡碎耕翻入土种高粱，不仅肥田而且可以治碱，捉苗率高10%，增产近一成。1978年阳渠、义望村科技组试种棒麻，7月3日播种，40天测产，植株高1.6至1.8米，亩产鲜草达1800公斤，割倒切碎作基肥。

无机肥料 1950年示范、推广硫酸氨5吨。1958年施用量496.5吨，每亩耕地平均1.32公斤。1960年施用硝酸氨、尿素和氨水。1970年全县施用量达2552.4吨，每亩耕地平均为10.34公斤。20世纪70年代初本县化肥厂建成投产，碳氨取代了氨水，山区谷田、山药蛋田开始施用氮肥。1980年全县施用量达10 032吨，每亩耕地平均为41公斤。农村实行以户联产承包责任制后，旋用量一度下降。1985年回升，全县施用量达10 894.5吨。每亩耕地均为44.7公斤。

磷肥 1956年县生产资料公司购进过磷酸钙61吨，在本县推广施用，当时农田氮磷严重失调，施用方法亦不当，施用量失之过小，增产作用不明显，至1970年全县累计购进1500吨，平均每年100吨，销路不畅，大量积压。

1970年交城县农业技术站在广兴村麦田，进行重施磷肥（每亩30～50公斤）试验，施磷小麦生长苗壮，显著增产，组织全县农村干部观摩。1972年全县磷肥施用量1527吨，为前15年的总和。从此，施用磷肥的作物，由小麦至棉花，至瓜菜，至玉米、高粱等大秋作物。1978年全县磷肥施用量达4200吨，每亩耕地平均20公斤。平川小麦、棉花和大秋作物的高产田，每亩施磷肥40～50公斤。山区玉米、谷田开始施用磷肥。

钾肥 交城县耕地土壤含钾较多。1976年—1985年，每年施用总量达30～60吨。

1975年推广磷酸二氢钾高效复合化肥，用于小麦根外喷打。当年，广兴、阳渠等村科技组搞起土法生产磷酸二氢钾，两年后因工业产品磷酸二氢钾增多而停止。

微肥 包括钼、锌、铜、硼、锰和黄腐植酸等。1978年县农业技术站开始在阳渠等村试验，1985年全县微肥喷打面积有10 720亩。

菌肥 1969年县农业技术站建立接种室，培养"5406"抗生菌种，1970年广兴村与义望学校科技组土法生产"5406"菌肥。推广使用面积有12 000亩，1973年因生产、推广体制不完善而中辍。

腐植酸类肥料 1960年本县化工厂投产，生产腐植酸类肥料。同年交城县农业技术站建立温室进行肥效试验。1963年开始在县良种场示范推广。1971年西营、义望等乡、村办起8个化肥厂生产腐肥、复合肥。1976年全县腐肥施用量达1500吨。

施肥技术

基肥 施基肥的传统方法，多用充分腐熟的农家肥，在农作物播种前，均匀撒于地面，耕翻土中，称全程施肥。肥料少的情况下，采取沟（条）施或穴施。

1972年开始推广"五合一堆肥"技术。1976年平川提倡"三个一"（亩施农家肥100担、磷肥和腐肥各100市斤），不达不下种。

追肥 新中国建立前，追肥多在菜田、谷田中，用茅粪和圪卤（熬盐的残留原液）淋施或随水灌施。冬季麦田则泼施人粪尿，亦有少数穴施糁饼和厩肥的。

新中国建立后施用化肥，追肥的作物日广，追肥的技术日精,在各种作物的各生育阶段(苗期、拔节、孕穗、开花等),通常要进行二至三次追肥。水地追肥多与灌水同步进行,三至五日便可显示效果。旱地追肥多在雨前,距植株 3 ~ 4 寸远,沟(穴)施覆土。每亩追肥用量,硝氨 20 ~ 40 公斤,前轻后重,分次施入。

根外追肥是土壤追肥的一种补充方法,交城县最早见于1975 年,在小麦扬花灌浆期,使用喷雾器叶面喷洒磷酸二氢钾液。1978 年根外追肥的技术发展到棉花、蔬菜和一部分大秋作物,喷施的肥料有尿素、过磷酸钙、草木灰溶液。亦有与农药混合喷洒,可兼治病、虫害。

种肥 施种肥的目的是供给农作物幼苗吸收,交城县传统以农家肥作种肥,棉籽拌草木灰,稀粪点种玉米,山区习惯犁沟抓粪,随粪跌籽种马铃薯等。20 世纪 60 年代后期,推广种小麦使用速效性化肥硫氨作种肥,拌种或沟施,每亩2 ~ 4 公斤,效果显著。至 20 世纪 70 年代中,提倡"不施种肥不下种",肥料改用硝氨、磷肥和腐肥。玉米、棉花、瓜菜移栽采用腐肥蘸根、蘸秧。1983 年推广配方施肥,"一炮轰"施肥技术。1985 年在水地和旱地推广面积达 75 000 亩。

九、品种改良

种子生产

种子是农作物得以延续发展之本。解放前至解放初,农业生产以户分散经营,种子由家选户留。当农作物成熟收获时,各自按照认定的标准,从田间和场上选择若干大穗和大粒留作种子。种子的数量不多,质量不高,农户间有互相串换的习惯。大部分种、粮不分,以粮代种。

农业生产合作社至人民公社初期,生产统一经营。种子实行田间评定，选出生长好、产量高、性状优良的地块为留种田，去杂去劣，单收、单打、单藏。以粮代种状况基本改变。

20世纪60年代，遵照"自繁、自选、自留、自用，辅以国家调剂"的种子工作方针，公社、生产队建立了种子田。采用"田间穗选，混合繁殖，去杂去劣"的简易繁育技术，或由县种子站提供原种，实行种子专种、专管、专收。做到种粮分明，生产的种子基本保持了原品种的优良性状，供给大田生产用。全县种子田面积达5800余亩，年产主要作物种子达100多万公斤。20世纪70年代发展种子特约繁殖基地。

广兴、阳渠、南街为小麦种子繁殖基地，面积达1500余亩，年产种子达25～30万公斤。

段村、大营、杜家庄为棉花种子繁殖基地，面积达2 000亩，年产种子约达10万公斤。

山区寨则、东沟，平川连家寨、王明寨、西石侯等村建立玉米、高粱杂交制种基地，面积达1000～1500亩，年产杂交种达15～20万公斤。除供本县使用外，并调往辽宁、河北等地。

在大辛、阳渠、窑儿头村建立高粱雄性不育系（母本）和玉米自交系等亲本繁殖基地。面积达80～100亩，年产亲本种子达10 000公斤。

山区推广谷子、马铃薯异地换种，马铃薯秋播留种，都有明显的增产效果。

1978年国家提出种子生产专业化，加工机械化，品种区域化，质量标准化，以县统一组织供种。

农村实行以户联产承包责任制后，种子生产基地和种子田随之解体。王明寨基地实行"五统一分"（统一规划隔离区、种植方式、播种时间、去杂去雄、质量验收，分户田间管理）的办法，"两杂"制种田扩大到 2800 ~ 3000 亩，占全村总耕地面积的 70%，成为种子生产专业村。制种技术普及全村，年产"两杂"种子达 50 万公斤，除供本县使用外，销往原平、忻州、介休等地。

小麦、谷子、棉花、大豆等常规种子的生产由新出现的农村科技（种子）专业户繁殖。就地串换调剂或有偿服务。据不完全统计，1985 年乡、镇农业技术中心、科技户经营各种农作物种子达 5 万公斤。

种子提纯

1969 年县良种场在本县首先采用"单株（穗）选择、分系比较、混系繁殖的三圃（穗行、穗系、原种）制"提纯复壮小麦品种北京 8 号，首次举办县小麦杂交技术培训。同年采用稀播高倍繁殖法快速繁殖北京 8 号小麦种子。亩播量达 2.5 公斤，繁殖麦种达 230 公斤。

1971 年至 1978 年，洪相公社农科站、阳渠、段村、杜家庄、西汾阳、广兴等村科技组先后建立小麦的"二圃"制、棉花的"三圃"制面积 224 亩，提纯复壮小麦晋麦 8 号、棉花 68 系选 148、黑山一号等品种，阳渠科技组更新麦种，纯度提高 3% ~ 5%，千粒重提高 2% ~ 3%，比一般种增产 5% ~ 8%。

科技组更新的棉花原种，键籽率达 81.5%，比一般生产种的产量提高 10.1%，纤维长度增加 2 ~ 3 毫米。原种生产周期长（2 至 3 年），数量小，更新的原种供种子田扩大繁殖后大田使用。1980 年中辍。

种子田和种子基地生产的种子都属半成品。1979 年县种子公司设备 5Z–04 型种子精选机两部，开始对小麦、玉米、高粱种子进行机械加工。经过精选的种子，净度由 96% 提高为 99%，千粒重增加 2 克，发芽率提高 3.3%。义望、阳渠等村使用精选种子的麦田，苗齐苗壮，分蘖增加 0.3 个。

1972 年至 1977 年推广本县农机厂康瑄研制成功的高频电场种子处理机，国家无偿分配每乡一台机器，经高频电场处理的种子，苗齐、苗壮、抗病、早熟。鲁沿村测定，玉米增产 15%，谷子增产 10%，小麦增产 14%。

1982 年交城县种子公司农民技术员李拖义育成玉米杂交种"交白一号"。1978 年开始选用"太白 –2"作母本，"白 26"作父本进行杂交。1982 年定型，在王明寨村试验，居 24 个品种的首位，比对照"中单二号"增产 13.8%，1983 年试验增产 13%。同年在阳渠村布点示范，最高亩产量达 697.5 公斤，1984 年县良种场设制种田 10 亩，繁殖种子 2000 余公斤，义望乡推广面积近千亩，同年参加省区域试验，比对照"白单四号"增产 27.6%。1985 年继续参加试验，因更换对照"太白 12"高于对照未达 10% 而停试。

种子管理

检验：检验种子的标准有纯度、净度、发芽率、水分、千粒重、病虫害六项，并须色泽鲜亮，气味正常。1984 年 5 月国家标准局公布的种子分级：粮食（包括种薯、油料、棉花、麻类）作物常规种子有原种、一级良种、二级良种、三级良种；粮食杂交种子有原种，一、二两级。纯度以田间检验为主，分别在苗期、花期和穗期进行，其余 5 项室内检验。对检验不合格的种子要重新加工，降级使用或报废。

价格：1960年以前，民间习惯互相串换，一般是斤换斤或1.2斤粮换1斤种子。之后至1980年，种粮互换，价格补差，种子为同类粮价的115%～150%，杂交种子为同类粮价的4.5倍。1981年国家改粮、油征购为定购、代购后，种子实行议购议销，常规种子一般为同类粮食价格的150%～170%，杂交种子一般为同类粮食价格的150%～170%，杂交种子一般为同类粮食价格的3倍左右。

经营：1960年以来，粮、棉、油种子，除乡（社）村自繁自用外，皆由县种子公司经营；蔬菜类种子由乡供销社、菜籽商分散自由经营。农村实行改革、开放、搞活经济政策以来，种子作为商品上市，形成多渠道经营。除交城县种子公司外，乡、村农业服务中心、科技户、农村供销社都有经营。为了防止个别种子商以假充真，哄抬种价，1985年实行交城县种子公司统一组织，注册经营。

小日月备荒种子由粮食部门收贮、经营。

普查：1951年进行谷子品种普查，全县有36个品种。国家以1.3市斤小米征集1市斤谷种，共征集50 298公斤，装包运往苏联。1963年进行小麦品种普查，收集与引进品种71个，在交城县良种场建立品种对比试验圃，鉴定北京五号、六号和八号为接班品种，农大183、498为推广品种。1979年参加山西省野生大豆品种资源普查，发现本县水峪贯、岭底、王明寨村北、成村村西苇地野生大豆资源丰富，送山西省标本备案。1980年进行谷子品种普查，纠正小白谷、小秃谷同种异名，竹叶青同名异种，落实品种64个，制订出品种区域化方案。1982年秋作物品种普查，收集资料67份。

繁调：1969年10月本县组织了第一支南繁育种队。组成人员为：县技术干部 5 人，农民技术员 20 人，南下海南岛乐东县敢城乡，承包耕地 120 亩，与当地农民合作，配制高粱杂交种晋杂五号，历时半年，生产种子 1.5 万公斤。1970 年 4 月返县。

1970 年再到海南岛，1974 年赴山西省永济县虞乡镇，1978 年再至海南岛繁种。南繁人员共 70 人次，繁育高粱、玉米杂交种 3.2 万公斤。其中杂交一代种 1.7 万公斤，亲本种子 1.5 万公斤。

1965 年派技术干部参加山西省新疆调种组，至新疆自治区小拐农场，往返五个月，行程万里，调回棉花"611 波"种子 5.5 万公斤，保证了 1966 年适时种棉。至 1979 年前后七次派种子干部赴新疆，调回棉花种子 50 万公斤。

1980 年至 1982 年三次派种子干部赴辽宁省黑山县调入"黑山棉"棉花种子 15 万公斤。

1978 年全县夏收时期阴雨连绵，小麦严重生芽发霉，种子多数被损。由万荣、夏县一次调入小麦种子 37 万公斤。是交城县有史以来调麦种最多的一次。

1978 年由吉林省集安县一次调入玉米杂交种"丹育 6 号"18 万公斤，大面积更换品种。"丹育 6 号"玉米田占玉米种植面积的 67%。因品质较低，种植面积旋即减少。

品种更换

品种更换包括品种试验、示范、推广三个步骤，实现品种区域化。

新中国成立前，本县农作物多为地方（农家）品种，1949 年—1985 年主要农作物进行了 3 ~ 4 次的品种更换。每次更换的新品种，一般增产 10% 以上。由常规种更为杂交种，增产 30%～50%，甚至成倍。

小麦：传统地方品种有白秃麦、白芒糙、红秃麦、德国红、小红麦、大白麦、灯笼红等；1949 年—1957 年推广穗大、粒多的 169、碧玛（1、4 号）、中苏 68 等育成种；1958 年—1966 年引进并推广适应性强、丰产性高的华北 187、太原 566、农大 183、498；1967 年—1974 年推广抗锈、抗倒、高产的北京（5、6、8 号）和农大 311。这个阶段出现了亩产 400 公斤的济南 2 号，把人们引向片面追求矮秆、大穗。1975 年前后，由山东、河北、河南等地大量引调石庄 54、白毛麦、郑引 1 号、太山（1、4 号）、卫东号等弱冬性品种，导致越冬严重死苗。1976 年大营村由河北省调入 13 个品种，1.6 万斤种子，400 亩被冻毁，减产 10 万公斤。1976 年—1982 年着眼早熟、高产、抗逆力强的品种，水地推广晋麦 8 号 (849) 搭配北京 10 号。河灌区推广北京 10 号、东方红 3 号和晋麦 13 号；1983 年—1985 年引进抗病、抗倒、高产、含蛋白质高的丰抗号，河灌区搭配晋麦 16 号。

谷子：传统地方品种有红毛谷、秤锤谷、长穗黄、赶牛鞭、白流沙、大芒谷、九杆旗等 36 个。1949 年—1958 年推广母鸡咀、大黄谷、60 日糙等优种；1959 年—1969 年推广产量高、抗旱力强的金钱子、白母鸡咀、东方亮、赵三虎、承农 2 号和晋谷 6 号等；1970 年—1977 年推广粮草兼丰且抗病力强的大寨谷、红羊角、晋谷 11 号、迟早谷等；1978 年—1983 年推广晋谷 10 号、晋谷 2 号；1985 年开始引进高产、米质优良的晋谷 14 号。

玉米：传统地方品种有金中黄、白玉茭、狗头玉茭等。1949 年—1966 年推广高产、优质的金皇后、白马牙、白八行；

1967年—1972年利用杂交优势，推广双交种春杂12、44号、维尔42、155号；1973—1977年推广更具杂交优势的单交种晋单3号、8号、12号和白单4号；1978年—1984年推广适应性广、抗病的中单2号和抗黑粉病的白粒种沈单1号、郑单2号；1985年引进具有双抗基因的丹育11、13号。

高粱：传统地方品种有二帽盔、蛾儿黄、八月青、大狼尾、歪脖三、伞儿穗等。1949年—1958年推广大红袍、千斤红、竹叶青等；1959年—1967年推广穗大、高产的离石黄、九头鸟、西藏高粱、香高粱；1968年—1975年利用杂交优势，推广杂交种10号和晋杂1、5、7号；1976年—1982年推广高产、稳产、品质较优的晋杂4号；1983年—1985年示范、推广抗丝黑穗病的抗4号。

棉花：传统品种有金克斯。1949年—1960年推广金字棉、斯字棉、关衣1号；1960年—1969年推广611波、克克1543等早熟品种；1970年—1976年推广朝阳1号、晋中200、68系选97等株型紧凑、早熟品种；1977年—1983年推广株矮、桃大、品质高的黑山棉、68系选148和矮化品种；1984年—1985年推广适应地膜覆盖、高产、优质、早熟的晋棉5、6号。

马铃薯：传统品种有白山药、紫山药。1949年—1964年推广关东白、旦外黄；1965年—1972年推广晋薯1号、晋薯2号；1973年—1982年推广沙杂15、晋薯3号、虎头白等;1983年—1985年推广脱毒种薯中心24号。

蔬菜：1983年—1985年开始推广蔬菜杂交一代种。白菜有晋菜3号、太原二青；白萝卜有红光一代；甘兰有秋丰、晚丰、京丰1号、中甘11号等。杂交一代种抗病、质优，产量比农家种增产50%至一倍。

1985年主要农作物推广良种面积达182 890亩，占主要农作物面积的93%。其中，小麦良种面积达55 780亩，占种植面积的98.5%；谷子良种面积达34 870亩，占种植面积的75.1%；玉米良种面积达26 630亩，占种植面积的94.5%；高粱良种面积达25 300亩，占种植面积的97.8%；棉花良种面积达6710亩，占种植面积的99%；马铃薯良种面积达33 600亩，占种植面积的83%。

十、植物保护

病虫兽害

交城县经发现的病、虫、兽害近200种。常见的易发病有：粮食作物：禾谷类黑穗（粉）病、麦类白粉病、小麦病毒病、锈（黄疸）病、谷子白发病、红叶病、谷瘟病、玉米（大、小）斑病、青枯病、水稻恶苗病、稻瘟病、马铃薯病毒病、环腐病、甘薯黑斑病、软腐病、大豆霜霉病等。经济作物：棉花炭疽病、红腐病、立枯病、棉花枯萎病、棉花黄萎病、番茄病毒病、蒂（脐）腐病、白菜软腐病、霜霉病、病毒病、瓜类炭疽病、霜霉病、枯萎（蔓割）病、茄子褐纹病、辣椒和菜豆炭疽病等。

常发虫害：粮食作物：各类蚜虫（俗称油旱）、禾谷类螟虫（钻心虫）、麦秆蝇、麦红蜘蛛、黄条跳甲、白焦虫、大豆食心虫、廿八星瓢虫等。经济作物：棉蓟马、盲蝽象、棉红期蛛、棉铃虫、小造桥虫、烟夜蛾、金钢钻、菜青虫、大青叶蝉、潜叶蝇、菜蚜等。

地下害虫：蝼蛄、蛴螬（核桃虫）、金针虫、地老虎（黑圪节）、根蛆等。暴发性虫害：粘虫（行军虫）、飞蝗（蚂蚱）、草地螟等。常见兽害：鼢鼠（瞎老）、花鼠（圪狲）、黄鼠、獾只、野猪等。

病虫防治

预测预报：1964年在县城北1公里处（现良种场）建立病虫测报站，设黑光灯、糖醋诱蛾盆，开展对地老虎、粘虫、螟虫发生与发展趋势的观察，掌握防治适期发出预报。1966年中辍。

1974年在广兴村建立中心测报站（1980年迁站至梁家庄村）恢复测报活动。1978年在阳渠、段村、洪相、西营、水峪贯建立测报点。测报对象"七虫二病"，测报器具增设杨树枝把、黄色诱蚜板，严密监视病、虫活动情况，指导防治工作。年发预报15～20期。

防治技术：传统措施：1.利用28星瓢虫在马铃薯叶片产卵和成虫的假死性，人工采卵块和捕捉成虫，或在早晨有露水时撒灰杀虫；2.柏油拌种防治鼢鼠和蛴螬；3.白酒拌莜麦种籽杀菌兼壮秆；4.沤肥时掺入黑矾杀菌杀虫；5.堆肥中接入人发、鸡毛驱拒鼢鼠；6.烟叶烟茎水防治蚜虫和菜青虫；7.砒霜防治蝼蛄；8.石灰水浸种防治小麦黑穗病等。

农业技术措施：实行深耕，轮作倒茬，清除根茬、秸秆、枯枝、落叶和杂草等，压低消灭病菌和虫源。1978年广兴、阳渠村于冬春之际发动群众清除了玉米秸秆和穗轴，消灭了越冬螟虫老熟幼虫。夏季田间调查，玉米被害株率由上年的29％降为18％；杜家庄调查降为7％。1971年以来推广小麦抗锈品种，15年锈病未流行。

应用化学药剂：20世纪50年代初普及制造棉蚜皂技术，推广赛力散、西力生、王铜等杀菌剂和六六六、滴滴涕杀虫剂。20世纪60年代推广对人、畜毒性较小的五氯硝基苯、六氯苯、石硫合剂等杀菌剂和1605、1059、灵丹粉等高效广谱性杀虫剂。20世纪70年代推广高效、低毒、残留期短的代森锌、福美双、退菌特等杀菌剂和敌百虫、敌敌畏、乐果等杀虫剂。3911对人、畜毒性大，残效期长，严格用于小麦、棉花浸、拌种，禁止喷洒。20世纪80年代年代推广萎锈灵、瑞毒霉、拌种霜等杀菌剂和溴氰菊脂、辛硫磷、速灭杀丁等杀虫剂。

化学药剂的施用方法有浸、拌种、喷雾、喷粉、薰蒸、毒饵、毒土、泼浇、涂茎和土壤处理等。化学药剂对人、畜有毒，施用不当农作物亦会遭受药害。国家颁布有"剧毒农药安全使用"规则，乡、村设有拌种站，专人、专具操作。

应用物理防治：20世纪50年代推广温汤浸种，20世纪60年代推广谷籽"三洗一闷"，20世纪70年代利用害虫的趋光、趋化性，设置黑光灯、糖醋液盆、杨树枝把诱杀棉铃虫、地老虎，设诱蚜板诱杀蚜虫、蓟马。1970年—1978年中，平川各乡、村在地老虎发蛾期，"十亩一盆，百亩一灯"布阵杀虫。广兴村100盆诱蛾10 300头，西汾阳村183盆诱蛾10 400头。"早期诱杀一头蛾，等于消灭千只虎"，大大减轻地老虎幼虫为害。

利用生物防治：1976年—1978年利用害虫天敌捕食和寄生。义望、南街、广兴等村科技组土法培养白僵菌，防治玉米螟、地老虎2000亩。洪相乡农科站、北关、段村捉瓢(虫)、养瓢，以瓢治蚜。1978年棉蚜严重发生，北关100亩棉田放瓢2至3次，控制了蚜虫为害。段村以瓢治蚜300亩，全县2500亩。北关科技组铜养赤眼蜂，玉米田放蜂面积达30亩，秋季扩展为 100 亩，寄生率为 92%。全县赤眼蜂防治面积达 3500 亩。

1963 年 5 月在国家民航局的支持下，本县首次飞机洒药，防治枣粘虫、枣步曲，兼治玉米、棉花苗期害虫。洒药范围，东起王村，西至广兴村边山一带，洒药七天，防治面积达 12 000 亩。1969 年、1975 年进行二三次飞机洒药治虫。洒药范围扩展至段村、大辛一带和岭底乡沟谷。

1978 年推广洪相乡农科站农民技术员杨全贵按照"地老虎发生规律与小麦物候结合四道防线围歼地老虎"的综合防治办法。即"小麦返青见成虫，起身快摆诱杀盆，小麦拔节蛾高峰，孕穗撒施六六六粉"。结合早春整地灭卵，后期滴滴涕药液灌根。防治效果达 90% 以上。

至 1985 年，本县小麦锈病、谷子白发病、禾谷类黑穗病、棉花苗期病害、白菜病毒病已基本控制到点、片、阶段，发病株率在 10% 以下。

化学除草

1978 年在广兴村试行化学药剂除草，麦田喷洒 2.4 一滴丁酯。稻田喷洒敌稗，胡萝卜田喷洒扑草净，灭草效果分别为 80%、95%。1979 年示范推广化学药剂大面积麦田除草，平均除草率为 93.8%。1985 年全县化学除草面积达 26 242 亩。化学除草通常每亩用工 0.2 个，花钱 0.8 元，比人工锄草提高效益近一倍。

农药药械

化学农药汞制剂、砷制剂和有机磷制剂，对人、畜有剧烈毒害。本县由生产资料公司统一组织经营，或交城县农业技术中心许可的科技户推广。全县农药使用量:1951 年 850

公斤，其中粉制剂 630 公斤；1960 年 1278 公斤，其中液剂 1030 公斤；最高 1976 年 29 968 公斤，其中液剂 19 745 公斤；1985 年 15 778 公斤，其中液剂 3387 公斤。

常用药械有手摇式喷粉器、单管与压缩式喷雾器。20 世纪 70 年代推广使用高压喷雾器、机动喷雾器。1964 年—1985 年共推广喷粉器 4436 架，各式喷雾器 6162 部。

植物检疫

1980 年交城县技术站组织技术人员对棉花毁灭性黄、枯萎病进行普查，调查面积达 17 563 亩。病田面积达 6292 亩，占调查面积的 35.8％。遍布植棉乡、村。大部病株率在 10％以下，属轻病区。义望乡的三辛一寨、洪相乡的平川四村较严重，病田面积占调查面积的 80％。安定村病株率为 16.7％。洪相村杨道地病株率为 21％，其中枯萎病株为 14.33％，黄萎病株为 6.69％。1982 年春播前，覃村组织专人硫酸脱绒（杀菌）处理棉籽 1 万公斤，棉苗生长期调查，发病株率由 8% 降为 2%。

1956 年高级农业合作社配置检疫代表一人，生产体制改革中解体。1972 年检疫不严，由内蒙古调入白欧柔春小麦种子，招致本县已基本控制为害的麦秆蝇回升。1975 年山区乡、村未经检疫由陕西省连续调入马铃薯作种，传入本县马铃薯黑茎病。1983 年交城县农业局配备专职植物检疫技术干部 1 人，执行植物检疫任务。

十一、农业机械化

20 世纪 50 年代末到 60 年代初，是农业向半机械化、机械化迅速发展的时期。1958 年，汾阳县财政拨款两万元，为交城购回两台匈牙利产的链轨拖拉机，1 台 JS–35 型（俗称小匈），1 台 JS-55 型（大匈）。同年夏，汾阳县又给交城办事处拨来两台拖拉机，1 台是波兰产的 40 马力的乌尔苏斯车，另 1 台是 35 马力的匈牙利车。

随着拖拉机的出现，汾阳县交城办事处成立机耕队，由文水"八一"拖拉机站派来队长一名，司机两名。机耕队下乡收费耕地。至 1958 年底，全县机耕面积为 9470 亩，占全县耕地面积的 3.7%。

1959 年秋季，汾、文、交三县分治，由晋中专署拨来 1 台东方红链轨拖拉机，带有 3 部机引犁。机引犁是拖拉机牵引的多铧犁，它比畜力犁耕幅宽，耕深一般达 25～27 厘米左右。1960 年交城县国营拖拉机站成立，拥有大型拖拉机 4 台，共 183 马力。1961 年有农业机械总动力为 1601 马力，每亩耕地平均为 0.01 马力，其中大中型拖拉机有 5 台，共为 208 马力。

1963 年，交城县拖拉机站拥有拖拉机 13 台，共为 579 马力，其中东方红 75 链轨拖拉机有两台，机引犁有 10 部，机引耙有 4 部，棉花播种机有 4 台，镇压器有 3 台。有计划、按规定分赴各村机耕、机播。当年全县机耕地达 15 126 亩，占全县总耕地面积的 6%。1965 年，北关、西街、辛南等村先后相继购回跃进 20 型拖拉机。至此，农业社队集体始有自己的耕作动力机械，机耕地面积比 1963 年增加 4.7%。1967 年，交城县农机公司调进一台沈阳产的工农 -12 型手扶拖拉机。配有旋耕机，曾在交城县城关和古洞道乡进行机耕推广使用。1972 年，交城县农机公司从孝义二级站调进一批北京产工农 -11 型手扶拖拉机。此后，手扶拖拉机在交城县逐步普及。1976 年，交城县农机研究所在交城县首先引进用手扶牵引的 2B–5 型棉麦播种机 1 部，在义望乡的覃村推广示范作业，共播种小麦和棉花 200 多亩。城关公社 1979 年从外地购进播种机 40 台，全社 7500 亩小麦，有 5025 亩采用机播，80% 麦田采用机耕。

20 世纪 70 年代到 80 年代。全县农机稳步发展，1975 年 4 月，交城县农机研究所在覃村推广手扶配套旋耕机示范作业 60 亩。1979 年，全县主要农业机械总动力的年末拥有量为 60 770 马力，每亩耕地平均为 0.25 马力。其中大型拖拉机有 291 台，12 952 马力。

1982 年，全县旋耕机发展到 582 台，其中和大中型拖拉机配套的有 27 台。1985 年，全县农机总动力为 86 886 马力。每亩耕地平均为 0.36 马力，拖拉机配套耕作机具有 587 部，当年机耕地面积为 20 万亩，占全县总耕地面积的 81.81%。机播面积为 5 万亩，占全县总播面积的 18%。

大中型拖拉机与小型手扶拖拉机的年末拥有量比较表

年份 数量 项目	大中型拖拉机年末拥有量 台 / 马力	小型及手扶拖拉机年末拥有量 台 / 马力
1968 年 1980 年 1985 年	27/1035 265/9160 156/6811	1/12 580/6920 1072/12 873

第二节　林　业

一、经济林

苹果树　新中国建立以后，苹果树种植连年发展。1955 年县林业局从烟台引进 1 万株矮锦品种。1956 年王村从清徐县引进青香蕉、国光等树苗 30 株、接穗 120 条，嫁接苹果苗 800 余株。1957 年—1958 年，县国营苗圃、覃村、奈林、磁窑等单位，从太原、清徐引进倭锦、国光等品种，从烟台引进红玉品种。1968 年从临汾引进红星品种。1971 年从临汾引进金冠品种，从清徐引进伏锦、祝光品种。1976 年从山西省果树研究所引进甜黄奎品种。1972 年到 1973 年间，前后有义望、阳曩、青村、马庄、后火山、西雷庄、偏交、岭底、冯家塔、山庄头、双龙、安定、广兴、申家庄、西岭、西庄、落子岭、乞洞坡、裴家山等 30 个村庄和商办建立了苹果园，面积达 552 亩，定植达 3 万余株。1975 年王村、覃村、奈林和青沿林场等地又扩大了栽培面积。截至 1985 年，全县苹果园面积达 1770 亩，年产达 609 475 公斤。品种有红星、金冠、伏锦、青白度、国光、青香蕉、红印度、祝光、红玉、伏红、瑞香、甜黄奎、柳玉、新红星、红富士、赤阳、鸡冠、红花、短枝、倭锦等 20 余种。1986 年前后，全县栽植的苹果树种类有红玉、祝光、倭锦等品种，后因质劣而淘汰。20 世纪 80 年代末，引进红富士、国光、红星、金冠、伏锦等品种。截至 2005 年，全县苹果栽种面积达 6440 亩，年产量为 2360 吨。

梨树 新中国建立以后，梨树栽培面积逐渐扩大，品种逐渐增多。1961 年从清徐引进花梨，从河北省引进酥梨。1966 年从清徐县引进鸭梨和巴梨。1971 年从山西农学院引进伏茄梨。1974 年从安徽引进猪嘴梨。1985 年底，全县梨树品种有酥梨、鸭梨、巴梨、猪嘴梨、雪花梨、鸭只嘴、贵妃、伏茄、花梨、金春秋、小黄梨、安芥梨、苹果梨、博多背、甘世纪、生不知、京白、油梨、香水梨等 20 余种，栽培面积达 801 亩，39 633 株，年产梨达 239 064 公斤。1994 年，从山西农业大学引进熟红。2000 年，从山西省农科院果树研究所引进玉露香梨。此外，交城县梨树品种还有鸭梨、酥梨、雪花梨等。主栽区小辛、阳渠、覃村及岭底乡边山一带，全县栽植面积达 3640 亩，年产量为 1315 吨。

杏树 1955 年从清徐县引进老爷红。1961 年从清徐县引进沙金红。据 1985 年调查，全县有杏树 24 亩，计 7482 株，年产杏达 71 295 公斤。主要品种有海棠红、老爷红、沙金红、五月鲜、李子杏、四月红、自生杏、里外黄、甜核杏等 10 种。主产地岭底乡有 4400 株，洪相乡有 1061 株，城关镇有 450 株，均属零星栽培。没有成片杏园。

桃树 新中国建立后，桃树逐渐增多。1960 年沙沟村引进蟠桃，1966 年从山西农学院引进阿尔巴特，1971 年从清徐县引进岗山白和六月鲜，1978 年引进五月鲜，1979 年从清徐县东于村引进大久保。20 世纪 70 年代以来，覃村、义望、阳渠、奈林、广兴、洪相、安定、磁窑、岭底、石家庄等 20 余村建立了桃园。1985 年全县有桃园面积 637 亩，桃树有 26 206 株，年产桃达 166 929 公斤。主要品种有岗山白、五百号、白红、水蜜、五月鲜、优白桃、蟠桃、及早生、大久保、六月鲜、阿尔巴特、自生桃等 10 多种。1999 年从北京引进中华桃，主要分布在岭底乡边山地带，以西雷庄、马庄较有名。全县种植面积达 4380 亩，年产桃达 1950 吨。

槟沙果树 20 世纪 50 年代，全县产 20 万公斤以上。1964 年砍伐严重，产量大大下降。到 1985 年，栽培面积仅有 10 亩，年产量达 68 467 公斤。

李树 新中国建立以后，李树有发展。1956 年从清徐县引进牛心李。1963 年从清徐壶瓶口村引进玉黄李和红李。1985 年全县共有李树 1302 株，总产量达 12 492 公斤，分布于岭底、西社、城关、义望、水峪贯等乡镇。

葡萄树 新中国建立后，葡萄逐年发展。1963 年从山西省果树研究所引进玫瑰香葡萄，1983 年从清徐县引进粉红太妃葡萄，1984 年从太原北郊引进巨峰葡萄。截至 1985 年底，全县建葡萄园 30 个，栽培面积达 597 亩，31 382 株，年产量达 55 746 公斤，主要分布于西社、义望、段村等乡镇。品种有巨峰、粉红太妃、红龙眼、白龙眼、玫瑰香、牛奶、尔卡、尼姆兰克、保尔加尔等。1986 年至 2005 年间，在辛南、贾家寨、覃村等村庄，尤以辛南村最出名。全县葡萄种植面积达 5088 亩，年产量达 300 吨。有巨峰、龙眼、红提、粉红太妃、新华 1 号、美人指、无核白鸡心、世纪玫瑰等。其中，红提是 1998 年从山东引进的晚熟品种，新华 1 号是 2000 年从河北引进的早熟品种。2005 年，这些品种已进入挂果期。

核桃树 1960 年，交城县林业部门组织一批农民和学生在青沿村造核桃林 400 亩，植核桃树达 1 万余株。截至 1985 年底，全县共有核桃树面积 2092 亩，71 775 株，总产量达 266 432 公斤。树种有绵核桃、夹核桃和纸皮核桃 3 种。20 世纪初所产核桃就出口国外。2005 年全县核桃成片面积达 3209 亩，零星栽植为 66 106 株，年产量为 200 吨。1996 年，西社镇大岩头村万家山林场引进汾阳嫁接核桃苗 200 株。

枣树 20 世纪 50 年代，全县有枣树 11 万株，年产量达 90 万公斤。瓦窑、磁窑、奈林、覃村、王村枣树特多。1962 年，瓦窑骏枣出席西欧 12 国果品博览盛展，在国际上享有盛誉，在国内曾多次出席北京、广州、太原等展览会。1979 年组建林科所，专门研究骏枣丰产和粽枣苗育技术。1985 年底，先后培育苗木数千万株，除供交城栽培外，还支授新疆、云南、陕西、河南、甘肃等省数百万株。全县枣树扩大为 735 亩，53 543 株，年产量达 434 357 公斤。1996 年，交城县委、县政府提出"振兴枣业，发展林牧"的举措，当年全县发展枣园 5000 亩。1998 年，建立了郑村、大辛、奈林、石侯 4 个千亩枣园和西街、县苗圃等 4 个百亩示范园。1999 年，县林科所建起 100 亩采穗圃，除交城自用外，每年有 200 万条优质骏枣接穗销往陕西、河南、辽宁、新疆等地。1997 年，县林科所与包头师专合作进行梨枣组培育苗试验，育苗两万株。2000 年开展温育枣树嫩枝扦插育苗试验，掌握了扦插技术，组培梨枣苗木 3 万株。同年，国家林业局批准，县林科所投资 105 万元，创建红枣良种繁育场。全县个体育苗涌现出 50 余专业户，坡底村就有 20 余户。1995 年至 2000 年，是交城县枣树繁育鼎盛期。此期间，专业户户均年收入达 4 万余元。1996 年至 1999 年，交城县红枣开发中心承担了山西省农业产业化重点开发项目枣树组培快繁育苗技术应用研究，为枣树工厂化育苗开辟了新途径。

2000 年，交城县正式申报山西省名优经济林红枣基地建设项目，2001 年开始实施国家农业综合开发红枣基地项目，先后投资 150 万元，完成 3000 亩红枣基地建设。2002 年 11 月，交城骏枣、梨枣，亚运会指定商品的特贡产品，经山西省林木良种审定委员会审定为良种。2005 年，全县枣树成片种植面积达 14 785 亩，零星栽植 125 102 株，年产为 750 吨。

柿树 新中国建立后，柿树有发展，到 1985 年底，全县共栽培柿树54亩，3098株，年产量达27 445公斤。主要分布于西社、洪相、义望、岭底、城关等乡镇，品种有牛心柿、君迁子、磨盘柿3种，其中牛心柿和磨盘柿是1961年从孝义县引进的。

花椒树 1985年底，全县有花椒树7217株，年产量达13 408公斤。2005年，全县花椒树栽种面积仅有410亩，年产花椒3吨。花椒品种有红花椒、黄花椒、大红袍等。

仁用杏 1998年，县委、县政府倡导农民种植仁用杏，从方山、岚县、娄烦引进优一、一窝蜂、龙王帽、大扁、次扁等品种。山区乡镇均建起1—3个300亩仁用杏种植示范园。2005年，保有面积已经挂果的村庄有百草庄、中庄、贺家塔、翟家庄、双家寨、宋家庄、逯家岩、横岭、燕家庄、蔡家社、杜里会、岭上、水峪贯、青沿等。

其他 1985年底，全县有黑椋子298株，年产量达390公斤，分布于寨上、洪相、水峪贯等乡镇；有山楂树1600株，年产量达105公斤，分布于洪相乡边山各村；城关、洪相等乡镇个别栽有栽培板栗和黑枣的农户，产量微小。此外，部分村庄庭院有栽培桑树者，数量不多，产量不大，但栽培年代悠久。

二、建材林

1951年华北农业科学研究所森林经理研究室对交城县关帝山森林进行了调查：

落叶松林（红杆）交城县境内关帝山在古代是一个原始的天然林区。1949年之前，由于抚育不良和乱砍伐造成林内疏密度不均的现象，如今该地落叶松林郁闭度均在0.8以上，是交城县最精华的森林区。县境天然的纯落叶松林还有大塔境内的部分沟坡。1949 年后，国家分别在燕家庄、中庄、寨上、会立、横尖等乡镇境内营造了大批纯落叶松林。至 1985 年底，全县共有落叶松林 6.17 万亩，占全县总林地面积的 6%，分布于横尖镇 5.9 万亩，燕家庄乡有 0.27 万亩。

油松树 油松是交城县大森林的主要组成部分，面积占全县森林总面积的 60%。主要分布于中庄、横尖、惠家庄、燕家庄、古洞道、水峪贯、寨上等乡镇的大部分村庄。1986 年，交城县开始油松营养袋育苗，提高了山区造林成活率。

侧柏林 全县有侧柏林 7700 亩，现存树龄最长者在千年以上。分布于会立乡 5600 亩，石壁山 1300 亩，卦山 800 亩，是一种最佳的风景树。蓄积量为 1.46 万立方米。

云杉林 云杉林只有 1.5 万亩，集中分布于横尖镇。惠家庄乡境内只有零星分布。其蓄积量为 11.3 万立方米。

白皮松 白皮松在本县没有成片林，仅零星生长于洪相、寨上、西社等乡镇近山一带，有的同侧柏、油松混植。

杨树林 杨树在山区 10 个乡镇均有分布，主要品种是山地小叶杨，平川 5 个乡镇则以引进的杨树各个新品种为主，有毛白杨、新疆杨、优胜杨、箭杆杨、小叶杨、北京杨、群众杨、合作杨、沙兰杨、欧美杨、2-14、大观杨等 10 多个品种，其中毛白杨在交城县系嫁接繁殖育苗。

20 世纪 50 年代，平川群众多在房前屋后和地边地堰栽植杨树。20 世纪 60 年代，各大队集体组织社员群众进行四旁（即村旁、路旁、宅旁、地旁）绿化；20 世纪 70 年代后，各大队开始兴建林网田。20 世纪 80 年代平川完成了林网绿化。山区群众开展荒山荒坡绿化。村旁、道旁植树以杨树为主要树种。1996 年，县苗圃站引进三倍体毛白杨 16 万株，首批种植于原太汾公路瓦窑至广兴段。

桦树林 桦树林是交城县原始树种之一，在多数地方与杨树混生成林，全县共有桦木林 114 100 亩，总蓄积量为 587 100 立方米，主要分布于横尖、中庄、会立、惠家庄、燕家庄、古洞道等乡镇。

栎类树 栎类树木分布较广，深山区的所有乡镇沟坡均有生长。有的散生，有的成片，面积颇大，一般与杨桦混交。总面积达 108 700 亩，总蓄积量为 412 300 立方米，分布于横尖、中庄、会立、惠家庄、燕家庄、古洞道、水峪贯等乡镇。

柳树 柳树多生长于山区河滩、沟旁以及平川的房前屋后、路旁和渠堰，完全属人工栽培，没有成片林。有怪柳、垂柳等品种。平川各村把柳树当作护岸、护堤堰的最佳树种，全县栽植柳树约有 80 万株。1980 年之后，引进土耳其柳、钻天柳等新品种。2001 年，引进金丝桃 3 万余株。

榆树 榆树在交城县栽培已久，多栽植于房前屋后和村旁、道旁，少有成片榆林。全县榆林成材树约数万株。1980 年以来，引进山东榆、河南榆等新品种。

槐树 槐树栽培历史悠久。磁窑、覃村、安定、广兴以及卦山等地均有数百年乃至千年以上的古槐树，依然根深叶茂。城关镇所属磁窑村中有一株古槐树，高达 30 米，主干高达 4 米，胸高树围达 11 米，胸高直径达 3.5 米，冠径东西达 35 米，南北达 30 米。卦山天宁寺山门口唐槐树，虬干龙钟，树龄有 1300 余年。

其他树 交城县深山森林中间，夹生有椴、檀、桑、椿、楸、榉等阔叶树，但为数不多。1983 年从晋南引进泡桐树，全县仅有数百株。

交城县野生灌木丛生，主要有黄刺梅、酸枣、山桃、山杏、沙棘、山葡萄、山玫魂、山樱桃、榛子、山梨、山核桃、木瓜等达83 084亩，植株约有300多万。

1982年国家投资5万元，交城县农业局从江苏省引进"无杆密植优种桑，于广兴村种植桑树达120亩。

2000年，交城县林科所和贾家寨村引进俄罗斯大果粒沙棘。2001年，俄罗斯大果粒沙棘嫩枝全光照盘扦插育苗试验成功，生产苗木达30万株。

三、特种林

母树林 交城县母树林有落叶松、油松、云杉、侧柏等，1959年始建。

庞泉沟 全国八大鸟类保护区之一，林地面积近10万亩，林木总蓄积量为392 900立方米。其主峰为孝文山，海拔达2830米。森林茂密，四季常青，覆盖率为74%。主要树种为华北落叶松、油松、云杉和桦树等。

卦山、石壁山柏林是交城县唯一的风景林。1985年底统计，卦山有柏树800余亩，石壁山有松柏树1300余亩，全县风景林共有2100余亩。

珍奇树 玄中寺银杏树、毛竹，天宁寺的七星柏、龙爪柏、牛头柏、黑白二仙柏、绣球柏以及柏王。关帝山、孝文山大森林中有极少数漆树。

四、植树造林

新中国建立以后，采取"乔灌草，网带片，绿化、美化、香化"相结合的措施，年年抓植树。1979年后，实行林业体制改革，植树造林成果倍增。至1985年，出现植树造林专业户、重点户300余户。惠家庄乡贺家沟村岳贵通承包一道沟，一年植树 10 700 株。义望乡青村有 102 户营造了百亩小片丰产林，占全村总户数的 20%，一年植树 3 万余株。

农田林网树 1972 年，交城兴建农田林网。西营镇大营村从 1972 年到 1982 年，在长达 60 公里的大小渠堰和道路上植树 56 万株。1978 年义望乡覃村，由山西省林业厅厅长刘清泉指导帮助，建成 3000 亩高标准林网田。其标准是"渠成网，地成方，路笔直，树成行"，"百亩方田千株树，渠路树三配套"。品种新颖，规格标准，达到 3 个一样，即每条路渠品种一样，树高低一样，植株粗细一样，为全县林网化摆出了样板。1985 年底，平川 13 万亩农田全部实现林网化，林网树达 326 万株。

荒山造林 1949 年统计，全县有荒山荒坡面积 58 万亩。新中国建立后，人民政府采取封山育林、直播、插木、移植、补植相结合的技术措施，加紧荒山绿化，不少荒山荒坡逐步披上绿装，出现了新的生机。1950 年山西省林业第三分局在交城县插木造林达 1373 亩、直播造林达 582 亩。1956 年关帝山林业局领导各经营所在交城县横尖苏家湾村封山 30 处，面积达 51 646 亩，补植林木达 279.85 亩，直播造林达 1432.5 亩，移植造林达 882.83 亩。1957 年，关帝山森林经营局发动各林场在各自辖区直播造林达 2646.6 亩、移植造林达 654 亩。1959 年，古洞道林场与交城中学签订合同，组织 450 名学生在三县岭造林 1317 亩。全县 10 年造 46 003 亩，其中横尖经营所 16 541 亩、古洞道经营所 29 462 亩。

1986 年至 2002 年间，交城县每年动员全民义务植树，集中人力、物力、财力，统一规划，植树造林。绿化石壁沟东西两山 1000 亩，栽植松柏树苗 5 万余株。1996 年，在交

（城）西（营）、交（城）郑（村）、义（望）南（辛南）3条公路旁栽植树22万株，1986年至2005年间，全县年均义务植树160万株。最高年份是1986年，义务植树215.54万株。最低年份是2003年，义务植树仅146.16万株。义务植树，全民动员，虽轰轰烈烈，但成活率较低。2003年3月，县委、县政府联席会议决定，调整植树方法，变全民义务植树为专业队植树。经费收缴义务植树费解决。财政全额支付工资及单位的干部职工，每人每年绿化费为30元，企业及差额支付工资的事业单位干部职工，每人每年绿化费为20元。绿化费集中用于边山绿化，效果非常好。

三北防护林体系二期工程 1986年，交城县列入国家三北防护林体系二期工程，建设周期为10年。工程设计任务为5万亩，造林重点工程包括岭底、寨上、城关、洪相4乡镇75个村，东至火山沟，西至成家咀岩，南至边山，北至马鞍山。造林树种以落叶松、油松、刺槐为主。累计完成造林达2.352万亩。

退耕还林工程 2002年始，交城县实施退耕还林工程，当年全县退耕还林达15 000亩，荒山造林达21 500亩，涉及七乡镇112个自然村2178户。2003年，全县退耕还林达5000亩，涉及西社镇27个自然村313户。2004年，全县荒山造林达5000亩，涉及天宁镇和岭底乡5个自然村。2005年，全县荒山造林达10 000亩，涉及东坡底乡、水峪贯镇、天宁镇和岭底乡7个自然村。退耕还林树种有落叶松、油松、刺槐、核桃、杏、沙棘等。2002年，县政府下发《关于山区禁牧的实施意见》，确定禁牧区范围是沿307国道北侧的边山地带、洪相乡西岭片、水峪贯镇、岭底乡以及山区天然林保护区和退耕还林项目区。

边山绿化工程　边山绿化范围从 307 国道以北，包括 4 座山 3 道沟，工程总面积达 3000 亩，总投资为 458 万元。3 年共绿化荒山 1534 亩，完成边山绿化工程的 51.2%。

平原绿化工程　1986 年，绿化交寨、交岭、惠塔、中横、太汾（交城段）、柏胡、义辛 7 条公路，总长 115 公里，植树 10 万株，营造丰产林 0.3 万亩。1987 年，新建农田林网面积 1 万亩，补植完善农田林网 1.2 万亩。1988 年，城镇绿化植树达 6 万余株。1990 年，绿化县乡公路 64 公里，植树达 8 万株。1995 年，更新改造农田林网 2 万余亩，绿化交西、交郑、义南 3 条主干路 30 公里。2003 年，夏家营生态工业园区绿化道路 6 公里，植树达 2.1 万株，种植草坪达 10 万平方米。大运和夏汾高速公路交城段绿化 26 公里，植树达 9 万株。截至 2005 年，平原绿化面积达 11 万亩。

小片丰产林　小片丰产林集中在平川 5 个乡镇，是以杨、榆、柳为主要树种的速生优质小片林，规格一般以 2 米乘 3 米，4 米乘 5 米不等，亩均 30 株至 100 株，一般 4 年至 5 年即可成椽材。1985 年，全县有小片丰产林专业户、重点户 32 户，植树 25 万株，面积达 3000 多亩。

第三节　牧　业

一、养鸡业

养鸡业重点在平川地区。1986 年以后，交城县开始推广“京白”“海兰白”等品种的商品鸡。种鸡繁育以县畜牧局种鸡场为主，又新建发达种鸡场、大辛实验种鸡场等。种鸡繁育由传统的鸡本能繁育，逐步过渡到煤油灯孵化、暖炕孵化、保温孵化器孵化、电脑全自动调温孵化。商品鸡饲养规模逐渐扩大，形成了西营村百亩养殖小区、南街养殖小区、成村养殖小区等规模化养殖小区。其中以西营百亩养殖区规模最大，鸡年存栏由1994年的5万只，发展到2000年的26万只，1996年创最高纪录，鸡存栏达到40万只。养鸡业在全县形成了完善的繁育、生产和销售一体化。2005年全县鸡存栏达到90万只，千只养殖户有178户，万只以上的养殖户有7户。

二、养猪业

养猪业是交城县平川的第二大畜牧产业。1990年前养猪品种以"山西黑猪"为主。1990年后引进"比利时长白""台系杜洛克""大白""汉普夏"等优良瘦肉型品种猪。1995年以后，以西营许永平的新兴种猪场为主，开始推广"大白""长白""杜洛克"良种猪的纯种纯繁。全县良种猪形成了以"大长""长大""长杜"二元杂交猪和"杜长大""大长长杜"等三元、双二元杂交种猪。全县良种猪普及率逐步提高，养猪数量逐年上升，规模养猪户逐年增多。1995年，全县猪存栏有2.2万头，良种率占3%左右。2000年，全县猪存栏达到3.3万头，良种率达到30%左右，养猪30头以上者有25户。2005年，全县猪存栏3.6万头，出栏达到4.2万头，养猪百头以上者有14户，良种率达到90%。

三、养牛业

养牛业原以山区为主。1986年前后进行黄牛改良，母牛品种逐渐由本地黄牛改良为"西门达尔""皮尔蒙特""夏洛来"杂交母本。2000年前，主要采用"西门达尔"冷冻精液输精技术。2000年后，开始推广细管冷冻精液输精技术。1990年至1999年间，每年输配母牛700头左右。2000年输配母牛1300头。2005年输配母牛达到2560头。年养牛数量1990年前后为万头左右。2000年发展到16 539头。2005年达到2.21万头。

1998年始，交城县平川地区兴起肉牛育肥业。到2000年全县形成了山区母牛搞繁育、平川肉牛强育肥的养牛产业化新格局。全县先后建起14个百头以上的肉牛育肥企业，其中，山西万通肉牛养殖有限公司、交城沁香园生物开发有限公司、大营村二头肉牛养殖园区养殖规模较大。

四、养羊业

养羊是山区的第二大畜牧产业。1986年后，羊的品种逐步由本地黑山羊改良成绒山羊和波尔斯山羊。1990年前后养羊数量在8725只左右。2005年发展到66 720只，其中，2001年数量达到顶峰，全县养羊近10万只。2005年，全县养羊存栏100只以上的有14户，50只以上的有80户，出栏率一直保持在30%～40%之间。

养殖马、骡、驴的饲养量由于从役用转化进入商品市场而逐渐减少，数量由1990年前后的2184头下降到2005年的850头。养兔全都由家庭散养，未形成产业规模，全县存栏兔约有万余只。

1986年后，农村推行家庭联产承包责任制，陆续涌现出一批养殖专业户、重点户和家庭牧场。养畜量迅速增加。1986年底，全县饲养大牧畜5头以上者有244户，10头以上者有35户；养羊50只以上者有40户，100只以上者有9户；养兔50只以上者有40户，100只以上者有6户；养鸡千只以上者有 41 户，万只以上者有 2 户。

1990 年后，牧业生产逐步向集约化、商品化、规模化发展。牧业生产基本摆脱了从属于农业的副业地位，成为一项独立的产业。到 2000 年前后，畜牧业已成为全县农业领域的三大主要产业之一。牧业收入由 1990 年的 820 万元、占大农业的 16.3%，提高到 2005 年的 6400 万元、占大农业的 35%。全县农民人均牧业收入由 1990 年的 55 元增加到 2005 年的 363 元，增长了 5.6 倍，畜牧业已成为全县农村的支柱产业。饲养牛羊猪鸡等养殖业已成为山区农民脱贫致富奔小康的重要途径。

五、疫病防治

交城县畜牧业管理中心内设动物疫病防治站，各乡镇兽医院、各村委、各规模养殖场均确定专业的防疫员，形成县、乡、村一套完整的重大疫病防疫体系。

全县防疫工作贯彻"加强领导、密切配合、依靠科学、依法防治、群防群控、果断处理"的指导方针，采取春秋两季集中免疫，常年适时补针的措施，对高致病性禽流感、牲畜口蹄疫、猪瘟、鸡新城疫、狂犬病、布病等对人畜危害较大的人畜共患病全面免疫。在免疫过程中建立了政府保密度、主管部门保质量的联保机制和县、乡、村三级责任制。

2005 年，高致病性禽流感在全球蔓延，交城县及时成立高致病性禽流感防控指挥部。建立常年不低于 10 万元的防控物资储备库，由县统一调购疫苗，免费发放给养殖户进行免疫，全县未发生一起病例。全县配备有专门的动物疫病化验室，各乡镇也配备疫病初检设施，在全县范围内由经验丰富的老兽医开设 10 余家兽医门诊所，对猪、牛、羊、鸡等家畜家禽常见病多发病进行有效治疗，形成了小病不出乡、大病不出县的动物疫病治疗的新格局。

第四节　水　利

新中国成立后，水利建设大发展。1985年底，全县保有两个万亩自流灌区，边山磁瓦窑河小型灌区，建机电灌站106处、喷灌17处、滴灌1处、农村小水电站3处、灌溉井920眼、配套电井831眼、小型水库4座、塘坝8处、山区小型自流渠道工程125处、人畜吃水工程123处、修筑7条较大河道堤坊100.43公里。

1975年改善灌溉面积达16 188亩，1976年改善达3690亩，1977年改善达3260亩，1978年改善达4104亩，1980年改善达2800亩，1981年改善达5350亩，1982年改善达3890亩，1983年改善达7520亩，1984年改善达4870亩，1985年改善达8930亩。11年共改善灌溉面积达60 602亩。1980年旱涝保收面积达79 684亩，1984年达到86 750亩，增加9.2%。1985年度，水土保持治理面积为13.98万亩。下湿盐碱地治理面积为5.8万亩。水地面积发展为14.05万亩，为1949年1.2万亩的11.7倍。

一、蓄水工程

交城县有文峪河水库（大型水库）及石壁水库、磁窑河西沟水库、磁窑河东沟水库、瓦窑水库4座小型水库。

文峪河水库 1959年始建，1961年拦洪，1966年建成。水库总容量达1.05亿立方米，水电站装机达2500千瓦。年防洪效益达212万亩，灌溉效益达94万亩，可使下游5县

247 村免遭 25 年一遇的洪灾，保证 50% 的年份可灌农田 42 万亩。

1961 年拦洪以来，下游从未发生水灾。

磁窑河东沟水库 磁窑河东沟水库，位于交城县岭底乡岭底村东北 0.5 公里处。1972 年 10 月上马，1974 年 12 月建成竣工。大坝为砌石土混合坝，坝址以上控制流域面积达 43.15 平方公里，总库容达 94.73 万立方米，是一座以防洪为主兼以灌溉的小（二）型 年调节水库。工程总投资达 71.2 万元。灌溉效益面积达 2000 亩。

1982—1983 年，改建泄水洞进口控制闸室及其交通廊道，进行输水干渠浆砌防渗处理，国家投资达 24 万元。

1983—1984 年，进行了大坝培厚、护坡翻修和大坝灌浆 以及渠道防渗工程等，国家投资达 20 万元。

2012 年 3 月—12 月，进行了溢流坝降底、增加坝前砼贴面、更换闸门启闭机等除险加固工程，总投资达 265 万元，全部为中央财政专项资金。

2012 年工程完成后，水库的防洪能力达到 20 年一遇设计、200 年一遇校核标准。

磁窑河西沟水库 磁窑河西沟水库，位于交城县岭底乡石家庄村边。1971 年 4 月上马，1972 年 12 月建成竣工。大坝主坝为水泥浆砌重力坝，主坝两侧为左、右副坝，副坝坝型为浆砌石挡墙填土坝。坝址以上控制流域面积达 43.6 平方公里，总库容达 40 万立方米，是一座以防洪为主兼以灌溉的小（二）型 年调节水库。工程总投资达 37.7 万元。灌溉效益面积达 3000 亩。

建成后，根据需要多次进行改、扩建及加固工程，主要项目情况如下：

2001 年，改建泄水洞进口控制闸室及其交通廊道，进行输水干渠浆砌防渗处理等，国家投资达 28 万元。

2012 年 4 月—11 月，进行了副坝坝顶加高、增加主坝背面砼防冲层、更换闸门启闭机、输水卧管拆除重建等除险加固工程，总投资达 265 万元，全部为中央财政专项资金。

2012 年工程完成后，水库的防洪能力达到 20 年一遇设计、100 年一遇校核标准。

瓦窑河水库 瓦窑河水库，位于交城县城西北 5 公里的瓦窑沟内旧沙坡村北 500 米处。1975 年始建，1977 年建成竣工。大坝为碾压土坝，坝址以上控制流域面积达 48.15 平方公里，总库容达 190 万立方米，其中：兴利库容达 135 万立方米，是一座以防洪为主兼以灌溉的小（一）型 年调节水库。工程总投资达 90.9 万元。灌溉效益面积达 4000 亩。

1982 年，增建左岸溢洪道，加高大坝 0.3 米，将水库校核标准由 100 年一遇提高到 300 年一遇，投资达 10 万元。

1985—1986 年，改建泄水洞进口控制闸室及其交通廊道，总投资达 27.8 万元，其中：国补达 25 万元。

2008 年 12 月—2009 年 11 月进行了除险加固工程：溢洪道改建扩宽衬砌；新建交通桥；更换泄洪洞启闭设备。工程总投资达 430 万元，其中：中央财政专项资金达 215 万元，省财下配套资金达 108 万元，县级配达 107 万元。

横山水库 1961 年 7 月 17 日建成，库容量约为 40 万立方米。库容量最大水深保持 10 米左右，起一定的拦洪护地作用。

石壁水库 1975 年建成。水库总库容为 62 万立方米，属小（二）型水库，可抵御 50 年一遇洪水。

二、引水工程

汾河西干渠 交城县城东段村一带属于汾河灌区，建有汾河西干渠灌溉系统，采取漫灌放水的形式进行冬浇或春浇。

汾河西干渠，1951 年春由清源、交城、文水、平遥四县 221 个村镇修筑。渠由清源长头村汾河二坝起水，经该县西穆庄、孔村、温南社到文水县北、南齐村东，长达 40 公里。为支农斗毛沟组成的 6 级渠系。干渠有 9 条支渠，进入交城县境内的为一、二、三支 3 渠。1951 年秋后至 1953 年夏季完成。

西一支渠，1952 年，由清徐、交城两县 29 村合筑。渠东起清徐县长头村，至交城王明寨村西北入白石南河，全长 13.141 公里，吃水于西干一号分水闸。灌溉面积达 87 383 亩。全渠有斗渠 9 条，进入交城县为 5 条。2011 年使用的有新六斗渠、新七斗渠、新八斗渠、新九斗渠、新十斗渠。

西二支渠，1952 年秋后始筑，翌年 4 月下旬告竣。1978 年至 1979 年在原有基础上进行了大规模整修改建。二支连贯清徐、交城、文水三县，全长 17.5 公里，由二号分水闸引水。全渠 9 条斗渠，进入交城县 3 条，受益 26 村，交城县为 4 村。灌溉面积全渠达 90 910 亩。2011 年使用的有六斗渠、九斗渠、十斗渠。

西三支渠，长 12.6 公里，由三号分水闸引水，受益 24 村，灌溉面积达 85 550 亩，交城县 1 村受益。全渠斗渠 6 条，交城县仅三支一斗一渠进水。一斗长 8900 米，流量为 1.65 立方米 / 秒。受益 8 村，交城县 1 村。

甘泉渠 唐开元二年(714)始筑，1956年3月至年底，山西省水利厅组织沿渠两县受益村镇民工在原基础上裁弯取直，延长渠道，增开支渠，修建附属建筑物。筑干渠1条，长10.9公里；开支渠2条，长9.8公里；修建干支桥闸槽洞等72件。由原甘泉渠羊圈沟段沿太汾公路向东伸延10公里，横贯交城县西平川边山，名为甘泉北斗渠。1956年至1963年交城县在广兴以东干渠右侧开斗渠7条，为8～15斗渠。1965年至1976年，又进行了全渠道水泥白灰浆砌片石防渗及多种建筑物配套工程。

甘泉渠于文水县西峪口村北曹家崖下起水，流北峪口村东南鹁鸽山下，经开栅镇到交城县广兴村入境，东行洪相、安定，由成村入瓦窑河，共长10.9公里。历经20余年修浚，1982年时渠道底宽1.3～5米，口宽1.4～5.4米，渠深1～2米，流量达0.6—0.8立方米/秒。

瓦窑河干渠 灌溉瓦窑、田家山、西街、南街、东街、东关街及安定少数土地。2011年使用的有联合渠支渠、东渠、西渠、西洪水渠、新东渠。

联合渠支渠4条：田家渠，长约1.5公里；上花渠，长约1公里；下胡渠，长约1公里；高家渠，长约1.5公里。均为土渠。瓦窑河水库建成后，改由东渠湾起水，沿新东渠引灌至各支渠。

东渠于瓦窑河口东渠湾起水，东南经文昌宫送到田家山西南，长约1.5公里。沿用至今不变。受益村庄为瓦窑、田家山、东街3村(街)。

西渠由瓦窑村北吊杆井下起水，经村东西南流旧太汾公路止，长约2.5公里。新中国成立后，从吃水口至瓦窑村西南桦皮沟一段改用干石砌，1979年改为水泥砌制，渠宽1.4米，深0.7米，坝堰顶宽0.4米。主要灌溉瓦窑村及安定村土地。包括长间渠、成村道渠、安定道渠、卦儿地渠等支渠。

西洪水渠，1949年前起水于瓦窑东南河湾，下浇南街、东关地亩，水程为每月8天。1970年后，改由河湾南端起水。随着水利事业的发展，昔日洪浇地成为井灌、水库两浇地。

新东渠，亦为瓦窑水库干渠，始修于1984年秋，渠从瓦窑河口东渠湾起水，南穿新旧太汾公路至城西，长约3公里。主灌瓦窑、城内南街、西街、东街地亩，系洪灌、井灌两用渠。

文峪河、磁窑河、瓦窑河的上游山区，分布有截岔、中西川、东西葫芦川、西冶川等较大峡谷，自古以来这些地方就有引水灌溉河川两岸滩地及一、二级台地的习惯。1985年底，全县山区有自流灌溉渠道125条，固定干支渠长度达100.85公里，其中防渗渠道长达0.2公里。工程控制面积达8811亩，有效面积达6421亩，保证面积达5004亩。

三、提水工程

浅井 1964年，交城县水利局、农机局派人到祁县、太谷参观了新发明的大锅锥井，当年秋从太原矿山机器厂购回大锅锥打井工具两部，在阳渠果园试打。成功之后，自制工具40副，在文峪河磁窑河灌区社队推广。深度可达20—50米。

提水工具1957年为动力水车，1966年利用离心泵抽水。新中国建立后，大力发展人力畜力水车井，1963年已有923部。1957年出现链条泵、双管、四管动力水车和机畜两用车，数年内发展到430部，装机达1717马力。1966年开始安装离心水泵，并在大陵村和成村试验成功两眼离心水泵对口抽安装，出水量达 80 立方米/秒。20 世纪 70 年代，深井泵、机井泵与日俱增，离心泵逐渐被替代。1985 年底，全县离心泵已不足 200 台。

机械深井 边山第一眼深井凿于 1968 年秋，由山西省凿井公司第二队第四机组在王村北壶瓶石河洪积扇地带开凿。1974 年—1976 年为凿井高峰，到 1980 年止，全县共打深井 650 眼，代替旧井。

凿井工具为冲击钻，边山井深为 80～160 米，井管直径为 0.2～0.5 米，多为水泥管，少用铸铁管；平川地区井为 80～100 米，为水泥管。

凿井初期，用鱼尾式锥头，工效较低，经水利局副局长、助理工程师李镇工改革为管状空简锥头后，工效提高了 2～3 倍，创造了 7 日成一井的最高纪录。之后，又改分井下管为托盘大下，改铸铁管为水泥管，改专用电力为机电两用(包括动力和焊接)。李所带二号机组年凿井 39 眼，超过一号机组 2.3 倍。1985 年底，因用水量增大，降水减少，布井过密，超采过度，城北地带形成地下水降落漏斗，使部分深井出水量减少，少数接近枯竭。

配套修复 20 世纪 60 年代初，配套中心为各式水车。1966 年，北京地质学院师生 20 余人在 28 个大队搞抽水试验，调查研究，传授配套技术，提出了现有水井出水量和提水设备的调整及发展规划，确定全县只保留建设主井 361 眼(已有 232 眼，再打 129 眼)，每眼出水量为 15～60 吨/时，其余 429 眼为备用井，1970 年基本配套。

1970 年，成立水井配套办公室，主要进行机电、线和防渗渠道的配套工程。至 1985 年底，全县电井由 1969 年

64 眼 /4100 马力发展到 839 眼 /10 186 马力；渠道从 1965 年始，用草泥、黏土夯实、砖砌、石砌、混凝土槽等多式工程，到 1983 年防渗 193.2 公里；1984 年引进"U"形防渗渠新技术，当年试筑 1.21 万米，1985 年续筑 9.1 万米。两年总投资达 38 万元，其中国家补助达 10 万元，群众自筹达 28 万元，使 3 万亩井灌面积缩短灌溉周期，节水三分之一。"U"形渠道为混凝土结构，就地机械浇铸，质量好，效益高。

1985 年底，共配套各种水井达 1119 眼，其中深井达 734 眼，灌溉面积由 1951 年的 2000 亩发展到 81 300 亩。

高灌 1960 年，广兴、安定、义望 3 村先后各建小型高灌 1 处。广兴、安定 2 站灌溉丘陵农田 200 余亩，义望灌溉面积微小。此后陆续增多，重点高灌的装机、级数、处数都逐步扩大。1965 年，义望站续建配套后，列为国社合营电灌站，1975 年下放于大队。1972 年，广兴发展到 4 级提水。安定扩建为 3 级提水，1 级输水渠东延瓦窑河边，灌溉瓦窑、西街部分边山农田。

瓦窑河西 10 公里边山地区开展农田基本建设，以配合高灌渠系灌溉。1985 年底，全县有电灌站 106 处，其中流动的 54 处。设计流量达 5.29 立方米 / 秒，装机达 156 台 /4335 马力，工程控制面积达 36 813 亩。国家投资达 39.93 万元。

1985 年底，全县有高灌站 106 处，其中，流动的有 54 处，设计流量达 5.29 立方米 / 秒，装机达 156 台 /4335 马力，工程控制面积为 36 813 亩。2005 年底，全县共有小型高灌站 12 处，其中，8 处完好，4 处可修复，装机 20 台，475 千瓦，有效灌溉面积达 10 950 亩。

四、灌溉工程

喷灌 1975年，交城县水源缺乏的岭底、三角、杨家底、洪相、安定、坡底6村先后用3吋自吸泵、12马力柴油机或7千瓦电动机安装70-1型、红雨一3型喷头进行喷洒。1976、1977年又增选水源比较充足、土地平坦的阳渠、杜家庄2村继续进行喷灌试验。到1981年，12个村庄建了喷灌工程，每村1处，每处保有机组1～5套，全部喷灌控制面积达2860亩。从1981年后，喷灌停止发展。1985年底，只有王明寨1处尚使用。

1998年，新建固定喷灌达300亩，用于红枣"早密丰"的生产种植。2000年，国家计委和水利部在交城县西营镇西营村和石侯村，进行2300亩半固定喷灌节水示范园区试点示范，打井配套18眼，埋设外径110PE主管14.2千米，安装给水栓阀体380个，配套移动式铝合金喷灌机组和自走式喷灌机组各6套，完成喷灌面积达2300亩。2000年到2004年，新建移动喷灌16处，发展喷灌面积达5680亩。到2005年底，全县共有喷灌工程18处，喷灌节水达7980亩。

王明寨喷灌建于1981年。先后购买喷灌机具5套，总装机容量达60马力。修筑干支防渗渠道达4000余米，流动喷洒面积达1091亩。喷洒时令为春秋两季：春喷小麦拔节孕穗期，亩用水达40立方米；秋喷种麦遇旱之际，亩用水达30立方米。

滴灌 全县仅有石壁林场1处。1977年由山西省水科所工程师杜茂林设计，1979年建成。2000年，在县抗旱服务队洪相枣园基地，新打井配套1眼，新建高位蓄水池两座，铺设外径63—外径32输水主支管道1.6千米，外径16滴灌管 13.8 千米，安装压力补偿式滴头 6800 余个，发展枣园"早密丰"滴灌面积达到 63 亩，为全县边山枣树节水灌溉起到示范作用。2004 年，全县共发展滴灌 3 处，节水面积达到 113.8 亩。

管灌 交城县节水管灌始于 1988 年。到 1999 年底，全县平川井灌区"井灌化"管灌面积达到 5.2 万亩。2005 年底统计，全县节水管道埋设达到 310 千米。

五、饮水工程

段村镇饮水工程 工程兴建于 1973 年春，1975 年主体工程竣工，1977 年完成局部遗留工程，解决了 12 875 人及万头禽畜和乡镇企业用水。1980 年后，在蓄水池旁负吸程安装离心泵，埋设管路 1500 米，引水进院户，彻底解决了饮水问题。

瓦窑集中供水工程 交城县瓦窑集中供水工程，从文峪河冲积扇中部的大营村西打井配套，经大营管理站二次加压后提水到瓦窑管理站调节水池，解决了县城周围瓦窑、成村、南街、梁家庄、东汾阳等 11 村 32 779 人的饮水困难问题。

瓦窑集中供水工程，始建于 2003 年 5 月，2005 年 10 月全部竣工，日供水规模达 5000 m^3。工程新打井配套 5 眼，新建 200 m^3、500 m^3 钢筋砼蓄水池各 1 座，铺设管路总长 37Km，其中：铺设提、供水主管 24Km，架设高、低压线路 2.4Km，安装变压器 3 台、离心泵 6 台、自动变频控制柜 9 面、预付费卡式水表 6 套、二氧化氯复合消毒剂发生器 1 套，建设管理站 2 处（占地 5400m^2，其中房屋建筑 19 间 397 m^2）。工程总投资达到 1146 万元，其中：国补资金达 499 万元。工程总投工达 9.38 万个，总工程量达 11.29 万 m^3。

该工程按照"明确所有权，放活使用权"的原则，2005年承包给县自来水公司运行管理，承包期为 10 年，年承包费为 13 万元，折旧费为 13 万元。5 年来除保障为受益村庄供水外，还为县城每天补充水量 1000—1500 m^3，为我县水利工程更好地发挥其职能和作用开辟非常广泛的市场。

西营集中供水工程 西营集中供水工程，位于交城县平川区，始建于为 2006 年 5 月，2007 年 10 月竣工，日供水规模达 5000 m^3。工程总体规划为：从水源井抽水至水源汇水池，然后经两次消毒处理、两次加压后通过输水管道到各受益村水塔或配水管网，供各家各户用水。

西营集供工程，主要项目有：248 米深井 6 眼；1000 m^3 钢筋砼调节水池 2 座；加压泵站 2 处，加压离心泵 6 台，机房 9 间；管理站 2 处，建筑面积达 1100 平方米；变压器 3 台，高压线路达 1200 米；二氧化氯消毒剂发生器 2 套；变频自动控制及监视系统 1 套；各种输水 PVC 主管达 37.4 千米，村内供水管网达 73 吨。

工程总投资达 1226 万元，其中：国补达 740 万元，县财政配套达 80 万元，共解决了西营镇的西营、城头、寨子、东营、石侯 5 村及夏家营镇的大辛、小辛、贾家寨、郭家寨、王家寨、段村等两个乡镇、11 个村、35 176 人的饮水安全问题，同时也为原段村集中供水工程其他村庄提供了充足的补充水源。

西营集供工程，2007 年在工商部门注册了交城县天泓供水有限公司，实行经理负责制，自主经营，独立核算，自负盈亏，全市场化运作。

广兴集中供水工程 广兴集供工程，位于交城县平川西南部，于 2008 年 5 月开工，同年 10 月底竣工，日供水规模 1000 m^3。

主要工程项目有：244 m 深水源井 2 眼；500 m^3 高位钢筋砼蓄水池 1 座；管理站 1 处，机房及管理房 200m^2；变压器 2 台；加压离心泵 2 台；二氧化氯消毒剂发生器 1 台；自动化控制系统 1 套；φ160mmPVC—U 型提水压力管道 2 根管共长 3100m；供水主管 6 条，总长达 13 450m。

工程总投资达 618 万元，其中：国补 294 万元、县配套 60 万元，总工程量达 9.43 万 m^3，总投工达 1.86 万个。解决了洪相乡广兴、安定、洪相等村共 15 429 人的饮水安全问题。

广兴集供工程运行管理，由交城县天泓供水公司统一管理，实行经理负责制，自主经营，独立核算，自负盈亏，全市场化运作。

西营集中供水扩容增效工程 西营集中供水扩容增效工程是为解决夏家营镇贺家寨村、温家寨村两村 1698 口人的饮水安全问题而兴建的提水工程。由于两村原供水工程段村集供工程的水源井水位下降，供水量严重不足，近年来饮水安全问题一直困扰着贺家寨村、温家寨村两村村民的生活。为解决这一问题，决定兴建西营集供扩容增效供水工程，解决该两村村民用水不安全问题。

本工程水源是利用位于县城西南部的文峪河洪积扇区的现有西营集供工程水源井和供水系统进行供水，该工程水源丰富，水量保证，水质优良，符合农村人畜饮用水卫生标准。

本工程位于交城县县城东南 10 公里处夏家营镇郭家寨村村西北和村东。主要工程内容是：在郭家寨村村西北建供水管理站一处，包括：500 立方米钢筋砼蓄水池一座，

50KVA 变压器一台，机房和管理房 188 平方米，提水机泵两套，低压控制屏 3 面；埋设供水主管道 5068 m 及进行两村村内供水管网更新 27 583 米等。

工程工期一年，2010 年 7 月初开工，年底前完工，彻底解决了贺家寨村、温家寨村两村 1698 口人的生产、生活用水困难问题。

本工程总投资共达 181.5 万元，其中：中央国债达 119 万元，省级配套资金达 41 万元，市级资金达 1 万元，县级配套资金达 20.5 万元。

运行管理单位为城乡供水工程管理总站及其下属天泓供水有限公司。

其他饮水工程 1972 年以来，政府组织技术人员，拨放资金，开渠、埋管、引水、提水、凿深井、建水池、筑水塔，逐步解决饮水问题。1985 年底，全县 153 个饮水困难的村庄 (包括防病改水) 已提水 91 个村庄，引水 32 个村庄。主要工程设施有各种水泵 83 台 (其中机电井 56 眼)，装机容量达 935 马力，变压器有 1 台 50 千伏安，高压线达 70 米，低压线达 16 310 米，输水渠达 30.59 公里，铺设钢制输水管道达 51.6 公里，塑料输水管道达 18.2 公里，钢筋混凝土管道达 17 公里，共达 86.6 公里。

1980 年以后，农村自来水设施与日俱增。平川除段村镇 8 村外，西营、城头、寨子、西石侯、西汾阳、梁家庄、青村等村在国家扶助解决防病改水的过程中，1982 年建起了完善的自来水设施，山区中庄、翟家庄、会立、东沟、水峪贯、落子岭、后火山等村庄于 1984 年建起自来水设施。1985 年底，平川多数较大村庄都有了自来水工程。

2000 年，人畜饮水工程采取自流引水工程和提水工程，集中供水工程和单村供水工程等引水方式，大搞饮水解困工程。解决人畜饮用水 3540 人，大牲畜 311 头。2001 年解决人畜饮用水 3555 人，大牲畜 565 头。2002 年解决人畜饮水 37 200 人，大牲畜 4809 头。2003 年解决人畜饮水 25 500 人，大牲畜 5490 头。2004 年解决人畜饮水 8000 人，大牲畜 221 头。2005 年解决人畜饮水 8640 人，大牲畜 87 头，投资达 260 万元。6 年共解决人畜饮水 86 435 人，大牲畜 11 483 头，投资达 2533.6 万元，其中，国补资金达 1131 万元，自筹资金达 1402.6 万元。两项共投资达 2793.6 万元。2004 年交城县大多数村庄饮水困难问题得到基本解决。

六、水力发电

新西社水电站 1960 年建成投产。1987 年开始更新改造，到 1990 年 7 月全部工程更新完毕重新投入生产。

南沟水电站 径流引水式集体电站，始建于 1978 年，设计水头为 34 米，设计流量为 1.5 立方米 / 秒，装机 3 台共为 385 千瓦，设计年发电量为 80 万千瓦时，年均发电为 37 万千瓦时。

米家庄利民水电站 1984 年始建，1987 年 6 月投产，为径流引水式个体电站。

兴水水电站 1994 年 5 月始建，1994 年 10 月投产，为径流引水式私营电站。电站投资达 72.2 万元，其中国补达 31 万元，贷款达 10.2 万元，周转金达 31 万元，单位千瓦造价达 4658 元。

第二章 工业结构

第一节 工业企业

一、国营企业

企业 20世纪80年代至90年代，交城县境内的国营工业有省营、市营和县营3个层次。省营企业是山西省冶金厅下属的红旗铅矿和山西省煤焦集团下属的汾西矿业集团公司的中兴煤业有限责任公司；市营企业是吕梁丝织印染厂；交城县地方国营的工业企业有交城县火山煤矿、交城县西冶铁厂、交城县化肥厂、交城县磷肥厂、交城县有机化工厂、交城县水泥厂、交城县电石厂、交城县农机修造厂、交城县提花织物厂、交城县印刷厂、交城县酒厂等。20年中，省市营企业除中兴煤业公司正常生产外，红旗铅矿资源枯竭后停产。吕梁丝织印染厂中途因经营不善和市场原因停产。县营企业也多数因市场原因和经营问题于20世纪90年代后逐渐滑坡，有的濒临停产倒闭，因此大部分实行了企业改制转向民营。

产品 20世纪80年代至90年代期间，是交城县国营工业企业生产稳定发展的最后一段时期。主要产品有原煤、生铁、水泥、化肥、电石、饮料酒等。这段期间，国营工业产值呈逐年上升趋势。1986年工业产值达到1889万元，1999年升至10 662万元，短短14年间，工业产值翻了5番多。

二、二轻企业

企业 20世纪80年代至90年代，交城县二轻工业企业主要有交城县五金工具总厂（原名交城县五金厂）、交城县固特织造有限公司（原名交城县棉织厂）、交城县化工染料厂（原名交城县油漆社）、交城县服装厂（原名交城县服装针织厂）、交城县中兴工贸有限公司（原名交城县木器纺织配件厂）、交城县机床厂（原名交城县铁业社）、交城县防腐钢衬玻璃厂（原名交城县工艺玻璃厂）、交城县毛皮制革厂（属国营企业，受二轻局管理）、交城县环保设备厂（原名交城县建筑队）、交城县化工厂、交城县制鞋厂、交城县塑料制品厂、交城县二轻服务公司、交城县二轻供销公司（原名交城县二轻供销经理部）。1989年生产鼎盛时全二轻系统有职工2876人。1986年全系统固定资产达到1186万元，1997年增加到5272万元。1986年至2005年全系统累计完成工业总产值达到60 608.08万元，实现利税达到4931.16万元，上缴国家税金达到4017.1万元。20世纪80年代，二轻企业上缴税金占到当时全县财政收入的半数，在县域经济中占有举足轻重的地位。

产品 交城县二轻工业的主要产品有五金工具、油漆染料、棉布、皮革、服装、玻璃制品、耐火材料、铸钢件、常压锅炉等。其中，五金工具厂生产的双呆、梅花两用扳手在1990年全国首届轻工博览会上荣获金奖。化工染料厂生产的红酚醛调和漆和808大红粉、化工厂生产的草酸二乙脂和服装厂生产的防寒服被评为山西省优质产品。毛皮制革厂研发的油鞣山羊革和绵羊毛革两用皮双双荣获山西省科技进步奖。棉织厂开发的维纶浸胶帆布、木器纺织配件厂开发的层压木配件和防腐钢衬玻璃厂开发的防腐钢衬玻璃管件均填补了山西省内空白。这些产品不仅开拓了国内市场，五金工具、服装、羊剪绒等产品还进入国际市场。尤其是五金工具厂生产的各种扳手，畅销美国、加拿大等60多个国家和中国香港地区，年出口创汇达到400万美元。此外，化工染料厂和服装厂荣获吕梁地区甲级企业称号，毛皮制革厂、机床厂、木器纺织配件厂和防腐钢衬玻璃厂荣获吕梁地区乙级企业称号。

三、乡镇企业

1986年是交城县发展乡镇企业的第十个年头，乡办企业、村办企业、联办企业、个体企业齐发展。主要从事采矿、冶炼、铸造、机械加工、化工、玻璃加工等多种行业，企业总数发展到4497个，总产值达到9603万元，总收入达到8959万元。1995年乡镇企业发展到6396个，从业人数达到40 200人，总产值达到147 193万元，固定资产达到23 796万元，出口交货值达到1169万元，上缴国家税金达到2835万元，对县域经济的发展作出了贡献。

四、民营企业

1996年至2005年间，全县乡镇村集体企业实行体制改革。经过改革，大部分乡镇企业改制为民营企业，2005年民营企业总数达到2529户，从业人员达到32 897人。一批规模企业相继出现，年销售收入在500万元以上的企业达到43户，年纳税在150万元以上的企业有20户。企业的市场竞争力也显著提高，有10户企业的20种产品出口到国际市场，年出口交货值达到54 258万元。经过改制，民营企业的实力也显著提高，固定资产由1994年的21 281万元增加到 2005 年的 141 500 万元。增加值由 1994 年的 21 821 万元增加到 2005 年的 134 860 万元。总产值由 1986 年的 9603 万元增加到 2005 年的 475 860 万元。上缴税金由 1994 年的 2046 万元增加到 2005 年的 30 850 万元，占到全县税收的 80%，形成了县域经济来源以民营企业为主的局面，这是经济领域一个划时代的变迁。

第二节　产业结构

一、煤焦化工

煤炭资源　交城县煤炭资源丰富。新探明全县煤田总面积约为 393.8 平方公里，占全县总面积的 21%，煤炭总储量达 34 亿吨。

交城县煤田属山西省西山煤田的一部分，分布于天宁、洪相、夏家营边山和岭底、西社、水峪贯等山区地带。其范围东至清徐县交界，西至文峪河以东，南至清交断层，北至马鞍山与古交区相接。煤田由两个矿区组成，瓦窑河以东为清交矿区，瓦窑河以西为东社矿区。其面积分别为 128.5 平方公里和 265.3 平方公里。

矿井建设　1986 年全县建有煤矿 71 座，其中除 1 座为原国有县营矿外，其余均为乡镇、村与个体办矿。1999 年以后，政府对不符合安全生产条件的矿井进行了关停，先后关闭了 65 座矿。到 2005 年全县在册煤矿为 27 座。

2005 年，交城县煤管中心加大资源整合力度，出台《交城县煤矿资源整合方案》。这个文件的贯彻执行，促进了全县煤炭工业的持续健康发展。

煤炭生产 煤炭工业是全县的传统产业，1986 年至 2005 年，全县原煤总产量为 684 万吨，总产值为 34 011.23 万元。原煤产量比前 20 年 (1966—1985) 增长了 2.6 倍。2004 年的原煤产量比 1966 年至 1975 年 10 年原煤产量的总和还多 14.37 万吨。

焦炭生产 交城县焦炭行业从 20 世纪 90 年代中期起步，到 20 世纪 90 年代后期得到初步发展，产品都系土焦。1999 年全县焦化厂有 11 户，采用改良型焦炉生产工艺，焦炭总产量为 30 万吨。2000 年以后，按照国家产业政策逐步淘汰了改良型焦炉，开始建设大型机焦项目。2002 年华鑫煤炭有限公司年产 30 万吨机焦项目的投产，拉开交城县大机焦生产的序幕。2003 年全县焦炭产量达到 45 万吨，完成产值 3.54 亿元，实现利税 9430 万元，上缴税金 2530 万元，占全县税金总额的 16.2%。全行业固定资产达到 5.1 亿元。从业人员 2150 名。2005 年全行业固定资产达到 17.27 亿元，焦炭总产量为 136.48 万吨，产值达 12.81 亿元，上缴税金达 12 582 万元，成为全县最具活力的产业。

化工生产 1986 年以前，化工行业以地方国营县化肥厂和磷肥厂为主，其次是县草酸厂、二轻系统的化工厂以及义望村土法生产硝酸钾的企业。1986 年 8 月，交城县电石厂投产，全县化工产业得到进一步发展。1997 年，全行业总产值由 1986 年的 1705.8 万元增加到 5726.4 万元。

2002 年 8 月，上海联川炉料公司来交城投资兴办宏特煤化工企业。2005 年，全县化工产值从 1998 年的 6900 万元猛增至 553 671 万元，初步形成了以煤化工为主，硝酸盐、活性炭、医药中间体双氧哌嗪等市场前景好、科技附加值高的多种化工产品相支撑的新型化工产业体系。

2005 年，全行业上缴税金达到 2200 万元，从业人员有 2300 多人，成为全县五大主导产业之一。

煤化工产品。2002 年，山西宏特煤化工有限公司建成，是以煤焦油加工为主的煤化工企业，年加工煤焦油达 30 万吨。主要生产工业萘、轻油、粗酚、脱酚油、蒽油、洗油、中温沥青、改质沥青等 10 余种产品。这些产品是冶金、化工、医药等行业的重要材料，科技含量和附加值都较高。2005 年该公司完成产值达 37 184 万元，销售收入达 27 094 万元，纳税达 1027 万元。

公司工程项目有沥青延迟焦工程（主要产品为煅后延迟焦 5.8 吨／年、焦化重油 2 万吨／年、焦化轻油 1 万吨／年）、针状焦工程（主要产品为煤系针状焦 5 万吨／年、优质浸渍剂沥青 1 万吨／年）、洗油深加工工程（主要产品有仪一甲基萘、p 一甲基萘、工业甲基萘、喹啉、异喹啉、吲哚、联苯、芴、氧芴、工业苊、酚油、杂酚油等 20 余种化工产品）、高功率和超高功率电极工程等。

油漆涂料。交城县化工染料厂（前身油漆社）有生产人员 147 名。1986 年至 1990 年前后年产油漆、涂料 339 吨，年产值达 269 万元。1995 年产量达到 398 吨，1997 年产量降为 183 吨，1999 年停产。

山西天宁油漆有限公司，20 世纪 80 年代建成投产。主要产品有沥青漆、聚氨脂、丙烯酸、氯化橡胶、乙烯、无机硅酸锌、氟碳漆、环氧脂底面漆、过氯乙烯防腐底面漆、弹性聚氨脂底面漆、冷喷热熔道路标线漆等，年生产能力达到 8000 吨。产品通过了 ISO9001：2000 和 ISO1400：1996 质量、环境管理双认证。公司生产的环氧铁红底面漆，经英国有关部门检验，被英国 ITB 阿里玛克斯公司选中，一举中标。其生产的高分子互穿网络 IPN 特种防腐漆具有优异的防腐性能，可保质保色 15 年，在全国重点工程中大批量投放使用，倍受青睐。公司荣获"中国质量服务信誉 AAA 级企业"称号。

草酸。交城县有机化工厂生产工业草酸。1986 年产量为 608 吨，1987 年产量为 681 吨，1988 年产量为 608 吨，1989 年产量为 1225 吨，1990 年生产不景气，产量降为 426 吨，1991 年停产。

硝酸钾、硫酸钾等产品。硝酸钾的集中产地在义望村，从小打小闹土法上马，直到 1986 年后逐步建起现代化的生产硝酸钾的化工企业，主要是红星化工有限公司、金兰化工有限公司、天龙化工有限公司等。另外，大辛村磊鑫化工有限公司也生产硝酸钾，年产量达 10 万吨左右。

交城红星化工有限公司，1983 年建成投产。2005 年，公司拥有固定资产 5600 万元，从业人员 460 名。下设 3 个分厂，年产硝酸盐达 10 万吨、碳酸盐达 5 万吨、磷酸盐达 2 万吨。主要产品有：硝酸钾、硝酸钙、亚硝酸钙、硫酸钾、硝酸铵钙、硝酸钠、亚硝酸钠、硝酸镁、磷酸二氢铵、磷酸二氢钾、碳酸氢铵、液铵等。年产值达 7500 万元，年创利税为 830 万元。公司拥有自营进出口权，产品出口欧洲、美洲的 40 个国家和地区。公司自行研制的高纯度硝酸钾具有无铵防潮的特性，产品享誉海内外，在国际化工领域占有一席之地。

活性碳。1986 年至 2005 年间，交城县生产活性碳的企业有山西玄中化工实业有限公司、新鑫净化材料有限公司、蓝天净化材料有限公司、交城活性碳厂、新耀活性碳厂等。年产量在2万吨至3万吨之间。

山西玄中化工实业有限公司，1989年建成投产。拥有资产达5150万元，从业人员有415名，年产优质活性碳达1.5万吨，产值达8000万元，创利税达1250万元，出口创汇达800万美元。公司产品于1999年通过ISO9002质量体系认证，2002年又通过了ISO9001：2000换版认证。2002年生产的高吸附、脱硫、回收溶剂、触媒载体、净化水、净化空气、防护七大类煤质颗粒活性碳产品，获得经山西省技术质量监督局检验核准颁发的"产品采用国际标准产品标志证书"。1990年自行研发玄中牌DX40活性碳荣获"第四届中国科技新产品名优产品博览会金奖"。1994年与日本株式会社共同研发YPJ煤质活性碳被评为"1999中国国际农业博览会名牌产品"，被美国国际品质认证委员会评为"高品质产品"。1998年与中国煤科院北京煤化学研究所共同研发脱硫脱硝大颗粒ZL-90煤质活性碳被评为"2001中国国际农业博览会名牌产品"。

新鑫净化材料有限公司生产经营煤质活性碳。它采用先进的设备和生产工艺，并有完善的检测手段，年产达2000吨。产品销往美国、德国、日本、韩国、意大利、新加坡等国家。

炭黑。1986年至2005年间，交城县生产炭黑的企业有天鸿化工有限公司、祥远化工有限公司、金利化工有限公司等。年产量在2万吨至3万吨之间。

交城天鸿化工有限公司。建于1999年12月。厂区占地面积为28 800平方米，总资产为1284万元，注册资金为260万元，年创利税为100万元。公司有员工110人，其中工程师 4 人，技术员 12 人。于 2000 年建成第一条年产 4000 吨炭黑的生产线，2005 年建成第二条年产 6000 吨炭黑的生产线。主要产品有中超 N220 和高耐磨 N330。产品质量指标均符合 GB3778-94 优质标准，达到 ASTM 国际标准，并于 2003 年通过北京世标认证中心 ISO9001 质量认证。

交城县化工产品向多元化发展，除了上述产品外，还有下列产品：

1994 年，经国家发改委批准立项，交城黄河生化科技有限公司建设优质蓖麻种植园及年产 5000 吨氢化蓖麻油项目。公司联合中国工程院院士、中国日用化学研究院院长张高勇等高科技人才，开发蓖麻油系列"氢化油""癸二酸""十二羟硬脂酸"等产品。产品畅销北京、天津、南京、西安等地。

交城向阳化工有限公司主要生产家庭储粮药"家虫净"。另外还生产灭蚊用绿蚊香、黑蚊香、无烟蚊香、灭蝇宝、灭蛆粉、3721 炕床除虫粉及 9 片樟脑、挂钩樟脑、恒源香衣物防蛀剂、薰衣草留香防蛀剂等衣物防蛀剂。

山西铭贤日化有限公司生产"善绿牌"拜佛净手植物香皂。产品由中国佛教协会监制，由中国佛教协会一诚会长题名，采用纯天然植物原料精制而成。

天源化工有限公司生产医药中间体双氧哌嗪（年产 300 吨）、氟氯苯胺（年产 20 吨）和 HO-EPCP（年产 8 吨），此 3 种产品科技含量高，该公司被吕梁市政府确认为科技型企业。

天宁镇南街制氧厂生产工业气态氧、医用液态氧，执行国家 GB/T3 863-1995 标准，充装压力为 12mpa（20℃）。主要生产设备有 150 立方米制氧机组 1 套，年产 10 万瓶。气瓶压力达到 100-120 兆存。产品除交城县用外还销往周边县市。

天和耐火化工厂生产酚醛树脂，际新农药厂生产农药，耀茂石蜡厂生产石蜡，田宝肥业有限公司还生产硝酸（年产 2 万吨至 3 万吨），形成了门类较齐全、产品多样化的化工产业。

二、冶金铸造

冶金 冶金行业在交城县既是一个传统产业，也是一个支柱产业。其规模之大、种类之多（有铁、铅、镁、合金、稀土）、所有制形式之全（有省营、县营、乡镇集体、私营个体），在吕梁市乃至全省都是少有的。

1985 年，交城县冶金行业年产总值仅有 421.9 万元，1986 年后，得到快速发展。1990 年产值一跃而为 2322 万元，增长了 5.5 倍（其间 1986 年为 512.8 万元，1987 年为 534.6 万元，1988 年为 589.3 万元，1989 年为 1068.9 万元）。1997 年猛增到 9929 万元，比 1990 年增长近 4.3 倍（其间 1991 年为 1797 万元，1992 年为 2725 万元，1993 年为 5605.8 万元，1994 年为 8486.6 万元，1995 年为 7095.9 万元，1996 年为 6937 万元）。2003 年全行业产值突破 10 亿元，2005 年全行业规模以上企业发展到 18 户。

冶铁 矿区建设：王文山矿区年产矿石量为 3 万吨，王文山南矿区年均产矿石量为 3 万吨，西冶矿区年产矿石量为 3 万吨，东孟矿区年产矿石量为 10 万吨。

生铁冶炼是交城县冶金工业的重点产业。从 1986 年到 2005 年，交城县冶金工业发展很快，生铁产量从 1985 年的

4601 吨提高到 2005 年的 35 万吨，产值从 1985 年的 164.13 万元提高到 2005 年的 34 510 万元。冶铁企业由原来西冶铁厂一家，2000 年发展到近 20 户。从业人员由 233 人增加到 2240 人，企业总资产达到 1.8 亿元。到 2005 年，全县生铁冶炼企业有 158 立方米以上高炉 8 座，100 立方米以下高炉 17 座。

从 20 世纪末到 21 世纪初，交城县冶铁业形成了夏家营工业园区与西冶两大基地。

夏家营生态工业园区内的冶铁企业主要有：兴龙铸造有限公司生铁冶炼厂、北泰钢铁有限公司、顺转钢铁有限公司（前身为地都钢铁有限公司，2004 年改为现名称）、新瑞昌铁业有限公司等，具备了生铁冶炼、炉前铸造、机械加工为一体的工业体系。

西冶是一个古老的冶铁基地。改革开放后，这里又建起许多炼铁企业。除了老国有企业西冶铁厂外，还有广晋实业有限公司、星宝冶炼有限公司、古冶实业有限公司、鑫源铁厂、昌盛铁厂、万佳宝冶炼有限公司、兴东冶炼有限公司、星辉铁厂、华胜铁厂、长胜铁厂、宏海钢铁有限公司等，形成了集采矿、选矿、烧结及冶炼为一体的冶铁基地。

2000 年 10 月，交城县经贸局根据交城县的实际情况，提出了发展冶金工业的总体思路：依托资源等基础优势，积极采用新技术、新工艺，以提高企业的科技含量为重点，逐步建立起集生铁冶炼、炉前铸造、煤气综合利用为一体的新型环保产业，带动全县产业结构的整体优化。

2000 年底至 2002 年，交城县经贸局实施关小上大战略，对全县冶铁企业进行清理整顿，淘汰关闭了 100 立方米以下炼铁高炉，大力推进 100 立方米以上炼铁高炉的建设。其重点是兴龙铸造有限公司 2×158 立方米高炉项目、广晋实业有限公司 153 立方米高炉项目、星宝冶炼有限公司 128 立方米高炉项目、北泰集团有限公司 2×158 立方米高炉项目、新瑞昌铸造有限公司 128 立方米高炉项目和顺转钢铁有限公司 153 立方米高炉项目。这些项目已先后建成投产，形成了年产生铁 80 万吨的生产能力。

冶铅 铅生产企业主要是山西省冶金厅下属的红旗铅矿。1986 年至 1990 年间，红旗铅矿生产逐年下滑，年掘进量仅有 150 米至 227 米，年均掘进量不及原来的一半。采矿量亦逐年减少，1986 年为 32 740 吨，1987 年为 21 495 吨，1988 年为 19 957 吨，1989 年为 19 532 吨，1990 年为 7243 吨，粗铅和电铅的产量处于停滞状态，1990 年 7 月因矿枯竭而停业。至此该矿从 1967 年建矿、1972 年投产后共掘进 12 904 米．共计采矿 38.6 万吨，产粗铅 2953 吨，产电解铅 2112 吨。

冶镁 交城县最早从事金属镁冶炼的企业是山西易威金属镁厂。1994 年建成投产。建厂初期年产镁 2000 吨，年产值为 1411.1 万元。1997 年与日本日绵株式会社合资组建山西日绵易威镁业有限公司，易威控股 54%，日绵控股 46%，公司由易威公司管理。年产金属镁 3000 吨，产品主要出口国际市场，占据欧洲、澳洲、日本 10% 的市场份额和美国 5% 的市场份额，累计出口创汇达 1500 多万美元，累计上缴国家税金达 1500 多万元，被交城县政府评为出口创汇和纳税先进单位。2005 年初，根据交城县人民政府循环经济规划，公司迁往夏家营生态工业园区，冶镁能源改用金桃园煤焦有限公司炼焦产生的煤气，形成一条新的产业链。既节约了能源，又减少了环境污染。镁年生产能力提高到 6000 吨。

山西晋阳集团冶金化工有限公司，2001 年成立。主要生产金属镁，年产值达 1 亿元。2003 年金属镁产品通过 ISO9001 国际质量体系认证。2004 年，公司投资 7000 余万元，利用焦炉煤气作燃料，年产 3 万吨金属镁。 2003 年 9 月，晋阳集团镁业有限公司与清华大学合作组建新技术、新成果联合研发基地，被吕梁市经贸委命名为"产学研联合示范企业"，居全国镁合金冶炼行业领先水平。公司新建年产 3 万吨镁合金及其系列产品项目，系国家"十五"科技发展项目。采用国内著名轻金属专家吴庆材教授的自主知识产权技术，引进世界一流的美国和瑞士的生产、检测设备，年产镁合金 3 万吨和镁合金系列产品 6000 吨。该产品具有比重轻、比强度与比钢度高、导热导电性能好，兼有阻尼减震与电磁屏蔽的良好性能，且易加工成型，废料易回收利用，是新世纪金属材料的骄子。

锰铁合金冶炼 交城县从事锰铁合金冶炼的企业是交城义望铁合金有限责任公司。它是民营股份制企业，下设铁合金厂、矸石电厂、空心砖厂 3 个分厂，形成了电（热）—铁合金冶炼—粉煤灰制砖环保效益型循环产业链。公司有员工 1106 人，资产近 4 亿元。主要产品有"狮头牌"金属锰、氮化金属锰、微碳锰铁以及高、中、低碳锰铁等锰系铁合金和粉煤灰空心砖。年产各种锰铁合金 21 000 余吨，氮化金属锰 3000 吨。产品通过 ISO9001：2000 版国际质量管理体系认证，产品大部分出口。截至 2005 年，累计为出口创汇 1.17

亿美元，向国家纳税 1.16 亿元。2002 年成为中国民营纳税百强企业。公司开发出的氮化金属锰含氮量最高达 8.26%，平均在 7.6% 以上，是 2002 年国家级火炬计划重点项目，达到国际先进水平。主要产品金属锰含锰达 98% 以上，含碳在 0.05% 以下，低硫、低磷、低硅，质量国际领先。公司生产的锰系铁合金等产品具有很高的科技优势和附加值，通过国家质检部门的检验，在没有国标的情况下，制定了企业标准，被国家发改委认定为"金属锰""氮化金属锰"国家标准制定单位及"微碳锰铁"国家标准主要起草单位。其产品通过国际上著名的商检机构瑞士 SGS、英国 AHK、英斯贝克、日本 NKK 与中国（商检局）CIQ 的检验。产品远销美、德、英、法、韩国、日本、荷兰、俄罗斯等国家。公司在天津、上海、沈阳设立了办事处，并在美国洛杉矶注册美国汇谦公司，负责美国、北美地区及欧洲的客户服务。

稀土冶炼 交城稀土冶炼行业起步较晚。交城县华德永磁材料厂成立，产品钕铁硼永磁材料经吕梁地区标准计量局产品检验所和太原市电子研究所测试，各项技术指标均达到冶金部部颁标准，达到国内同类生产厂家先进水平。1997年，总产值达到 65.4 万元。2005 年又新增烧结炉、成型机、球磨机等新设备，生产能力由建厂初期的年产 10 吨，扩大到年产 120 吨。可以生产 N25—N28 性能的产品，亦可生产28H—35H、305H—335H 等较高性能的产品。工厂还有配套的切片、电镀加工等设备，进行后道工序，可将产品加工成圆柱体、长方体、扇形、瓦片形等各种形状，以满足不同用户的需求。产品主要销往浙江、江苏、湖南、贵州、深圳、广州、北京、天津等省市，部分还出口韩国等地。

2000 年，山西高科稀土有限公司成立，专业生产钕铁硼永磁材料。年产量为 500 余吨，年创产值达 2000 多万元，在全县该行业中脱颖而出成为最大的企业，跨入了全县规模以上企业的行列之中。6 月取得自营进出口资格，产品出口港澳欧美等多个国家和地区，年出口创汇达 500 万美元。

铸造 交城县铸造业历史悠久，20 世纪 80 年代，加快了发展步伐。1986 年至 1998 年间，全县逐步发展起大小铸造企业 236 户。全县铸钢企业有 49 户，年生产能力达 1.8 万吨。铸铁和球墨铸铁企业有 187 户，年生产能力达 20 万吨，最大的铸件达 10 吨，初步形成了铸铁、铸钢、球墨铸铁的产业群。

1999 年至 2005 年，交城县铸造业依托基础优势，发展态势更为良好。全县有较大生产能力的铸造企业发展到 60 多家，拥有各类先进设备 4000 余台（件），专业技术人才有 300 多名，从业人员近万名，铸件年生产能力达 40 万吨，年完成产值达 6.4 亿元，年创税达 2400 万元，成为全县五大主导产业之一。2004 年县经贸局提出了大力发展和提升铸造产业的战略构想，旨在将本县生产生铁的 80% 转入全县铸造业使用，而全县铸造业要实现 80% 的产品为球墨铸铁产品，这些产品中的 80% 要实现出口，即三个 80% 的战略。

2004 年前后全县铸造行业规模以上（年销售收入 500 万元以上）企业有 13 户，年铸件产量达 5 万余吨，年产值突破 4 亿元。

1986 年前后全县铸造业仍然延用落后的传统工艺技术。1990 年以后随着产业的发展，工艺技术不断改进提高。1998 年成立了县铸造业协会，通过与全国铸造协会及上海、浙江等沿海省份 12 家大型铸造行业组织进行信息沟通、技术交流与业务往来，推动了铸造工艺技术的提高。2000 年前后，树脂砂铸造、熔模铸造、真空铸造、离心铸造等先进工艺已经广泛应用。全县拥有超声波检测仪、抛丸机、热处理机、机加工混砂机等检测、加工设备 300 余台（套）。不少企业对冲天炉进行环保改造，开始应用感应电炉双联熔炼工艺，使全县铸造业环保标准上了一个新台阶。

2005 年，全县有交城兴龙铸造有限公司、百特铸造厂、山西国瑞机车科技有限公司、晋西汽配厂、新兴管件铸造有限公司、交城玛钢厂、新兴铸造有限公司、东方铸造厂、城关精密铸造厂、华明铸造厂、华盛铸造厂、鑫生铸造有限公司等 15 户企业通过了 ISO9000 质量管理国际标准体系认证。

2000 年以后，交城兴龙铸造有限公司、交城新兴管件铸造有限公司、交城鑫昌盛铸造有限公司、交城新兴铸造有限公司、城关精密铸造厂等企业的铸铁井盖、管件等产品先后进入国际市场，远销美国、英国、中东、日本、东南亚等国家和地区。其中新兴管件铸造公司、兴龙铸造公司、鑫昌盛铸造公司、新兴铸造公司取得了自营进出口权。

交城天海铸造辅助材料有限公司、兴龙树脂厂、郑村兴华树脂厂等企业是从事铸造辅助材料生产的专业厂家。主要生产树脂等铸造用辅助材料，年产量达 2 万吨左右，产品以供应本地铸造企业为主。

交城县铸造业主要产品有汽车缸体、水泵轴套、矿山机械铸件、机车车辆配件以及城市供水的各种管件、井盖、法兰等铸件，品种规格有 800 多个。铸造企业分为铸钢、铸铁和有色金属铸造 3 类。

三、建材玻璃

建材 1986年至2005年的20年间，交城建材行业从20世纪70年代"五小工业"模式中脱胎换骨得以长足发展。尤其是2000年后，随着一批高水准项目的建成投产，更加快了发展步伐。逐步形成了水泥、玻璃、塑材、高分子装潢材料等门类较全的建材产业。其间，全行业年产值1986年为769.5万元，1992年增至1148万元，1997年跃为6353.4万元，2005年猛升到2亿元，跻身于全县五大产业之列。

水泥。1986年至2005年，交城县水泥行业从小到大，从落后到先进，从无序到规范经历了两次大的整顿提高。一次是1986年至1999年，当时随着市场经济的发展，全县盲目建起30余户小水泥厂。2000年，县政府对全县小水泥进行了清理整顿，关停了不具备生产条件的企业，保留了6户企业。经过整顿，水泥年产量控制在70万吨以下。到2005年，全县水泥生产能力达到年产300万吨左右。

耐火建筑材料。1986年至2005年间，全县兴建起玄中耐火材料有限公司、亨昌耐火材料厂、昌海耐火材料有限公司、福宁耐火建筑材料厂、万城耐火材料有限公司、众城耐火材料有限公司、国丰耐火材料厂、德隆宇特种耐火材料厂、福利耐火厂、中元耐火材料有限公司、山西中齐耐火材料有限公司等耐火材料企业。这些企业主要生产硅砖、高铝砖等耐火建筑材料。其中，山西中齐耐火材料有限公司年产硅砖5万吨，高铝砖5万吨。交城圣源建材有限公司2003年生产硅砖2万吨，2004年停产。另有众昌耐火水泥有限公司、段村耐火水泥厂、郭家寨耐火水泥厂等企业生产耐火水泥。

建筑装饰材料。城关钢窗厂在1986年前后生产钢窗、铝合金门窗、卷闸等建材，年产 2 万平方米左右。1990 年后业务渐减。2005 年，在覃村村北兴建起山西圣利宝建材有限公司，主要生产高分子复合免漆装饰材料。该公司生产的各种家居装饰 ABS 复合板，填补了山西省免漆复合装饰材料的空白，具有天然质感、纹理自然清晰、绿色环保等特点。

玻璃 玻璃工业系交城县传统产业。1986 年后，初步形成了以覃村为中心的玻璃器皿生产基地和以青村为主的浮法玻璃和平板钢化玻璃生产加工基地。

建筑用玻璃。主要是山西利虎玻璃（集团）公司生产的平板玻璃、建筑用钢化玻璃和中空夹层玻璃。年产平板玻璃 30 万重箱，钢化玻璃 15 万平方米，建筑用夹层玻璃 1 万平方米。

玻璃器皿的生产。交城县是全国玻璃器皿生产历史最悠久的地区之一，可上溯至北魏时期。产品主要有饰品、瓶具、灯具，尤以儿童玩具"圪嘣嘣"最出名，明清时期已享誉全国。2009 年被国家公布为非物质文化遗产。主要产业集中在覃村一带。1986 年至 2005 年间，先后建成山西华岳玻璃有限公司、东升玻璃制品厂、恒星玻璃厂、永新玻璃厂、亚龙玻璃制品厂、东锋玻璃有限公司、覃村润喜玻璃厂、合力玻璃厂、玄中玻璃有限公司、雄光玻璃有限公司、东龙玻璃厂、新宇玻璃厂、华源玻璃厂、广文玻璃厂、山田工艺玻璃厂、华宇玻璃厂、宏达玻璃厂、俊龙玻璃厂、吉威玻璃有限公司、华氏玻璃器皿有限公司、宏伟玻璃有限公司、覃村玻璃器皿分厂、花氏玻璃有限公司、覃村玻璃厂等 20 余家玻璃器皿生产企业。另外，在夏家营村还建起天宏玻璃有限公司、志明玻璃厂，在义望村还建起财茂玻璃衬管制品厂，在蒲渠河村还建起金恒艺玻璃厂，在奈林村建起利信昌玻璃厂等，总共有大小近30家，号称华北玻璃工业区。这些玻璃企业主要生产酒瓶、药瓶、输液瓶等各种规格样式的玻璃制品。2005年产值近2亿元。

在众多的玻璃企业中，1999年1月创建的山西华岳玻璃有限公司脱颖而出，成为山西省重点白料瓶生产企业和省内唯一的输液瓶生产基地，跨入玻璃制瓶中型企业行列。公司立足于传统玻璃业优势，大力推进产业升级，走技术创新和规模发展之路。公司在覃村、蒲渠河村设两个分厂，占地4.8万平方米，拥有固定资产8120万元，职工500余人，其中专业技术人员96人，占到全体员工的将近20%。公司装备有国内先进的蓄热式马蹄焰全保温玻璃池炉、QD-6A行列制瓶机、网式退火窑及清洁型热煤气发生炉等先进生产设备，并采用机械配料、薄层下料等先进工艺技术，使产品的理化性能、瓶口的均匀严密程度、瓶体压力等技术指标均达到国家制瓶技术标准，日产各类酒瓶（占有汾酒瓶招标60%的份额）及500毫升、250毫升、100毫升3种规格的输液瓶40万支，年产1.2亿支瓶，产品合格率达90%，达到国内同行业的先进水平。公司与科研单位和同行业先进企业进行技术交流合作，对使用当地硅砂、方解石、长石粉等原料的工艺配方研究取得了显著成果，降低了成本，提高了产品的科技含量和市场竞争力。公司生产的输液瓶集中销往太原三晋、大同星火、忻州云中、运城银湖等制药厂，以及石家庄、张家口、榆林、焦作、濮阳等省外制药厂，尤其是占了国内大药厂西安京西药厂的大部份额，形成了强劲的市场扩张优势。2004 年和 2005 年，公司通过池炉扩容增加一条生产线，又新上二窑四线，使公司生产线增加到 10 条，实现年产值达 3219 万元，创利税达 2601 万元。

20 世纪 90 年代，全县平板钢化玻璃的年产量在 21 680 平方米左右，弯型钢化玻璃的年产量在 2 万平方米左右。此后年产量逐渐攀升，进入 21 世纪更加迅猛发展。2003 年钢化玻璃产量突破 300 万平方米，2004 年产量达到 319 万平方米，2005 年产量达到 335 万平方米。

浮法玻璃制造与玻璃加工业。20 世纪 80 年代，钢化玻璃加工业在青村异军突起。企业在耿利虎的率领下，依靠科技进步，大胆实施资源整合和资产重组，历经 20 余年的苦心经营，将一个村办小厂扩展成为拥有资产 7.48 亿元、员工 2800 人、年创产值 3 亿元的全山西唯一一家集浮法玻璃制造与汽车、建筑系列安全玻璃加工为一体的大型玻璃工业企业——山西利虎玻璃（集团）有限公司。

山西利虎玻璃（集团）有限公司下设青耀玻璃有限公司和利虎玻璃工业有限公司两个分公司。青耀玻璃有限公司拥有 500t/d 浮法生产线和 350t/d 浮法生产线各一条，年产量达 440 万重箱。主要生产 3 毫米 –12 毫米的白、蓝、绿浮法玻璃系列产品。公司"华颖"牌浮法玻璃被评为质量信得过产品、山西省名牌优质产品。利虎玻璃工业有限公司以生产玻璃深加工产品为主，拥有进口和国产钢化玻璃生产线 14 条、夹层玻璃生产线 5 条、预处理生产线 3 条及美国双曲面水平钢化炉 1 台。主要生产汽车、建筑用钢化、夹层、中空、防弹、防火玻璃，年产量达到 300 万平方米，产量居全国玻璃深加工行业前 10 名。产品获得国家和省内多项大奖，畅销全国各地，并己进入国际市场。

该公司严格按照 GB/T19001-2000idtIS09001: 2000 标准和 IS09002 质量管理体系，建立并实施了卓有成效的质量管理。1996 年通过了中国汽车玻璃安全认证。2002 年成功获得美国机动车管理协会 DOT 产品认证、美国三大公司联合颁布的 IQS9002 体系认证和欧共体 ECER43 认证，并顺利通过国家安全产品强制性认证。2004 年集团总公司投资 29 980 万元在青村通往贾家寨的公路旁新建两条 450t/d 浮法玻璃生产线。工程分两期完成，一期工程已于 2005 年 8 月建成投产，形成了自玻璃原料生产—浮法玻璃制造—玻璃深加工完整的产业链。

另外，在夏家营银通园区还建有钢化玻璃厂一座，生产汽车用钢化玻璃。生产汽车挡风玻璃的企业还有青村的全胜挡风玻璃厂等。

四、机械制造

1986 年至 2005 年间，交城县机械工业从家庭作坊式和社队集体小企业发展到具有相当规模的有较先进设备的现代型的机械制造业。到 2005 年底，有大小 140 余家企业遍布县城及平川各乡村，形成了机械加工到机械制造较完善的机械工业体系。20 年间，本行业产值连续翻番，1985 年其产值仅为 2167.9 万元，经过 8 年发展，到 1993 年产值翻番达到 4690 万元（其间 1990 年为 3721 万元，1991 年为 3132 万元，1992 年为 3701 万元），1994 年产值增至 5679 万元，1995 年增至 6283.1 万元，1996 年比 1993 年又近翻番达到 8778.8 万元。1999 年产值近亿元，2001 年产值突破亿元，2005 年产值达到 53 714 万元，成为县域工业经济中举足轻重的产业。

建材设备制造 20世纪80年代初，下关街人刘福率先建起制砖机厂，利用自学到的机械制造技术，自主设计，试制砖机，一举成功并打开销路。1986年至2005年间，先后陆续建起梁家庄通达砖瓦机械厂、北关砖机厂、西街制砖机厂、星耀建材设备制造有限公司、长虹建筑工程机械厂、星旭建材设备有限公司等建材设备制造企业。

梁家庄原通达砖瓦机械厂后改为昌源冶金机械厂，是专业生产制砖机的企业。该厂引进先进技术，自行研制成功紧凑型高效节能真空挤泥机。主要产品有JZK45/40-20型双级真空挤泥机、JZK40/40-15型双级真空挤泥机、JZK40/40紧凑型节能真空挤泥机、JZK35/35紧凑型节能真空挤泥机、J2400型、J2350型挤泥机等。位于梁家庄工业区的山西星耀建材设备制造有限公司是国家定点生产真空制砖机的企业。它生产的真空制砖机适用于生产以煤矸石、高掺量粉煤灰为原料的各种规格的空心砖，年产400余套。

锅炉设备制造 锅炉设备制造是交城县机械行业的重点产业。主要的生产企业有：东昌锅炉设备有限公司、永鑫节能炉具厂、郑村环宇锅炉辅机设备厂、大营锅炉辅机厂、锦山常压锅炉厂、星火锅炉厂、连家寨锅炉配件厂、段村吉太锅炉配件厂、交城锅炉配套设备厂、阳渠煤炉设备制造厂、安定高炉设备厂等。

交城东昌锅炉设备有限公司原名交城锅炉配套设备厂，位于段村村西。公司占地面积达38 000平方米，固定资产达800万元，员工有216人。主要产品有工业锅炉配套设备及电站锅炉配套的蛇形管省煤器、过热器、再热器集箱等，年产值达 2000 万元，年创利税达 120 万元。

矿山设备制造 交城县矿山设备制造的企业主要有：山西福鑫机械制造有限公司、交城兴晋矿山设备厂、交城工矿机械厂、新东关工矿机械配件厂、梁家庄矿山冶金设备厂、波浪煤矿机械厂、新飞矿业机械厂、南街矿山机械厂、大众矿山机械厂、东关煤矿机械厂、南木场工矿机械厂、奈林矿山设备修造厂、东关矿机厂、交城顺达煤机实业有限公司、交城新型煤化设备有限公司等。

山西福鑫机械制造有限公司原名交城华盛机床配件厂。创建于 20 世纪 80 年代初，位于大辛工业区。主要产品有矿用绞车、机焦炉、煤气发生炉等配套设备。

交城兴晋矿山设备厂是一家集铸造、机械加工、装配为一体的煤机产品专业生产企业。主要产品有 ZDPJ-11、15、30 系列耙矿绞车、JD-11、4、25、40 型系列矿用调度绞车、CE-22、30 型冲击钻机等，是太原矿山机器集团公司信誉定点厂家。该公司位于蒲渠河工业区。

冶金机械制造 交城县从事冶金机械制造的企业有：永兴冶金配件厂、正大冶金机械有限公司、交城晋亿机械厂、兴星冶金设备厂、山西华冶机械设备制造有限公司、坡底道冶金机械厂、华明冶金设备厂、燎原冶金机械厂等。

位于成村工业区的交城永兴冶金配件厂是具有 15 年高炉设备生产历史的独资企业。主要生产 450 立方米以下炼铁高炉设备、焦炉设备及大型结构件。产品获得了 ISO9001：2000 标准质量体系认证。

交城县正大冶金机械有限公司原名志强冶金机械厂，是生产炼铁高炉设备的专业厂家。主要产品有炉顶装料机、冷却壁、铸铁机、卷扬机、进风系统设备等高炉成套设备。还有环烧机、给料机、破碎机等成套设备，以及机侧炉门、焦侧炉门、保护板、交换开关器、桥管等焦炉成套设备。

交城县兴星冶金设备厂是原国家冶金部定点生产矿用运输设备的专业厂家，是皮带运输机技术开发先进单位，具有冶金机械设计制造能力。主要产品有 TD-75 型回转布料皮带机、TD 型电动推杆卸料器、DSP-1063/1000 可伸缩皮带机、SG2-730/320 刮板机、铸石刮板输送机、JH-5 (B) 回柱绞车等，产品销往 20 多个省市 100 多个矿区、电厂等。

机车车辆配件制造 交城县机车车辆配件和汽车零部件制造企业有：山西瑞云机车车辆配件有限公司、全盛车辆机械厂、华晋铁路配件特铸厂、华宇铁路配件厂、王家寨车辆配件厂、贺家寨机车车辆配件厂、晋西汽车部件有限公司、郑村汽车配件厂、诚意汽配汽修厂等。

山西瑞云机车车辆配件有限公司创建于 1987 年，是由原瑞云铁道车辆配件厂改制而成的股份制企业。公司占地面积达 1.5 万平方米，固定资产达 1000 万元。职工有 200 余人，其中高级工程师 3 人，工程师 6 人，技工 120 名。铸造车间建有一条精密铸造生产线，制蜡—制壳—焙烧—浇注—清理一条龙作业。机械加工车间有先进标准机床 30 余部、非标准设备 50 余台（套）。热处理车间有台车式全纤维热处理炉、电加热炉等温淬火设施，产品有 40 余种，年生产能力达 5000 吨。2000 年 10 月通过了 IS09002 质量认证，2002 年 9 月通过了 IS014001 环境管理体系认证和 OHSAS18001 职业安全卫生管理体系认证。产品畅销于太原、西安、北京、大连等 12 家大型机车车辆厂。1995 年被国家铁道部审定为机车车辆配件定点生产厂家，代号为"XRY"。

五金工具制造 交城县五金工具制造的企业是交城县五金工具总厂，生产成套梅花扳手、两用扳手、套筒扳手等五金工具。1985年至1991年达到鼎盛期。该厂建有8条国内先进的五金工具生产线，还配套各种大中小型机械设备100余台。1990年产扳手625.85万件（套），1995年产扳手763.15万件（套），1997年产扳手435.40万件（套），最高创年产值达5000多万元，产品远销世界许多国家，成为当时全省最著名的五金工具铸造企业。2002年11月改制成股份制企业——山西北泰集团天王星五金工具有限公司。2003年至2005年间，年产工具2000万件（套），大部分出口到国际市场。

此外，生产工具、模具的企业还有：天昌五金工具有限公司、东关五金工具锻压厂、盛元工具有限公司、阳渠五金工具厂、段村耐火模具有限公司、山西晋西德模具有限公司、鑫盛树脂磨具厂、天宁工具厂、创伟机械工具公司等。

鑫盛树脂磨具厂生产的树脂切割砂轮与钹型砂轮采用国内先进设备和独特工艺制造，并经网络纤维增强，具有较高的抗拉、抗冲击和抗弯强度，产品质量符合国家JB417—94/T3175—93标准。该厂的投产使交城人不出交城就可买到角磨片和切割片等磨具。

农业机械修造 成立于20世纪50年代的交城县农机修造厂，曾经生产过深层井水泵、农用车、收割机等小型农机具。其生产设备、技术力量、产业规模等各方面均在本县属一流企业。20世纪80年代以后生产不景气，20世纪90年代后期将生产车间迁至蒲渠河村原县花瓶厂内。后将花瓶厂兼并仍延用交城县农机修造厂厂名，实行租赁经营。

机床制造 交城县机床铸造企业是交城县机床厂，曾在20世纪80年代生产牛头刨等机床设备。1986年完成产值182.5万元，1987年和1988年完成产值392.5万元，1989年经济效益严重滑坡。国民经济调整中牛头刨床下马。1999年铸造、机加工车间实行承包经营。

纺织机械配件制造 从20世纪50年代木业合作社起家的交城县纺织木器配件厂生产纺织机械木配件，系山西省纺织工业厅纺织木配件重点生产企业。1986年完成工业产值43.1万元，1991年、1992年和1993年共完成产值1198万元，销售收入达970万元，实现利税91.86万元。

另外，生产纺织机械配件的企业还有：段村纺织电器配件厂、志胜纺织配件厂、轻纺机械厂等。

化工设备制造 交城县远大工业搪瓷厂、交城工业搪瓷厂、山西防腐设备厂、宏大化工设备制造有限公司等企业生产化工设备。

交城县远大工业搪瓷厂位于夏家营生态工业园区，是搪玻璃设备专业生产厂家。产品有50L至15000L各种规格的搪玻璃反应罐和不锈钢罐。产品销往本省及河北、天津、北京、内蒙古、甘肃、河南、山东、湖北、湖南、四川等地。

电气设备制造 2005年10月，山西晋电德力西电气有限公司在交城成立，它的建成投产填补了吕梁无电气设备生产的空白。公司主要生产高中低压输变配电成套设备、高压元件、箱式变电站、电力变压器、母线槽桥架、电线电缆、高压互感器、高压避雷器、电力自动化装置、变频器、电度表、防暴设备、电子监控设备、电力金具等。

　　其它机械制造　山西北泰机械有限公司注塑机厂专业生产注塑机，年产 100 台。洪亿换热器厂生产换热器，段村除尘设备厂生产除尘器，嘉兴环保厂和南街环保厂生产环保设备，万水阀业有限公司和西营阀门厂生产阀门，佳兴联轴承厂生产轴承。

第三章　交通运输

新中国建立以来，交城县的交通运输随着国民经济的发展畅通起来。1958 年，交城县有公路 127.3 公里，8 个公社通了公路。社社通了电话。1965 年有公路 200 公里，通公路公社有 11 个，有大小汽车 9 辆，拖拉机 11 台。

1972 年，交城县有公路 265 公里，通公路公社有 14 个，货运量达 13.41 万吨，货运周转量达 546.4 万吨公里，有汽车 29 辆 (其中货车 26 辆，吉普车 3 辆)，摩托车 10 辆，拖拉机 78 台。1977 年，交城县有公路 336 公里，货运量达 28.92 万吨，货物运输周转量达 1098.1 万吨公里；有汽车 103 辆 (其中货车 87 辆，大型客车 1 辆，特种车 2 辆，吉普车 13 辆)，摩托车 21 辆，拖拉机 361 台。

1985 年，交城县建成公路 389 公里，其中干线公路 138 公里，县公路 136 公里，乡镇公路 91 公里，专用公路 24 公路。15 个乡镇全部通了公路。是年，拥有汽车 608 辆（其中货车 527 辆，大型客车 32 辆，特种车 6 辆，吉普车 43 辆），摩托车 141 辆，拖拉机 123 台。

第一节　公　路

大道 1949 年以前，县城通往平川各大村及各大村之间，均通土筑官道，道宽 2 ~ 3 米，凹凸不平，旱天尘土飞扬，雨天泥泞不堪；火山、四尺沟、耙齿沟、王山寺、狼沟、红墙等煤窑，均通畜拉大车道，多为沿沟川依山麓而筑，道宽2米左右；山区截岔、中西川、东西葫芦川、岭底沟等均有驮运道，石多土少，崎岖不平，遇雨发河，人畜难行。1949年以后，对原有的道路陆续进行了整修、扩宽。1959年，修建了逯家岩至大塔30公里、逯家岩至鱼儿村25公里、城关至岭底6公里、城关至火山煤矿6公里的大车道。1968年以后，大搞"道路笔直树成行"的群众运动，对原有的大道改建、扩宽，社社队队修建了高出地面数尺、笔直平坦的大道，道宽达4米左右，路旁植树，有的铺设了砂砾，晴雨畅行。

高速公路 1998年以前，交城县境内没有高速公路，到2010年4月，境内有高速公路两条，一条是夏汾高速公路，一条是太祁高速公路。这两条高速公路的开通，大大加快了交城县域经济发展的进程。

夏汾高速公路，起自交城县夏家营镇（原义望乡）夏家营村，止于汾阳市河北村，途经本县夏家营、义望、阳渠、青村、杜家庄、东汾阳、城头、大营等村，境内长12.104公里。该高速路于1994年开始勘察设计，1998年10月开工建设，2000年10月全线竣工通车。采用高速公路平微区标准建设，路基宽26米，路面宽24米，双向4车道，平曲线最小半径为1800米，最大纵坡为3.115%。境内建有磁窑河、瓦窑河桥2座，桥梁设计荷载为汽–超20，挂–120级。原为水泥混凝土路面，2009年改造为沥青混凝土路面，行车时速为120公里/小时，可承受地震烈度7度。在本县青村设立收费站一座。

太祁高速公路，起自太原市罗城村，途经交城县，止于晋中市祁县。该路从本县夏家营镇义望村东连接夏汾高速公路处入县境，途经郭家寨、贺家寨、王家寨、温家寨等村，境内长 6.155 公里。该高速公路于 2001 年 2 月开工建设，2002 年 11 月竣工通车。采用高速公路平微区标准建设，路基宽 28.5 米，路面宽 24 米，双向 6 车道，最小平曲线半径为 1800 米，最大纵坡为 3.115%，设计荷载为汽–超 20，挂–120 级，沥青混凝土路面，行车时速为 120 公里 / 小时，可承受地震烈度 7 度。

307 国道交城段　307 国道起自山东省青岛市，途经山东、河北、山西、陕西、宁夏五省区，止于宁夏银川市。307 国道交城段是原太汾公路的一部分，也是进入吕梁地区的首段公路。

307 国道交城段是从交城县夏家营村入境，起点桩号 K600+504，经过义望、阳渠、奈林、蒲渠河，穿越县城北部，再经瓦窑、舍堂、洪相、广兴村入文水开栅村，止点桩号 K617+000，境内全长 16.496 公里，建有桥梁 13 座。1964 年，由汾阳公路管理段铺设沥青。1979 年公路普查后易名为太绥公路。是年由山西省公路局二、三大队施工，将路基扩宽至 12 米，路面扩宽至 9 米，中间为花池，分上下两条路。其中七里河桥西至广兴弃旧线改新线，1982 年竣工。由三级公路建为二级公路。1985 年每昼夜平均交通流量达 5000 车次左右，系本县公路交通货运、客运的一条大动脉。

1997 年在原基础上加铺水泥混凝土路面，技术等级为平原丘陵区二级公路，2007 年全线改建为沥青混凝土路面。改造后，一级公路有 5.496 公里，二级路有 11 公里，路基路面同宽，K600+504 至 K602+500 宽度为 20 米，一级路标准；K602+500 至 K610+997 宽度为 16 米，二级路标准；K606+997 至 K610+497 宽度为 22 米，一级路标准；K610+497 至 K617+000 宽度为 12.6 米，二级路标准。2007年改线到城南。

省道 交城过境省道两条，分别为省道 320 线、省道 219 线。省道 320 线（祁县—方山公路）交城段是从西社镇南堡村入境，途经南堡、曲里、塔上、阳湾、西社、米家庄、会立、柱叶口、岔口、下长斜、上长斜、石沙庄、寨则、河西庄、中庄、双家寨、翟家庄、龙江寨、曹家庄、偏梁、市庄、孝文山林场、苏家湾、梅窑会、山水、庞泉沟、阳提塔、二合庄、庞泉沟国家级自然保护区管理局、长立、黄鸡塔入方山县境，交城县境内长 80.567 公里（其中有 6.607 公里与古吴线重复）。

省道 219 线（古吴线）1969 年至 1970 年列入山西省的战备工程，系国防公路，1978 年移交交城县公路段养护管理。省道 219 线从古交市常安乡东塔村经交城席麻村进入交城县境内，途经席麻、树则、牛头咀、西冶川林场、西冶、长树、水峪贯、青沿、鲁沿、鲁沿林场、大足底、大游底、大岩头、西社、米家庄、野则河到南沟村后进入文水县三道川，直到离石区吴戒，交城县境内长 34.662 公里。

县道 交城县共有县道 20 条，总里程为 149.826 公里，分别为交郑公路、交岭公路、交寨公路、交西公路、岔大公路、东燕公路、古东公路、义辛公路、段东公路、安装公路、装小公路、古双公路、柏胡公路、交石公路、西大公路、广大公路、郭温公路、高段公路、洪成公路、洪大公路。其中二级公路 33.402 公里，三级公路 35.247 公里，四级公路 81.177 公里；有路面里程 149.826 公里；其中沥青混凝土路面 13.952 公里，简易铺装路面（次高级）108.654 公里，低级粒料改善路面 27.22 公里，晴雨通车里程 149.826 公里；可绿化里程 149.826 公里，绿化里程 108.033 公里，全部达到国家绿化标准。共修筑大桥 1 座，中桥 7 座，小桥 11 座，涵洞 208 道。所有县道已全部纳入养护里程。

乡（镇）村道 2004 年，全县 117 个村兴工修路，一年投资 5800 万元，铺设水泥、油路 430 公里，到 2010 年 12 月，全县共有乡（镇）村道 29 条，391.274 公里，全县 148 个行政村全部通客车，通车率为 100%，胜利完成了"村村通""全覆盖"的任务，为全县经济平稳较快增长和社会和谐发展、民生改善发挥了强有力的 "润活剂"作用。

专用公路 玄中公路，1956 年，文化部拨款将到玄中寺的人行小道筑为 2 米宽的道路。1965 年扩建，投工 2.21 万个，动用土石 8.78 万立方米。1979 年，山西省外事办投资 15 万元，进行改建，铺沥青一层。1982 年铺第二层沥青，为四级公路，净里程 4.3 公里，路宽 5 米。1956 年—1982 年，由中央文化部、山西省外事办、山西省财政厅共投资 105.44 万元，平均每公里造价为 24.52 万元。

卦山公路原系人行小径，1949 年以后屡修为大道。1978 年组织民工修筑为简易公路。1984 年上级投资，交城县组织民工进行整修，并铺设沥青，净里程 2 公里，路宽 6 米，为四级公路。玄中寺旅游公路是通往玄中寺的专用旅游公路。起自交城洪相乡洪相村东国道 307 线 K616+800 处，经石壁林场、石壁水库、玄中道班，止于玄中寺秋容塔山下，全长 4.141 公里，属四级公路。铺设沥青渣油次高级路面，晴雨通车。沿途建有小型桥 2 座，72.6 米，涵洞 16 道，总长 158.6 米，路基宽度为 6.5 米，路面宽度为 5.5 米，最大纵坡为 9%，最小平曲线半径为 15 米。

第二节　铁　路

太中银铁路是从太原到宁夏回族自治区银川市，是西北地区通往东部最便捷的铁路通道，加强了东、中、西部地区的经济联系。

太中银铁路交城段是由本县夏家营镇（原段村镇）郑村入境，途经连家寨、段村、王家寨、贺家寨、王明寨、大辛、贾家寨、东汾阳、石侯、城头、寨子、西营村 13 个村庄，然后进入文水县，全长 19.2 公里。境内建有特大桥一座，长 2.5 公里，桥涵 29 座，在夏家营镇贾家寨村建火车站一座，占地面积近 11 000 平方米。

太中银铁路交城段是经过铁道部第三勘察设计院精心设计，山西省北图勘探公司认真勘测之后，于 2006 年 5 月正式动工，历经 4 年 8 个月的艰辛建设，于 2011 年 1 月 11 日正式通车，标志着又一区际铁路干线胜利开通运营。

太中银铁路交城段为双向轨道，行车速度为 200 公里 /小时。上马人数为 450 人；工程技术人员有 150 人；挖土机有 40 台；压道机有 30 台；现代大型铺轨机有 2 台；装载机有 30 台；运输车有 200 辆；征用土地 1530 亩；拆迁房屋 43 处 130 间；拆迁企业 2 户 3100 平方米；加油站一个 4300 平方米；迁坟墓 740 个；投工有 82 万个；动土石方有 400

万方。

第三节　客货运输

一、客运

1977 年，交城运输公司经营客运。1984 年，有两辆专业户客车进入客运市场，往返于交城到太原之间。1985 年，全县开辟客运路线 20 多条，每天发往全省各地的客运车达 30 多车次，1000 余个座位（包括过路车）。

20 世纪 80 年代，公路汽车客运市场出现了县营、集体、个体客运户竞争的局面。1978 年，全县有大型客车两辆，46 个客位，年客运量只有 0.4 万人，客运周转量有 1.2 万人公里。1984 年，有两辆专业户客车进入客运市场，往返于交城至太原之间。1985 年，改革开放进一步深入，市场经济进一步繁荣，进城务工的农民日益增多，这就给客运业务带来了新的商机，平川山区出现了不少客运专业户，15 个乡镇都通了客车。当年，大型客车增加到 32 辆，800 个客位，年客运量达 19.2 万人，是 1978 年客运量的 48 倍，客运周转量达 1092.4 万人公里，是 1978 年客运周转量的 910 倍。1985 年，县交通部门及时组织开通了交城县山区和太原及周边县的客运线路 20 多条，客运班车达 30 多车次。

1986 年开始，交城的客运业务又有了新的发展，个体私营客运专业户不断增加，客运车辆不断扩大，许多专业户、联营户、个体户购买了载客汽车、旅行车、面包车、吉普车，纷纷加入到长短途客运队伍中来。到 1990 年，全县载客汽车发展到 267 辆，7176 个客位，是 1985 年客运车辆的 8.34 倍。

年完成公路客运量达 80.6 万人，是 1985 年客运量的 4.2 倍。年完成客运周转量达 4815.9 万人公里，是 1985 年客运量的 4.4 倍。1997 年，载客汽车增加到 387 辆，9675 个客位，全县年完成客运量达 127.5 万人，客运周转量达 9792 万人公里。

2001 年以来，由于个体私营客运户的增多，使客运市场出现了新的问题，个体户之间也出现了互相竞争、随意抬高或压低客票价格、服务态度不好、抢拉客人、中途甩客、不按时发车、收钱不给票、无证运营等不良行为。针对这种情况，为了规范客运市场秩序，维护旅客的合法权益，县交通运管部门配合公安交警等部门，在全县范围内开展了以整治道路运输安全生产为重点的专项整治活动，一是对所有运输户进行了遵纪守法教育。二是明码标价，严格遵守物价政策。三是规划了专门的停发车场地，个体私营客车全部进场进站，按时按线路发车。四是对无证经营的"黑客车"进行了取缔。从而，使客运市场走上了规范有序安全的轨道。

2001 年，全县客运车辆上升到 452 辆，10 396 个客位，年完成客运量达 169.7 万人，客运周转量达 13 697 万人公里。2003 年，交城县第二运输公司从安徽一下购回 14 辆公交客车，开通了交城至段村、交城至西营、交城至大营、交城至石候、交城至辛南等 30 条县内公交线路，同时开通了交城至文水开栅村、交城至文水南安等 10 条跨县公交线路。2005 年，有 20 余辆客车往返于山区的公路上，极大地满足了山区群众出行的需要。同时，又开通了交城至北京、太谷、祁县、孝义、离石、柳林、娄烦、古交、长治等跨市县区的客运路线，扩大了客运车辆营运范围和对外交流往来的空间。吕梁顺达运业公司交城分公司也于 2003 年投入 38 辆客车往返于交城至太原之间，半小时一趟。2009 年成立了交城县海天、恒大两个出租车公司，投入 150 辆出租轿车，往返于交城城乡之间和外县，广大群众出行更加便捷。

2011 年 12 月，交城县内客运线路有 30 条，县内客车有 62 辆，市际客车有 37 辆，客运量达 313 万人次，客运周转量达 19 748 万人公里，全县 10 个乡镇，148 个行政村全部通了客车，通车率为 100%。如今，在县城汽车站、十字路口附近以及乡镇所在地仍有不少个体户停着小轿车、面包车搞客运。

二、货运

1958 年成立交通局汽车队，有汽车两辆，开始从事公路汽车货物运输。20 世纪 60 年代，永田公社成立永田车队，成立时只有一辆货车，后来发展到 5 辆。到 1970 年，载货汽车发展到 14 辆，有大型拖拉机 11 辆。1978 年，全县载货汽车增加到 130 辆，挂车有 23 辆，大型拖拉机有 244 辆，手扶和农三轮、四轮运输车有 480 辆。1982 年，运输市场出现了个体运输专业户。1985 年，货物运入量达 365 500 吨，输出量达 367 800 吨，货运量达 1 001 800 吨，周转量达 48 903 000 吨公里。

20 世纪 80 年代，形成载货汽车、拖拉机、农用三、四轮、摩托车为主体的公路货物运输网络。1985 年，全县载货汽车有 527 辆，是 1978 年的 4 倍多，挂车有 198 辆，是 1978 年的 8.6 倍。手扶拖拉机和农三、四轮有 1069 辆，是 1978 年的 2.2 倍多，1985 年全县完成公路货运量达 100.18 万吨，是 1978 年的 2 倍。完成货运周转量达 4890.30 万吨公里，是 1978 年的 2.67 倍。

　　交城县公路汽车运输形成以国营、集体、个体私营专业运输户持续稳定发展的局面。从 1986 年到 2005 年间，交城县货运量有较大增长。1986 年，全县有载货汽车 545 辆，完成公路货运量达 82.1 万吨，完成货运周转量达 6976 万吨公里。2005 年载货汽车增加到 1217 辆，是 1986 年的 2.2 倍多。完成公路货运量达 370 万吨，是 1986 年的 4.5 倍。完成公路货运周转量达 30 140 万吨公里，是 1986 年的 4.3 倍多。

　　从 1995 年到 2010 年间，私营和个体公路汽车运输户不断增加，国家对超载货运汽车加大查处力度，解放牌 5 吨货车渐渐被大吨位货车取代，公路汽车货运市场形成了以个体、私营公路汽车货运为主体的格局。截至 2011 年统计，全县拥有载货汽车 2130 辆、10 650 吨，农用汽车 233 辆。从事公路汽车货运的股份制、私营和个体专业户运输企业有 16 家。全年完成公路货运量达 578 万吨，货运周转量达 46 740 万吨公里。如今，在县城和农村仍有不少运输个体户开着工具车、小手扶拖拉机、农运三四轮车、技改车、带斗的三轮摩托车从事短途货物运输。

第四章　文化教育

第一节　文　化

一、戏剧

晋剧　交城晋剧团：1986 年至 1987 年，是该剧团黄金年代，宋转转获梅花奖，岳而桃、任美莲获省级表演奖。主要剧目有：《杜十娘》《花中君子》《珍珠塔》《劈山救母》《牧羊圈》。1986 年，交城晋剧团将晋剧《姐妹皇后》改编成电视连续剧，并在全国各地电视台播出。1989 年，《花中君子》参加山西省第二届民间艺术节调演，文井获导演奖，任美莲获金奖，吴桂玲获银奖，齐秀玲、王学斌、曹建生获优秀奖，全年演出 300 场。1991 年，组织创作以燕居谦为原型的晋剧《病房赞歌》参加了吕梁地区"农村社会主义精神文明建设"文艺调演，荣获剧本创作一等奖，音乐创作一等奖。1992 年，剧团更新设备，恢复传统剧目 4 个，新编剧目 7 个。山西人民广播电台专题报道任美莲、岳而桃、曹建生、齐秀玲、李道忠 5 人，全年演出 368 场。1993 年，新排《皇室遗恨》《薛刚反唐》等新剧 5 部，并更新装备，全年演出 310 场。1994 年，重排《薛刚反唐》《杜十娘》《生死牌》，全年演出 314 场。1995 年，排新戏大戏 5 本、小戏 5 出，全年演出 330 场。1998 年，排新戏 3 本、小戏 3 折，全年演出 380 场。1999 年，由赵爱斌、韩全中、任志安合作编写的大型现代戏《枣儿红了》，在山西省庆祝建国50周年调演中获9项大奖，获奖项目分别为：王和华获导演奖，康美英获一等奖，梁志彪、李耀龙获二等奖，康树东获编舞奖，康湘平获作曲奖，乐队获伴奏奖，舞队获伴舞奖，伴唱获伴唱奖。全年演出300场。2000年，配合"三个代表"重要思想宣教活动，大型现代戏《村官张小民》，在全省巡回演出，受到好评。2001年，新排《磨盘山》《嫁衣案》《薛刚反唐》，全年演出346场。2002年，开展文化下乡活动，演出338场。

山西省贯中晋剧团：交城县第一个民营剧团，成立于1995年。截至2004年，该团有演职员50人，演出的优秀剧目有：《珍珠塔》《劈山救母》《火焰驹》《龙匣记》《牧羊圈》《花中君子》。

美莲晋剧团：成立于1998年，属民办剧团。2003年7月，与太原梨园新文化发展中心协商，更名为"太原市梨园新文化发展中心艺术团"。演出的主要剧目有：《花中君子》《玉婵泪》《雪山忠魂》《六月雪》《齐王拉马》《薛刚反唐》《劈山救母》《花打朝》《珍珠塔》《三关点帅》《龙头拐》《风雨行宫》《磨盘山》《双官诰》。

秧歌 2002年9月，文井与王善贵组建了交城县秧歌演出团。该团先后排出现代剧《送糕灯》《挑闺女》《二虎回家》、近代剧《烧土缘》、传统剧《墙头记》《醉酒保媒》《雇驴》《审舅》《打丈人》等。《送糕灯》参加吕梁地区农村文艺调演，获多项奖，后选入山西电视台"走进大戏台"节目。《挑闺女》《墙头记》由山西音像出版社灌制光盘，全国发行。2004年，该团增加10多名专业水平演员，新排《泪中花》《卖妙郎》等剧目。

二、电影

2003年，国家启动扶助农村电影"2131"工程，资助交城电影公司放映机10台，发电机2台。公司购买16毫米电影拷贝故事片16部、纪录片15部。2004年，国家资助电影大棚1套、电影故事片8部、纪录片2部、幻灯机10台。2005年，公司购置放映机1台、发电机7台、故事片10部。是年，公司固定资产达136万元。

城市放映 县城放映主要在电影院。1992年，成功地组织了《三大战役》《周恩来》《毛泽东的故事》等影片放映。1993年，电影院投资13.1万元，更新35毫米东风片座机，增设镭射厅、城南电影院，全年演出达6245场，观众达636.41万人次。1995年，上映电影400余场，镭射700余场。1997年，放映电影570余场，投影800余场。是年，城南电影院撤销。1998年，放映电影560余场，投影900余场。1999年放映电影250余场，投影650余场。2001年5月，电影院观众厅及二楼部分房屋出租，时间为20年，撤销镭射厅，改造三楼为电影放映厅，放映240余场。2002年，组织全县机关、学校观看了爱国影片《军旗升起来》以及揭露"法轮功"罪恶影片《罪恶的深渊——邪教的本质》。2003年8月，电影院房产全部承包出去，电影院迁至交城影剧院二楼。

农村放映 1986年至1995年，全县15个乡镇共有10个放映队，租赁电影公司影片，服务农村。1996年，农村放映队停止运作。2001年，农村电影放映共2100余场。2003年，启动"2131"工程，电影公司将10台电影机、10

台发电机、10 部幻灯机、15 部电影拷贝、15 部故事片、16 部科技类纪录片下发 10 个乡镇，每个乡镇组织一支 1—2 人的农村电影队，全年农村巡回演出 88 场，其中科教片 28 场，观众达 8.8 万人次。2004 年，落实农村电影"2131"工程，各乡镇签订责任状，电影公司购电影拷贝 22 部，全年放映 1680 余场。

三、有线广播

设施　1983 年，交城县在全吕梁地区首先实现了喇叭户户化、线路标准化，1985 年通过上级广电部门验收。县、乡、村三级有线广播网络共 1179 千米，喇叭 33 000 只，通响率为 98%。1990 年，对机房进行改造，设备达国家部颁甲级标准。1991 年，财政拨款不足，线路受损。1997 年，有线广播停播。

节目播出　1986 年至 1993 年，有线广播对外呼号为交城人民广播站，每天早、午、晚各播 1 次，全天共播出 8 小时 35 分。除转播上级规定的中央台和省台《新闻和报纸摘要》《全省各地广播站联播节目》《各地人民广播电台联播节目》以及中央、省台的其它节目外，还自办新闻、文艺等节目，每天播出时间为 3 小时 35 分。先后设有：《交城新闻》《对农村广播》《对职工广播》《交城山水情》《学习与教育》《文化与生活》《天气预报》等栏目。文艺节目类有：戏曲、曲艺、音乐、歌曲、评书、广播剧等。文字类节目有：配乐通讯、录音报道、录音访问记、讲座、演讲等。各乡镇广播站除转播县站全部节目外，还配合乡镇党委、政府的中心工作自办节目。

四、调频广播

1992 年，国家广电部正式批准交城县成立调频广播电台。同年，考察论证主发射机、控制台、录音机等设备的订货、购置。1995 年 9 月安装，10 月 1 日开播。开播后，对外呼号为交城人民广播电台，频率为 92.3 兆赫。覆盖全县平川 5 乡镇以及边山西社、水峪贯、岭底 3 乡镇的部分村庄，覆盖面为 80%，人口覆盖率为 95%。2005 年，投资 20 万元，更新电台设备，新增非编音频制作站、非编音频服务站、非编音频播出站、非编节目编排站各 1 个，使电台采、编、制、播全部数字化、自动化。又投资 10 万元，购自动开关无线音柱 100 多台，安装于城区主要街道。播音时间为 7 小时 30 分，每天 3 次。其内容除转播中央台的《新闻和报纸摘要节目》《各地人民广播电台联播节目》和山西台《长城广播》等节目外，还设有：《交城新闻》《交城大地》（专题）《交城文艺》《空中信息点播》等节目。1997 年 1 月起，开设迎香港回归专栏，到 7 月 1 日，先后共播出稿件 400 余件。1998 年 5 月 30 日，成立"青春风采"中学生记者团，交中、二中、城内、南街、东关 5 所学校发展小记者 62 名。《青春风采》栏目 6 月 1 日开播，先后播发 400 多篇稿件，半年后停播。电台开播后，每年播出稿件都在 2000 件以上。1999 年 1 月，开设迎澳门回归专栏，到 12 月 20 日，共播出相关稿件 700 余件。2005 年，开办《本周热点》《文苑漫步》《音乐点播》等节目。

五、开路电视

设施 1985 年，建立交城电视转播台和地面微波接收站，租赁县气象局两间空房，购一部旧 50 瓦米波发射机，仅能转播中央电视台第一套节目。1987年，建5米抛面卫星接收站，改微波接收信号为卫星接收信号。1988年，改接收国际卫星讯号为接收国内同步卫星讯号，转播中央台的电视节目，卫星输入电平提高了3个分贝，改善了转播质量。1988年春夏，征东关街土地0.45亩，建75米自立式电视发射铁塔一座。1988年秋，建100瓦米波23频道电视转播台，交城可收视中央一台、二台和山西台的电视节目。1991年秋至1992年底，电视覆盖由平川向山区延伸，先后在山区建电视差转台26座，地面卫星接收站7座，电视转播台4座，闭路电视共用天线系统7套。山西电视台一套节目，人口覆盖率为96%；中央电视台一套节目，人口覆盖率为90%。水峪贯、古洞道两乡镇95%的群众看到了3套电视节目。1993年，利用11频道210MHz资源，开办交城电视台，设新闻、专题、播音、广告、技术、播出、制作7个业务组。

1995年，新广播电视局在梁家庄建成，5月，顺利搬迁铁塔，并加高至80米，电视讯号可覆盖平川5个乡镇50多个村庄。2004年，投资15万元，更新电台、电视台发射机，加大了功率，提高了收听收视效果。截至2004年，全县中央电视台节目覆盖率达99.9%，山西电视台节目覆盖率达99.8%。2005年，投资15万元，更新发射塔天线和馈线，发射机功率改为1000瓦，扩大了讯号覆盖面。

有线电视与开路电视对外呼号统称交城电视台，同一套节目同步播出，占一个频道。

节目 1985年至1992年9月，开路电视转播台主要转播中央电视台一套和二套节目，每天转播7个小时。

1993年至1997年，交城电视台先后设《交城新闻》《话说交城》《荧屏纵横》《娱乐天地》《社会广角》《百花园》等栏目。结合县委和县政府中心工作，经常制作专题片，每年播新闻稿达 2300 件左右。

1997 年至 2000 年，除《交城新闻》外，多次调整节目，先后开办《希望的田野》《党旗飘飘》《荧屏党校》《教育论坛》等。结合县委、县政府中心工作，开办了《人大代表风采录》《国企搞活大家谈》《辉煌 50 年》等阶段性专题，每年发稿达 2500 篇。

1998 年和 1999 年，与玄中酒业有限公司联合举办两届"玄中杯"电视歌手大奖赛。2000 年，全区 10 家电视台联办《吕梁好地方——交城专场》在各县播发。

2001 年 6 月,《交城新闻》全面改版，重大新闻当天播出，采取稿件三审、成品带一审的办法。《电视固定专栏制片人方案》试行后，3 名制片人竞争上岗。从 8 月 1 日起，推出《人物》《百姓聚焦》《希望的田野》全新改版。

2001 年至 2005 年，除《交城新闻》外，相继开设《人物》《百姓聚焦》《法制时空》《梦想成真》《空中广场》《真实告白》《今夜星空》《戏迷戏苑》《教育园地》《聚焦》《大众文化》等栏目。"非典"期间，开设机动性专栏《防非典》《打好交城防非典保卫战》。《交城新闻》中，结合县委、县政府重点工作，经常推出不定期栏目，如：《十六届四中全会精神在基层》《重点工程一线观察》《建设平安交城》《为交城经济喝彩》等；结合节假日推出相关专题，如"三八"期间推出《巾帼英豪》，"五一""五四"期间推出《劳模风采》《青春风采》等与邮政局联办"鸿雁杯"集邮知识竞赛，与县工会联办"职工之声"文艺晚会，与组织部、地税局联办《干部任用条例》《税收征稽条例》知识竞赛，与农行联办"金穗杯"电视歌手大赛，与宣传部等 6 单位举办"三个代表"重要思想知识竞赛。2004 年后，播出时间为 15 小时，影视剧每年播出达 3000 集。2005 年，全年播发新闻达 2850 条，播发有重大影响的新闻评论有 10 余篇。

1993 年 4 月，交城电视台成立后，承办广告业务，有画面广告和字幕广告，制作部统一制作。2000 年，广告部正式成立。

教育电视 1990 年 9 月，交城县教育局开始筹办交城教育电视台。她的前身是县教育局机关的电教馆，主要负责全县的电化教学，包括电教设备的配置、维修、技术指导等。经过半年的筹备，投资 30 余万元，于 1991 年 3 月正式开通。主要栏目有：《转播中央电视台新闻节目》《交城教育信息》《校园内外》《农科技园地》《中高考辅导》《影视频道》等。1998 年 10 月停办，恢复电教馆。

第二节　教　育

一、幼儿教育

1986 年，全县有幼儿园 28 所，共 86 个班，在园幼儿总数为 2316 人，教工有 119 人。1989 年，国家教委颁布了《幼儿园管理条例》，全县幼儿园发展到 32 所，在园幼儿有 3158 人，教工有 128 人。1990 年，全县幼儿园总数增至 63 所，在园幼儿有 7825 人，教工有 332 人。1991 年 10 月，全县幼儿教育现场会后，各园积极改善办园条件，建立标准园舍，幼儿园增至 65 所，共 242 个班，在园幼儿有 8941

人。1998 年，实施"普三"工程，即满足幼儿学前三年教育，全县幼儿园增至 72 所，共 302 个幼儿班，在园幼儿有 10 861 人，教工有 426 人。2000 年，全县幼儿园有 66 所，在园幼儿有 10 363 人，通过省地"普三"验收。2002 年，全县幼儿园有 63 所，在园幼儿有 8258 人。2003 年，全县幼儿园有 64 所，在园幼儿有 7846 人。2004 年，全县幼儿园有 62 所，在园幼儿有 7540 人，同年被评为省级幼儿教育教研先进县，顺利通过"普三"复查验收。

2005 年，全县幼儿园共有 64 所，244 个班级，在园幼儿有 7444 人，入园率为 93.6%。教师有 416 人。其中，省级示范园有 1 所，一类园有 23 所，二类园有 25 所，三类园有 15 所；山区幼儿班有 26 个，在园幼儿有 461 人，教师有 17 人。

二、小学教育

1986 年初，交城县设县直小学 2 所，中心校 34 所，复式小学 190 所，平川小学 18 所，八年制小学 29 所，全县小学合计 272 所，在校学生有 20 572 名，入学率为 98.8%，巩固率为 98.7%，教工有 1081 人（公办有 497 人、民办有 577 人、铅矿有 7 人）。

1993 年 4 月，交城县中小学彻底分开举办。古洞道、西岭片兴建的寄宿制学校开学，不少山区小学减少了复式层次。1995 年，在教学中全面推出"一四六"工程，有 26 所小学开展了"目标教学实验""复式自读教材实验""小学乐趣教学实验""JIP 实验"和"小学语文提前读写实验"。1996 年，交城县提出决战"普九"，大抓"两全"（面向全体学生，全面提高教育教学质量），32 项指标达到省定标准。2002 年实施"六三"学制，2004 年调整了小学布局。到 2005 年，全县小学共计 87 所。

大陵庄小学是一所单轨制小学，有 6 个教学班，在校学生有 100 余人。该校先后被评为山西省教育红旗单位、山西省首批文明学校、山西省德育基地、山西省德育示范学校。1997 年被全国教委评为全国素质教育实验校，被山西省委、省政府评为山西省劳动模范先进集体，并获得五一劳动奖章。原国务院副总理李岚清亲笔题写校名。截至 2005 年，共接待全国各地参观者达 2 万余人次，承担了 1200 所学校共 4000 余名校长、教导主任的研讨活动，接待中央领导视察达 12 次、省级领导达 23 次、地市级领导达 48 次。

1995 年前，该校占用破庙的厢房做教室，后搬迁到村委开过粉房、豆腐房的简易棚房里。1991 年起，该校在彭义轩校长的领导下，坚持走科教兴农之路，与山西省农科院签订试验白菜籽合同，精心管理，获得成功，引进大田，带富了一村。1995 年，在村委和群众的支持下，投资 15 万元建起了二层教学楼，建筑面积达 800 平方米。2001 年，该校又从外地引进"香梅树"，开始了花卉试验，亩育达 5 万株，当年就受益，亩均纯收入达 5 万元。

三、中学教育

初中教育 1986 年，全县 28 所八年制学校暂行领导分开、学区分开、管理分开的办法，严禁在小学校增设初中班；鼓励乡镇兴办正规化的初中，决定把每年的修缮费集中使用，扶持兴建乡镇初中；要求平川每乡镇确定两至三个初中点，逐步把周围的初中班并过来；充实初中班的容量，扩大招生能力。

1987 年，县城初中普及。县政府决定把教室、教学设备、教师等准备工作做好，帮助各乡镇建立单办初中。政府重点在"三配套"方面投资，小学毕业生升入初中的比例由 1986 年的 74.7% 提高到 83.1%，初中班规模由原来的 235 个增加到 245 个，

1993 年是普及初中义务教育的起步年，平川乡镇以"摘帽"为突破口，重点抓中小学分部管理建设，使全县八年制学校基本上从区域、师资、领导、经费上分治，提高了中小学的管理水平和教学质量。

征收农村教育费附加是政府对农村教育实行的倾斜政策之一。从 1986 年起，开始实施农村教育事业费附加和教育经费下放到乡镇的改革方案。1989 年起，全县采取"国家拨一点，集体拿一点，群众捐一点，家长学生出一点，勤工俭学赚一点"的方法，号召集资办学，改善办学条件。

2005 年春，国家"两免一补"政策出台，根据山西省、吕梁市文件精神，交城县确定了受助贫困生比例，其中初中段享受免杂费的学生总数为 2044 人，平均标准为每生 58 元。享受免教科书费的学生总数为 2615 人，平均标准为每生 55 元。享受寄宿生生活费补助的学生总数为 912 人，平均标准为每生 58 元。2005 年秋季，享受"两免一补"学生所占比例，山区保持不变，平川和城区有了显著提高，平川乡镇为 15%，城区为 19%。其中，农村初中享受免杂费的学生数为 2044 人，平均标准为每生 58 元；城区享受免杂费的初中学生数为 1100 人，平均标准为每生 92 元；农村初中享受免教科书费的学生数为 2044 人，城区享受免教科书费的初中学生数为 1000 人，享受寄宿生生活费补助的初中学生数为

1079 人，平均标准为每生 55 元。

1990 年，交城县教育局恢复巡回辅导制度，组织教师定时到山区举办业务讲座、文化讲座，交流信息，传授文化知识，实行教育扶贫。1995 年，县教育局倡导"山川结缘，以校帮校"，要求平川初中与一所或几所山区初中结为对口扶贫对象，以促进山区教学质量的进一步提高。1996 年，吕梁行署"到山区扶贫帮教"文件传达后，县教育局每年都从城区学校抽调一批教师去山区学校支教。

2002 年，交城县列入"东部地区对口支援西部贫困地区"学校工程后，有 8 所学校与东部地区有关高等院校结成对子。7 月，天津财经学院大学生社会实践活动团一行 20 余人来到西社初中，向学校捐赠电脑、桌椅、图书文具等价值 63 万余元的设备；10 月，沈阳航空学院捐赠会立初中电脑、电视、投影仪等价值 20 余万元的教学设备。这些援助改善了当地学校教育设施严重短缺的现状，为贫困学校的发展注入了活力。

2003 年，县教育局每年将 30%—50% 毕业生分配到贫困山区任教，并给予生活补助。此外，采取一帮一结对子的形式，对山区薄弱学校给予扶贫（交中帮扶东坡底学校、二中帮扶岭底学校、职中帮扶寨上学校、城内学校帮扶庞泉沟学校、东关学校帮扶水峪贯学校、新建学校帮扶中庄学校、城南学校帮扶西社学校）。

高中教育 交城县高中教育始于 1960 年，当时在交城中学设置两个高中班。到 1985 年，全县共有高中 4 所：交城中学、交城二中、东社中学（简称"三中"）、西营中学。1986 年，全县三所高级中学（不包括西营高中）共设

11 轨，教学班级有 33 个，招生人数为 546 人，教职工总数只有 121 人。1987 年，西营高中停办。1995 年，交城三中由于地处山区，招生困难而停办，学生并入交城二中。

2004 年 7 月，交城天宁高中在交城县职业中学成立。其课程设置仍带有专业性，学生毕业，具有普通高中和职业中学的双重学籍。到 2005 年，全县高中轨制增加到 27 轨，教学班级增加到 82 个，招生人数增加到 2139 人，教职工总数达到 484 人。

2007 年，新交中校园竣工，学生入驻。新交城中学为 30 轨制。集吃、住、教学、科研实验、文体、图书、多媒体于一体，功能齐全，设备一流，可以从根本上解决全县学生上高中难的问题。20 年中，该校总计高考达线有 4637 人，其中考入北京大学有 8 人、清华大学有 4 人、中国人民大学有 1 人。从 1991—2005 年的 14 年中，在万人均高考升学率方面，该校连续 14 年在吕梁地区位居前列。

四、职业教育

交城县职业中学是一所综合性的山西省重点职业中学，其前身是段村职业中学。1990 年 9 月迁至卦山文昌宫，1991 年正式挂牌为"交城县职业高级中学"。

从 1981 年开始，学校坚持走联合办学的道路，结合当地经济建设的需求，与劳动局、就业局联办了化工、机电、钳工、建筑 5 届技工班，与交城县卫生局联办了 12 届医卫班（中医、西医），与交城文化局联办了声乐、器乐、戏曲、舞蹈 4 个专业的 5 届文艺班，与交城县文联举办了 3 届美术班，与交城县妇联、教育局幼教股联办了 4 届幼师班，与交城县公安局联办了特种技能训练班，与山西省旅游学校联办了 6 届计算机应月专业班，与交城县教育局联办了两届音、美师范班。该校灵活设计特色专业，先后开设的专业有建筑、机电、化工、钳工、医卫、幼师、林果、橡胶、声乐、器乐、戏曲、美术、种植、养殖、计算机应用、中师、综改等 18个专业。创建有育新机械厂、华德永磁厂、食用菌厂、农场、果园等 8 个实习基地。1990 年，该校顺利通过了省地验收，成为山西省级合格的职业中学。1995 年，被列入山西省重点职业中学的行列。2001 年起开始招收高中班。对专业班学生，文化、专业一起抓，并注重学生实践操作，在山西省组织的对口升学考试中成绩突出。

建校后，该校为社会输出中初级技术人才 500 名，为高一级学校输送学生 256 名，得到了社会和上级领导的认可。先后有国家教委职教司司长杨金土、国家教委原副主任王明达、教育部副部长张天保、山西省原省长孙文盛、省委副书记刘泽民等领导来校视察，同时还接待了省、地、县参观学习团达 800 余人次。省、地新闻媒体对学校的办学经验及有关先进事迹作了报道。

五、成人教育

教师进修学校 1985 年，交城县教师进修学校经山西省政府批准备案，1999 年通过山西省人民政府复查验收，成为一所独立的县级教师进修学校。2001 年 9 月，进修学校校址划归交城二中后，迁址卦山职中。2005 年，进修学校有教职工 18 人，其中专职教师有 11 人。

函授教育 1980 年至 1988 年，交城县进修学校组织中师函授两届，毕业 94 人；1979 年至 1984 年，组织师专函授中文、数学、物理、化学四个专业，毕业 54 人。

卫星电视教育 1980 年至 1992 年，建立以交城县教师进修学校为中枢、平川 5 个乡镇师训站为教学班点的卫星电视教学网络，共举办小学教师中师专业两期，毕业 129 人；初中教师高师中文专业两期，毕业 132 人；英语专业一期，毕业 25 人，政治专业一期，毕业 19 人。

自学考试 交城县的高等教育自学考试开始于 1984 年。1984 年至 1985 年，交城县党政理论专修科招生 50 人，汉语言文学专业招生 129 人，会计学专业、统计学专业、法律学专业、商业经济学专业、工业管理学专业、采煤工程专业共招生 164 人，单科合格率达 35.6%。

考试每年进行两次，每年合格达标率均在 30%—40% 之间。1986 年至 1991 年，全县专科毕业人数有 72 人，中专毕业人数有 16 人。1992 年至 1996 年，本科毕业有 12 人，专科毕业有 228 人。1997 年至 2001 年，本科毕业有 211 人，专科毕业有 811 人。2002 年至 2004 年，本科毕业有 72 人，专科毕业有 286 人。截至 2005 年上半年，全县报各级各类高等自学考试的学员有 2000 余名。

第五章　卫生体育

第一节　公共卫生

一、饮用水

1986年后，监测县城自来水公司的饮用水，每季1次，一年4次，其次是对夏家营镇、西营镇不定时的监测。山区乡镇以汲泉水饮用为主，监测较少。从历年监测结果分析：交城县瓦窑、广兴、王村、覃村的生活饮用水水质合乎标准。义望村的水氨氮、硫酸盐、锰普遍超标，其原因大致与义望的工业污染有关。西营镇的水含氟量高，含碘亦高。

1985年前后曾除氟改水，由地表水改为深层井水，截至2001年，水源改良，水量充足，成为理想的生活饮用水。段村一带的人畜用水问题严重，水质太差，1970年以后的几年里，在王村打深层井两眼，由管道输送各村蓄水池，但经管道流入各村后，水质都有不同程度的污染，细菌总数、大肠菌群超标。尤其是远端的温家寨村，细菌总数无法统计，大肠菌群指数严重超标。1986年至1988年，全县改水8个点，安装自来水51处，改良水井18眼，受益人口达67 230人。

1989年，完成改水工程10处，县城新增输水管道970米，全县饮用自来水人口达总人口的82.47%，增加供水人数800余人。全县饮用自来水人口达到161 451人，占全县总人口的86%，其中，农村人口达124 451人，占全县农村人口的 83.74%。

1993 年，有些地区出现水型伤寒、山区饮水缺碘现象。唯有城区饮水由自来水公司供应，1986 年后均未出现异常。

二、沟渠排水

1986 年至 1988 年，填污水坑 552 个，疏通沟渠 55 442 平方米，疏通明渠 8800 平方米，使县城周围排水畅通。

三、改厕

1986 年至 1988 年，改厕 563 户，县城修建公厕 2 座。2001 年，县城新建一个比较标准的水冲厕所。改厕 85 户，均为双瓮漏斗式。2003 年，山区改厕 36 户，平川改厕 3584 户，评选改厕先进村 2 个。2004 年完成双瓮漏斗式厕所 63 户，通风改良厕所 1010 户。

四、文明卫生单位

1986 年至 1988 年，共建成文明卫生村 50 个。1989 年，爱国卫生达标单位是：西营镇、烟草专卖局、工业局。爱国卫生达标村是：贾家寨、覃村、寨子。文明卫生单位（村）是：房地产开发公司、皮革厂、二轻局机关、粮油二门市、有机化工厂、煤炭运销公司、劳动服务公司、广兴村、范家庄、西岭村、西街、东关街、城头、郑村、西雷庄、塔上、张家庄、中庄村、山水村、石渠河、双龙村等。1997 年，爱国卫生活动大检查，表彰 14 个单位，处罚 12 个单位。2003 年，爱国卫生运动委员会检查验收，评选先进乡镇 1 个，先进村 4 个，先进单位 5 个，改厕先进村 2 个。

第二节　食品卫生

1986 年后，交城县防疫站设食品科，县政府调配食品监督员 7 人，持证上岗。1995 年 10 月，《中华人民共和国食品卫生法》颁布后，食品卫生监督由卫生局直接负责。1988 年，县政府调配 8 名食品卫生监督员（专职 4 名、兼职 4 名）。县防疫站监督队伍亦逐渐扩大，由原来的食品科改为 3 个综合执法科，分片负责，综合执法，每片有 1—2 名专职监督员。其监督监测范围是：1986 年至 2005 年，交城县先后出现过白酒加工、糕点加工、面粉加工、粉条加工、冰糕加工、醋加工等食品加工业、销售业、饮食业、集体食堂、摊贩。监测内容是：除食品鉴定外，从业人员一律体检，患五病（痢疾、肝炎、肺结核、伤寒、化脓性渗出性皮肤病）者不得从事食品行业。

第三节　医疗防疫

一、医疗

卫生所　1986 至 2005 年，村卫生所经营方式大致为集体挂牌个人承包，承担本村的防疫、妇幼保健任务，属集体性质。乡村医生大多为"赤脚医生"，未受正规专业教育，因此未纳入国家编制。1989 年，全县有卫生所 189 个，其中甲级卫生所有 20 个。1990 年，为健全三级卫生网络，272 个行政村有 203 个卫生所，创建 55 个甲级卫生所。1991 年，全县 272 个行政村有卫生所 201 个，其中，集体办 182 个，新建 42 个，达甲级卫生所有 106 个，恢复合作医疗有 102 个。2005 年，有村级卫生所和医疗摊点 160 个。

卫生院 2004 年，有乡镇卫生院 9 个，分别为天宁镇卫生院、洪相乡卫生院、西营镇卫生院、夏家营镇卫生院、段村卫生院、古洞道乡卫生院、东坡底乡卫生院、庞泉沟镇卫生院、岭底乡卫生院。有中心卫生院 2 个，分别为东社中心卫生院、会立中心卫生院。

医院 2005 年，全县有医院 3 所，分别为县人民医院、县中医院、县妇幼保健站。

疾控机构 全县有 2 个疾控机构，分别为县防疫站，卫生监督所。

个体和社会办医 2005 年，有 40 多个个体诊所，有证的个体行医和社会办医有 17 个。

医护人员 1986 年，交城医生总数为 225 人（不包括乡村医生），其中有中级职称的 19 人、有初级职称的 146 人；护士总数为 31 人，其中有中级职称的 3 人、有初级职称的 22 人。1986 年，县人民医院有职工 136 人。2005 年，全院职工人数为 231 人。2004 年，全县医生总数为 313 人（不包括乡村医生），其中有高级职称的 15 人、有中级职称的 144 人、有初级职称的 128 人；护士总数为 46 人，其中有中级职称的 14 人、有初级职称的 32 人。2004 年，有符合资格的乡村医生有 210 名。截至 2005 年，取得乡村医生证书的乡村医生有 310 名。2005 年，县中医院有医护人员 38 人。

医疗保险 2002 年 10 月 13 日，交城县成立医疗保险服务中心。11 月 26 日，出台《交城县人民政府关于建立城镇职工基本医疗保险制度的实施方案》。

2003年3月出台《交城县人民政府办公室关于印发〈交城县城镇职工补充医疗保险暂行办法〉的通知》，规定参保人员个人缴费标准，每人每年24元，财政补助每人每年36元，作为大病医疗保险的统筹基金。8月1日，全县城镇职工基本医疗保险正式启动。12月24日，全县的离休干部和二等乙残人员的医药费纳入医保中心管理，并对2004年2月17日前发生的医药费进行摸底调查，一次性清理。

2005年12月底，全县机关事业单位、社会团体等医疗保险参保单位有247户，参保人数为11 010人。其中行政事业单位有201个，参保人数为8165人；参保企业有17个，参保人数为917人；其他及条管驻交单位有29个，参保人数为1928人。纳入医保中心医药费管理的离休干部有264人，二等乙残人员有56人。

二、防疫

基础免疫 1986年，交城县儿童的预防保健，已由简单的季节性预防接种转变为有计划的免疫。1987年，代表山西省接受国家卫生部"以省为单位四苗（麻疹疫苗、糖丸、卡介苗、百白破）接种率达85%"的验收，率先进入计划免疫达标县行列。1989年，又接受了省地实施的"以县为单位四苗接种率达85%"的验收。1990年以后，国家卫生部实施卫生项目，对计划免疫冷链设备和基层计划免疫人员培训给予支持，使计划免疫工作又有了新的发展。1995年，全县通过了"以乡为单位四苗接种率达85%"的验收。2000年以后，随着改草开放，人口流动量加大，及时调整计划免疫机构设置，合理安排接种点，扩大计划免疫覆盖人群，变换适宜的接种方式，缩短接种服务周期提到议事日程。2003

年 9 月，免费接种乙肝疫苗以后，乙肝疫苗单苗接种率明显提高，苗针及时率也由 50% 提高到 2004 年的 80% 以上。2005 年提高到 93.33%。

2004 年，两次组织禽流感、"非典"新发传染病防治知识全员培训，并多次派出专人参加山西省、吕梁地区举办的疾控医疗救治知识培训；进行传染病防治知识全员培训。

强化免疫 1990 年国家开始实施消灭脊髓灰质炎糖丸强化免疫活动，要求每年 12 月 5 日、6 日和次年元月的 5 日、6 日，对 0—3 岁儿童（不管既往接种史，按照属地管理原则，包括流动儿童）全部免费服用两剂糖丸。通过连续几年的强化接种，提高了免疫质量，全县脊髓灰质炎概无发生。

传染病防治 交城县传染病以呼吸道传染病居首，消化道传染病次之。居传染病前两位的是细菌性痢疾、肝炎。自然疫源性疾病、虫媒传染病如布病、出血热等呈散在发生。血源性传染病和性传播疾病亦呈上升趋势。

1986 年至 2005 年，通过宣传教育、充实传染病防控队伍、控制传染病流行等措施，减少传染病的发病率。

地方病防治 交城县地方病主要有碘缺乏病、地方性氟中毒病及煤烟型氟中毒病。经过 10 余年的防治，控制在国家标准之内，但情况仍不容乐观。

碘缺乏病。交城县碘缺乏病主要分布在山区 5 乡镇：西社镇、水峪贯镇、庞泉沟镇、会立乡、东坡底乡。防治该病有如下办法：主要采取防病改水，而后附以水中加碘、吃海带根、口服碘片、注射碘酊、肌注碘油、食盐加碘、强化补碘。

氟中毒病。交城县氟中毒病主要分布在水峪贯镇和西营镇。1986 年 8 月，在水峪贯镇从两方面做了摸底调查，该镇煤炭资源丰富。大小煤矿有 16 个坑口，分布于 4 条大沟 9 个村庄，日产煤达 300 吨；有炼铁厂 2 座，炼焦厂 1 个，日耗煤达 48 吨，烟尘污染严重，有时煤尘笼罩周围整个村庄。村民冬季取暖主要以炕火为主，只有部分人家使用火炉。调查水源 1 处，含氟量为 0.54mg/L，由于条件所限，未能做煤和空气含氟测定。

1987 年在西营、水峪贯两镇监测：调查 18715 人，氟斑牙患者达 16 210 人，患病率为 86.6%；氟骨症患者达 269 人，患病率为 1.4%。高氟水源村有 16 个。1994 年再度测试：总人口达 36 191 人，氟斑牙病患者有 17 004 人，患病率为 46.98%；氟骨症患者有 177 人，患病率为 0.49%。高氟水源村有 16 个。截至 2003 年，病区改水有 13 村，受益人口达 29 063 人。水峪贯镇煤烟型氟中毒应改灶 2199 户，实改灶 2197 户，受益人口达 9542 人。

2004 年 11 月，县防疫站地病科对西营镇寨子村 8—12 岁儿童做了氟斑牙情况调查：监测 217 名儿童，其中氟斑牙患者有 60 名，患病率为 27.6%；白垩患者有 18 名，占患病总人数的 30%；着色型患者有 35 名，占患病总人数的 58%；缺损型患者有 7 名，占患病总人数的 12%，按 9 度分法统计各型均属轻度。由于水质结果不明，未能作全面分析，但从儿童氟斑牙患病情况分析，仍属国家规定的控制标准之内，未发现病情反复现象。

抗击"非典" 2003 年 3 月 7 日，太原市发现首例输入性"非典"病例。4 月 7 日，抗击"非典"工作在全县铺开。全县各机关、团体、乡村积极行动，根据上级部署，开展防范"非典"工作。在 4 个月的抗击"非典"期间，在东有清徐县，西有文水县都出现"非典"病人的情况下，交城县未发现一例"非典"病人，取得了抗击"非典"的胜利。

"非典"疫情发生后，全县社会各界人士同心协力抗击"非典"，奉献爱心。截至 2005 年 5 月 20 日，全县共收到社会捐款 22.35 万元，捐物折合人民币达 2.75 万元。政协交城县委员会发出倡议，号召广大政协委员和各界人士为抗击"非典"捐献爱心，大家积极响应，慷慨解囊。5 月 25 日，县政协共收到委员捐款 4.26 万元和价值 6000 元的物品 50 件。

第四节　妇幼保健

一、妇女保健

1977 年到 1985 年，交城县妇幼保健站只进行妇女月经期、孕产期、产褥期、哺乳期、更年期五期劳动保护宣传，以及妇女子宫脱垂、尿瘘两病防治新法接生普及工作。1985 年到 1990 年，逐步开展了婚前检查以及妇女滴虫性阴道炎、宫颈糜烂等常见病的普查普治工作，在全县范围内对女职工和农村妇女进行健康检查，女职工健康检查达 90% 以上，农村妇女的健康检查亦达 45% 以上。1990 年后，县妇幼保健站进一步健全妇幼保健三级网络（以县妇幼保健院为龙头，乡镇卫生院为枢纽，村卫生室为网底），加强培训工作，使三级保健人员掌握了技术，规范了常规服务，提高了识别能力，降低了孕产妇死亡率和婴儿死亡率。孕产妇死亡率由 1989 年的 18.07% 万降到 1994 年的 8.19% 万，婴儿死亡率由 1989 年的 51.87‰ 降到 1994 年的 33.84‰，出生率由 1989 年的 21.04‰ 降到 1994 年的 18.77‰，新法接生由 1989

年的 29.92% 提高到 1994 年的 95.61%。1995 年后，县妇幼保健站开展社区卫生保健服务，对社区内新婚夫妇、孕产妇及婴幼儿家长进行重点干预，诸如组织观看健康教育片、发放教育手册等，孕产期保健系统管理率达到 98% 以上，孕产妇住院分娩率提高到 46%，妇女的生殖健康得到了有效保护。

为了进一步降低孕产妇死亡率和根除新生儿破伤风，交城县被列为国务院"降消"项目县。从 2005 年的 1 月开始，一年内要求孕产妇住院分娩率达到 75%，孕产妇死亡率下降到以 2001 年为基准的四分之一，新生儿破伤风发生率降到 1‰以下。

二、儿童保健

1985 年至 1989 年，儿童保健增加新内容，在全县范围内进行小儿四病（维生素 D 缺乏性佝偻病、婴幼儿缺铁性贫血、小儿腹泻、婴幼儿肺炎）防治工作，并结合全县实际，开展了儿童智力筛查工作。在集体儿童中，重点开展眼保健与口腔保健，防治沙眼、龋齿，全县 7 岁以下儿童体检率达 50%，集体儿童体检率达 95% 以上。

1990 年至 1995 年间，交城县开展儿童保健系统管理，针对儿童发育期的不同生理特点进行健康指导。开展 3 岁以内儿童系统管理及小儿生长发育监测试点工作，进行儿童发育纵向监测，及时发现儿童发育中存在的问题，发现体弱儿童，进行重点治疗。在婴幼儿呼吸道感染、腹泻高发时期，对乡村妇幼保健人员进行了婴幼儿急性呼吸道感染管理、小儿腹泻防治、母乳喂养等指导。0 —3 岁儿童系统管理率由 1989 年的 0，提高到 82.3%，0 —7 岁儿童体检率由 1989

年的 38.88%，提高到 85.45%。婴幼儿死亡率由 1989 年的 51.87‰，降到 1994 年的 33.84‰；5 岁以下儿童死亡率由 1989 年的 54.36‰，降到 1994 年底的 40.12‰。

1995 年以后，随着《母婴保健法》的颁布，特别是开展"削峰"工程以后，成立新生儿疾病筛查分中心。婴幼儿死亡率 2000 年下降到 23‰，2004 年下降到 18‰，2005 年下降到 8.17‰。开展新生儿先天性疾病重点监测、儿童营养指导、儿童微量元素缺乏症的检测和治疗、集体儿童中眼的保健，开设儿童保健门诊、营养咨询、母乳喂养指导等。

第五节　体育健身

交城县制定颁行《135 健身计划目标》，即 20 世纪末，全县有 1 万名干部职工，3 万名学生，5 万农民达到国家健身要求，常年参加体育活动的人数达 45%。2005 年，成立交城县全民健身指导总站 22 个辅导分站，主要活动项目有传统广播操、太极拳、形意拳、八段锦、气功健身、交谊舞、健身秧歌、健身操、健身球、太极功夫扇、柔力球等。2005 年，王学会、郭守富、乔金花、刘秀英被评为吕梁市健康老人。

体育团体　交城县体育团体有：武术协会、围棋协会、信鸽协会、形意拳协会、象棋协会、太极拳协会、乒乓球协会、篮球协会、门球协会、老年人体育协会。2003 年，老年人体育协会被评为全国先进集体，协会主席郭秀峰被吸收为山西省老年体协第五届委员。2005 年，西营刘二小、奈林三玉叶被评为山西省老年人体育工作带头人。

体育设施　1986 年至 2005 年，建田径运动场 8 个：西汾阳学校、覃村学校为 400 米田径场，柰林学校、阳渠学校、东关学校、安定学校、广兴学校、成村学校为 200 米田径场。2004 年，大运体育走廊项目建篮球场 12 个。

获奖情况 1986 年，山西省农民篮球赛，女队获第六名；山西省优秀射手比赛，苏春香获小口径步枪第一名。1993 年，山西省第九届运动会资格赛，体校柔道队获 3 个第四名、1 个第六名，获参赛资格。1994 年，吕梁区"金融杯"比赛，田兰夺魁。1995 年，山西省传统武术锦标赛，李玲泽（女）获鞭杆第一名，郭庆庆获鞭杆第二名、形意拳第四名；首届国际形意拳锦标赛，武志华（女）获第三名，苏爱华获第四名。1996 年，吕梁地区职工乒乓球赛，交城县囊括 6 项冠军，韩晋东、赵东萍分别获男女单打冠军；山西省第六届运动会，程长胜获象棋第三名。1997 年，山西省"煤运杯"武术锦标赛，许向东获自选形意拳第二名，武志华获传统器械第二名，陈志宏获 48 式形意拳第二名，高福伟获三节棍第二名；吕梁地区象棋赛，交城县获团体总分第二名，程长胜获个人第一名。1998 年，第三届"山西汾酒杯"全国武术邀请赛，交城县以 81 分的成绩获团体冠军，郭庆庆获形意拳器械第一名，耿少刚获形意拳规定第一名，许向东获自选形意拳第一名，杜娟莙综合拳第一名，翟麟焱获中级形意拳第一名、十二形第一名，郭丽丽获形意鞭杆第一名，武志华获综合形意拳第一名，陈志宏获中级规定拳第二名，成五兵获刀术第二名，曹慧莙中级形意拳第二名、高级形意拳第二名。2000 年，吕梁地区篮球赛，交城县男子篮球队获冠军；乒乓球比赛，获男团冠军，韩晋东、赵东萍获男女单打冠军；"新华杯"围棋赛，获团体冠军，韩国全获第二名，石宝宝获第三名；吕梁地区"公路杯"象棋赛，程长胜获第二名，同年代表吕梁地区参加山西省棋王大赛。2001年，"柳林杯"全国象棋大师赛，程长胜等6人参加，程长胜在一对三十的单轮赛中获胜。2002年，山西省职工乒乓球赛，获女团第五名，韩晋东获单打第三名。2003年，吕梁地区象棋大赛，交城县代表队获团体第二名，程长胜获个人第一名。2005年，山西省大运体育走廊农民篮球赛，交城县农民代表队获第六名；山西省珍奥健身操比赛，交城县代表队获表演第一、最佳阵容第一；吕梁地区"黄河杯"象棋比赛，程长胜获个人第二名；吕梁市首届运动会，交城县派出175人，参加了10个大项比赛，获总分第三名。

第六章　体制改革

第一节　农业体制改革

20 世纪 80 年代至 21 世纪初，是由农业集体化转变为以户联产承包土地的重要时期。在党中央连续三个 1 号文件的指导下，农业生产责任制进一步完善。2004 年，全县进行农业税费改革，取消了"三提五统"，农民负担由过去的人均 31.58 元降为 13.08 元。2005 年起，全部减免农业税，结束了中国延续 2600 多年农民种地纳粮的历史。

随着农用机械的广泛应用，全县山区机耕占总耕地面积的 21.3%，机播与总播种面积的 17.9%，机收占总收获面积的 14.5%。平川机耕占耕地面积的 98.2%，机播占总播种面积的 96.1%，机收占总收获面积的 22.4%。

交城县是山西省五个插花贫困县之一。在发展农业生产的同时建立健全了扶贫规划项目实施的组织管理体系。制定了 2001—2010 年农村扶贫总体规划，建立和完善了贫困村持续发展的长效机制，积极探索扶贫开发工作途径，由 20 世纪 90 年代的救济式扶贫，发展到开发式扶贫。

交城县重视生态农业建设。1996 年，制定《交城县生态农业建设总体规划》，2004 年，项目通过农业部验收。全县经过生态农业综合建设，新增林草面积 11 万亩，林草覆盖指数由 47% 提高到 51.9%。退化土地治理率达到 50%

以上，每亩化肥、农药用量比 1999 年下降 8 公斤和 0.07 公斤；秸秆综合利用率达到 70% 以上，土地生产率和劳动生产率分别达到 2590 元 / 公顷和 1930 元 / 人；农畜产品大幅度增加，商品率进一步提高，95% 以上的贫困户脱贫。农村人口科技素质明显提高，初中以上文化程度占到总人口的 80% 以上。从根本上改变了农业生产格局，农村面貌发生了显著变化，农业生产力极大提高，农业生产步入可持续发展的轨道。

一、四荒拍卖

1985 年底，全县有"四荒"（荒山、荒沟、荒坡、荒滩）面积 20.32 万亩，占国土面积的 7.5%。1992 年，在水峪贯镇和岭底乡开始搞试点，在示范的基础上摸索经验，拍卖治理"四荒"工作逐步推开。年底，拍卖总面积达 31 500 亩，涉及全县 12 个乡镇，购荒户有 1355 户。拍卖金额达 11 万元，签订合同达 1104 份。

到 2005 年，全县 20.32 万亩"四荒"地中，可拍卖利用面积 16.8 万亩全部拍卖完毕，涉及 232 个村 4101 户，13 位公职人员，8 个机关团体。其中农户独户购买的有 2230 户，10.128 万亩；公职人员独户购买的有 9 人，0.129 万亩；联合购买的有 185 户，5.945 万亩；机关团体购买的有 8 个，0.598 万亩。全县累计治理面积达 11.91 万亩，占总拍卖面积的 71%。拍卖总金额达 44.66 万元，签订 2622 份契约。

"四荒"拍卖治理过程中，涌现出了很多好的典型。如：寨上乡柏崖头村 12 户农民购荒 2400 亩，栽植果树 300 多亩；会立乡会立村薛向前购荒 640 亩，种树 400 亩。

二、土地承包

1994 年，农民第一轮以户联产承包的土地承包期（为 10 年）结束。按照中央要求，全县开展了第二轮延长土地承包期工作（承包期为 30 年）。试点在古洞道乡和 33 个村进行。年底，全县完成 73 个村涉及 10 790 农户和 5.8 万亩耕地的延长土地承包期工作。

1995 年，全县所有行政村土地到户工作基本完成。

2000 年，全县延长土地承包期稳权发证工作基本完成。完成土地到户、合同到户、使用证到户即"三到户"的村有 256 个。涉及耕地面积 19.58 万亩，共下发土地承包合同书、土地使用证 34 994 份。

三、三山绿化

1981 年，交城县人民政府进行稳权发证工作，自此林业战线上的"三山（责任山、自留山、义务山）、两户（专业户、重点户）、一林场（户办林场）"的先进典型相继涌现。

责任山 1982 年至 1984 年间，燕家庄、中庄、古洞道乡将有疏林或集体组织造林的荒山，通过签订合同的形式承包给个户，合同期为 5 年、10 年或更长的时间。集体逐年付给个人一定的报酬，林权归集体，个人只有管护权，没有采伐权。这种责任山共有 1000 多亩。

自留山 1982 年将宜林荒山下放给农民个人，并发给宜林荒山长期使用证，山权归国家，林权归个人，允许有继承和转让权。到 1985 年，已下放给农民自留山 54 821 亩，经营户数为 4348 户，其中已造林 25 580 亩，涌现出荒山造林专业户、重点户 48 户。1985 年横尖镇荒山造林 1900 亩，占该镇下放自留山 2237 亩的 85%。

义务山 1982 年起，各乡镇、各机关都建立各自的义务植树基地，山区称义务山。据 1985 年统计，有义务山 1000 余亩，已基本绿化。

第二节　工业体制改革

20 世纪 80 年代到 21 世纪初期，交城县工业体制大体经历了三次改革：

第一次改革：1987 年至 1989 年以承包制为主要形式的改革，企业厂长经理对企业实行竞争性承包，完成或超额完成承包指标的由县财政发放奖金。

第二次改革：1997 年不涉及土地使用权的产权制度改革，主要形式是企业产权（不包括土地）交给企业经营者经营，但职工身份未彻底置换，企业债务未彻底处置。标志性改制文件是中共交城县委、交城县人民政府《关于加快国有（集体）企业改革的实施意见》。

第三次改革：2002 年 8 月 28 日，中共交城县委、县人民政府下发《关于进一步推进国有（集体）企业改制的补充意见》。以此为标志，全县企业进行了第三次改革。改制的核心是"一退二置换"，即国有（集体）资产退出竞争性领域，置换国有（集体）资产与职工全民（集体）所有制身份，采取兼并、出售、股份改造、破产等多种形式。实行资产重组，企业与职工解除劳动关系，新企业与职工建立新的劳务关系，实现生产要素的优化组合，逐步建立产权清晰、权责明确、政企分开、管理科学的现代企业制度。这一次改制是交城县企业最彻底的一次改革。

一、国营企业改制

2001年,交城县化肥厂实行公开拍卖,改制成民营企业,更名为交城县田宝肥业有限公司。

2001年,交城县有机化工厂实行公开拍卖,改制成民营企业,更名为天源化工有限公司。

交城县毛皮制革厂于1997年采取破产形式改制,2001年破产终结。

2004年12月31日,交城县电石厂职工大会审议通过了《交城县电石厂完善企业改制妥善安置职工实施方案》。交城县人民政府于2005年6月以交政[2005]23号文件,对企业破产改制请示报告进行批复。

2005年1月6日,交城县火山煤矿职工代表大会审议并通过了《交城县火山煤矿完善企业改制妥善安置职工实施方案》。金桃园煤炭有限公司以1.6亿元竞得交城县火山煤矿国有资产(含二地使用权)。

交城县水泥厂、西冶铁厂、磷肥厂、提花织物厂等企业已与县财政对资产进行了交割,国有土地使用权未出让,企业职工国有身份未置换。交城县农机修造厂与轻工系统工艺玻璃厂合并,对原厂址土地进行房地产开发改造。交城县酒厂整体托管给玄中酒业有限公司经营。

二、二轻企业改制

1987年化工染料厂率先试行领导班子委托承包经营取得成功。1988年绵织厂、服装厂、木器纺织配件厂、机床厂等8户企业推行了领导班子委托经营3年承包责任制。化工厂、制鞋厂和二轻供销经理部实行投标承包经营。1991年至1993年全系统实行领导班子委托经营第二轮承包责任制。

1988 年服装厂兼并制鞋厂。1989 年交城县二轻服务公司被五金工具厂、棉织厂和化工染料厂分割兼并。1990 年五金工具厂兼并化工厂。1996 年 10 月，交城县防腐钢衬玻璃厂破产还债。1999 年木器纺织配件厂改造为沙河商业街，企业改制为中兴工贸有限公司。 2001 年交城县服装厂改造成"名都服饰商场"。2002 年 11 月，交城县五金工具总厂由山西北泰钢铁集团公司并购重组。2003 年交城县化工染料厂整体出让给山西兴玉房地产开发公司改建成住宅区。2004 年 10 月，交城县机床厂土地使用权出让给山西兴玉房地产开发公司改建成住宅区。11 月，交城固特织造有限公司整体出让给交城天元物贸发展有限公司。至此，交城县二轻企业经历了一段辉煌之后，逐步走向消亡，它的辉煌业绩将永载史册。

三、乡镇企业改制

1986 年以后，乡镇村集体企业不断改制为民营企业。到 2005 年全县属集体所有制的企业只剩 15 户：即天宁镇的机械研制厂、钢窗厂、精密铸造厂、水玻璃厂、华新特种钢厂、工矿机械厂、兴晋矿山机械厂、城关铸钢厂、华锋铸钢厂，夏家营镇的东昌锅炉设备有限公司、至诚耐火材料有限公司，水峪贯镇的古洞道铁厂、水峪贯镇煤矿五坑、水峪贯镇煤矿三坑和会立乡的中庄石棉矿。以上企业均采取承包形式经营。

第四编

习近平新时代中国特色社会主义

第一章 农业农村

第一节 农 业

一、农业

2013 年以来，交城县在保证粮食生产安全的前提下，加大农业生产结构调整力度，通过推广优良品种和农业实用技术，提高单位面积产量，增加粮食总产。先后有安定千亩产业园区、承俊大棚种植专业合作社、尚农垣田庄、翠丰葡萄园、建丰农牧专业合作社、坤润现代农业发展有限公司等企业，优化种植结构和扩大种植规模，与科研院校和大公司合作提升设施农业技术水平，促进了交城县设施农业生产技术水平得以大幅度提升，为设施农业产业发展注入活力。

通过实施 8+2 农业产业化发展、农业标准化创建工作、小流域综合治理工程、一村一品专业村建设、农产品加工"513"工程、七大产业振兴和翻番工程、耕地地质保护和提升行动，交城县的农业生产获得长足进步。

食用菌产业发展 蘑菇、木耳采摘是交城山区的传统产业。2016 年交城县农业农村局在庞泉沟镇成立交城县食用菌研究中心。中心结合交城县气候环境和旅游产业发展，重点开展羊肚菌的人工栽培训化工作，采用"中心＋基地＋菌农"的方式，在山区和平川乡镇实施吊袋木耳——羊肚菌循环种植和羊肚菌——蔬菜种植。食用菌研中心为食用菌种植户提供菌种、技术服务、生产器械、信息咨询、销售服务等，有力地促进了全县食用菌的发展，也为脱贫攻坚提供了产业支撑。同时，带动了交城县天之然菌业有限公司、交城县浩轩种植专业合作社、交城县顺鑫农林业合作社等一大批食用菌龙头企业。截至2019年，全县建成食用菌大棚153个，定做木耳等食用菌180万棒，产量达11万公斤，年产值达1058万元，带动了900多户贫困户增收脱贫。

中药材产业发展　利用交城山区丰富的林地资源和800多种野生药材资源及生物多样性的优势，发展中药材产业。重点开发柴胡、连翘、远志、黄芪等中药材种植和挖掘具有交城特色的猪苓、交党、桔板等道地中药材资源，建立交城中药材资源信息库。支持国新能源、苏家湾村、山水农贸等企业发展中药材规模种植。鼓励香树林生物科技公司利用灌木林地、四荒地开发玫瑰、艾叶、薄荷等药材种植，引导山区农民开发种植中药材。加强交城县道地优势贵重药材"猪苓"研发种植，提高中药材产业的开发价值。以中药材合作社为重要产业化纽带，以国新能源和其他中药材加工企业为龙头，形成农户种植、合作社收购初加工、交售龙头企业的产业化模式。组建交城县中药材产业协会，开发建设药用植物示范园，加强中药材质检体系建设，形成有影响力的道地中药材种植基地。2019年，全县中药材种植面积约有1.1万余亩。

设施蔬菜产业发展　重点以西营镇、洪相镇为主，发展高效农业产业园区设施农业建设，2019年实现年产蔬菜达2.5万吨，产值达4500余万元。园区采取集中流转土地、园区规模经营、农民入园打工等形式，农民获得土地和打工双重收入。完成新技术、新品种试验示范面积达 2100 亩，引进国内优质新品种有 10 余个，增加设施农业中的名、优、特、稀蔬菜品种的生产比重。

休闲农业和乡村旅游 推进以翠丰庄园、宏禾园、瑞景苑、如金生态园等省级示范园为主的壮大和发展，形成以庄园经济为特色的城市近郊观光、休闲、度假旅游产业。平川地区以设施农业配套休闲观光，山区以农家乐、采摘园为主导，发展推动休闲农业不断发展壮大。2019 年，全县休闲农业和乡村旅游实现销售收入达 7800 万元。

二、林业

造林绿化 交城县造林绿化主要依托国家林业重点工程、省级造林工程及市县安排绿化工程。2016 年，全县完成营造林面积 2.53 万亩，栽植各类苗木 320 余万株。2019 年，天然林保护封山育林工程完成 0.65 万亩、三北防护林人工造林工程完成 0.4 万亩、省级通道沿线荒山绿化工程完成 0.3 万亩。

围绕建设"生态交城"标准，将提升交城县绿化水平、扮靓交城山川作为一项常态化、规范化工作来抓，重点实施国道、省道、高速、县乡公路等通道沿线、村庄绿化、学校绿化以及华鑫湖、卦山文昌宫、柏叶口等景区、景点周边绿化，2016 年，完成四旁植树 85 万株，完成绿化面积 0.23 万亩。完成工业东路、工业西路、玄中路、南环路东延、高速连接线等 14 条道路两侧绿化带及吕梁英雄纪念广场和华鑫湖周边绿化工程的后期管护，共补植各类规格苗木 8 万余株，管护绿篱、草坪等 10.1 万多平方米、乔灌木等 12 万多株。

林业有害生物防治检疫 完善林业有害生物防治应急预

案，抓好林业有害生物的监测、防治、检疫工作，严密防范外来有害生物入侵和传播。2016年，重点针对卦山柏树、部分经济林发展区域、国道307线防护林带等地段林业有害生物，采取果断措施，集中除治，防治面积达2000多亩，确保了生态安全。

壮大花卉苗木产业　依托旅游业发展强劲态势，打造卦山生态园、华鑫湿地公园等花卉种植和展示基地。以瑞景苑花卉生产基地为窗口，拓展园艺展览馆，集花卉生产、引种试验、观光旅游功能于一体的"鲜花港"项目建成运营，带动农户参与花卉苗木生产，促进形成交城县成长性的以设施农业为依托的花卉产业基地。依托青木、碧州等专业苗木生产经营企业，建成核桃、红枣经济林苗木和白皮松、油松、竹柳等绿化苗木基地。推动花卉苗木产业化、规模化、集聚化发展，实施精品战略，引进花卉苗木新品种，促进创名牌、推品牌，提升产业竞争力和对外影响力。"十三五"期间全县形成2万亩花卉苗木生产基地。

推动经济林持续发展　以脱贫富民产业为引领，提升和发展红枣、核桃产业。一是巩固红枣种植面积，在做好石壁千亩红枣改造升级试点的基础上，加快红枣提档升级，在天宁、夏家营、西营、洪相、岭底等乡镇产枣村重点升级改造8000亩，新建2000亩，实现具有品牌价值的"交城骏枣"生产能力稳定在7万吨左右。利用骏枣生产管理技术和接穗苗木优势，拓展骏枣在新疆的种植基地面积。通过"交城骏枣"品牌优势的内外部种植和加工的资源整合，把交城打造成全省乃至全国的红枣加工流通集散地。二是按照"上规模、抓管理、增效益、树品牌、带增收"的管理原则，加强核桃丰产管理，推广高接换优技术，以标准化精细管护实施核桃林提质增效。推进碧洲等优质核桃示范园建设，以产业化经营做大做强核桃经济产业。"十三五"期间，每年新增核桃林5000亩，实现边山及浅山区宜林核桃经济林全覆盖，使核桃成为交城县重要的富民产业。

发展林木经济 利用山区丰富的林地资源和800多种野生药材资源及其生物多样性的优势，大力发展中药材、食用菌、养蜂、养鸡等林下经济。

食用菌。推进原生态野生菌类和人工培植食用菌并重的产业发展，形成食用菌不同的产业层次，满足差异化的市场消费需求。鼓励山区农民采摘野生菌类，开发利用林地灌木野生培植木耳、银盘等野生菌类，提高原生态食用菌的产量和市场竞争力。依托双龙、宏基源等食用菌龙头企业，以工厂化生产为引领，利用农作物秸秆资源，生产平菇、香菇、金针菇、白灵菇、杏鲍菇等菇种食用菌。2019年，全县食用菌产出达到3万吨以上，精深产品销售量达到30%以上。

养蜂业。依托交城山区广泛分布的枣、杏、洋槐等丰富的蜜源植物，发展养蜂健康、生态产业，主推中华蜂品种，重点发展天然优质有机蜂产品生产，发展壮大蜜蜂养殖、加工、销售龙头企业，蜜蜂养殖龙头企业达到10户。

三、牧业

按照"山川联合"发展思路，发挥交城山区林草资源丰富、平川秸秆和玉米种植的优势，推进山区繁殖和散养、平川集中育肥的畜牧产业化发展模式。以农业产业化龙头企业为依托，建立高档母牛繁育、架子牛(山区)——育肥场(平川)的山川联合养牛产业链。构建繁殖母猪(平川基地)——山区村级和合作社健康养殖小区的扶贫产业放养模式，促进禽进山（散养生态鸡、土鸡蛋）、畜下山（集中育肥）的生态畜牧产业发展，建设交城县具有竞争力健康畜牧业养殖基地，形成肉牛、生猪、肉羊、禽蛋四大健康生态养殖业。加快品种改良和良种繁育，加强动物疫病防控体系和畜产品质量安全体系建设，发展山区牧草种植，推进平川秸秆养殖，发展沟域经济和庄园经济，推进建设小型规模畜（收）场。

交城县实施人畜分离工程补助、封山禁牧售羊补助、蜜蜂养殖补助、肉牛改良补助、能繁母猪保险等多项鼓励牧业发展政策。2019 年底，交城全县猪、牛、羊、鸡存栏量分别达到 25 219 头、18 308 头、30 289 只、952 475 只（蛋鸡 645 830 只，肉鸡 306 645 只），出栏量分别为 54 125 头、9091 头、20 042 只、1 162 837 只，肉、蛋、奶产量分别达到 0.72 万吨、0.55 万吨、0.15 万吨，牧业总产值达到 4.67 亿元，形成 1000 个以上标准化的健康养殖小区。

四、水利

柏叶口水库 国家"十一五"水库建设规划的重点项目、山西省"大水网"建设的骨干工程之一。柏叶口水库位于交城县会立乡柏叶口村上游约 500 米的文峪河干流上，水库控制流域面积达 875 平方公里，总库容达 10 137 万立方米，年供水达 8737 万立方米，同时利用水库供水进行发电，装机容量为 3200 千瓦，年发电量为 978 万千瓦时。工程于 2009 年 9 月开工建设。2013 年 9 月 2 日大坝下闸蓄水，2015 年 12 月由建设期转入运行期。

龙门供水工程 山西省人民政府确定的柏叶口水库重点配套工程是交城人民引水入交的千年期盼，工程于 2012 年

2 月 23 日开工建设，属市、县联建重点工程。龙门供水工程从文峪河中游龙门口设置取水枢纽，采用隧洞结合输水管线以自流形式送水到大运高速与青银高速公路立交桥南侧 400 万立方米蓄水池，引水线路总长达 32.434 公里，年引水量为 1800 万立方米，其中工业及城市生活用水为 1100 万立方米、农业用水为 700 万立方米。工程主要由取水枢纽、输水箱涵、输水倒虹吸、输水隧洞、输水自重压力流输水线以及附属建筑物和交叉建筑物等组成。

工程主要建设内容有：取水枢纽，包括溢流坝、进水闸、冲沙闸及上下游河道防护工程；输水管线全长达 19.391 公里，沿线设附属建筑物 104 座，交叉建筑物 32 座；输水工程主要建筑物包括钢筋混凝土输水箱涵 1 座，长 1.258 公里，地埋式 DN1000PCCP 管倒虹吸 1 座长度 2.287 公里，隧洞 3 段，总长达 9.393 公里。

工程总投资达 28 077 万元，其中占地总投资达 700.7 万元。2018 年 5 月，龙门供水工程正式通水，缓解了交城县工业及生活用水紧张局面，同时可提供 3 万亩农田灌溉用水，具有显著的社会及经济效益。

瓦窑水库除险加固 2013—2014 年进行应急专项除险加固工程，水库的防洪能力达到 30 年一遇设计、300 年一遇校核标准。加固工程有：大坝右坝肩及坝基砂石层帷幕灌浆，泄洪洞施工缝及伸缩缝漏水处理，底板砼衬砌，泄洪洞闸室廊道上游顶部出露段防渗处理等。

小型农田水利项目 2013 年以来，交城县连续分年度实施小型农田水利项目，实施农村饮水安全工程，解决了东坡底乡石沙峪口、游家坪、贺家沟，庞泉沟镇阳坡、刁窝，西社镇高家岭 6 个村 1184 人、502 头牲畜的饮水问题。完成第四批饮水工程提质攻坚项目，惠及会立乡河西庄 318 人、水峪贯镇席麻村 238 人、东坡底乡惠家庄 411 人。完成水峪贯镇抗旱应急提水工程、大游底抗旱应急引水工程、会立乡抗旱应急引水工程。解决水峪贯镇、会立乡严重干旱情况下 11 595 人的基本生活用水，日供水量达 1027 立方米。完成汾河灌区 2 万亩农田的斗、农渠砼防渗处理工程建设，完成斗渠 16.55 千米，完成农渠 67.04 千米。

第二节　新农村建设

2013 年以来，全县共申报山西省、吕梁市美丽乡村示范村 6 个。其中省级示范村 3 个：生态旅游示范村——山水村、移民新村兼生态旅游示范村——柏叶口村、生态旅游示范村——田家山村。市级示范村 3 个：夏家营村、磁窑村、段村。2016 年 12 月 18 日，交城县被授予"中国美丽乡村建设示范县"称号。

2019 年，全县有 108 个新农村建设试点村和重点推进村，已形成有产业特色的专业村 48 个，占全县行政村比例的 32%，其中，形成养殖类专业村 25 个，核桃种植专业村 7 个，水果、蔬菜、玉米种植专业村 16 个。肉牛养殖是交城县的"一县一业"产业，全县年存栏牛有 2.2 万头。农业产业化进程不断加快，产业基地建设规模壮大。

第三节　脱贫攻坚

交城县是山西省定 22 个贫困县之一，"十三五"时期针对全县山区面积广、扶贫难度大、减贫成本高、返贫现象重、产业扶贫能力弱化等困难，贯彻中央和山西省、吕梁市脱贫攻坚总体要求，坚持"八个精准"（扶贫对象精准、项目安排精准、资金使用精准、措施到户精准、因村派人精准、脱贫成效精准、工作考核精准、验收退出精准）要求，落实"五个一批"（产业脱贫、易地搬迁、生态补偿、发展教育、社会保障兜底）脱贫措施，深入实施五大富民脱贫产业（旅游业、畜牧养殖业、经济林产业、中药材产业、光伏产业）和五大惠民脱贫工程（易地扶贫搬迁工程、基础设施改善工程、培训就业脱贫工程、生态补偿脱贫工程、社会保障兜底工程），以脱贫攻坚统领"三农"工作，打赢脱贫攻坚战。2018 年，完成全县 73 个贫困村 29 378 名贫困人口全部脱贫，实现"贫困县"脱贫摘帽，稳定实现全县农村贫困人口不愁吃、不愁穿，义务教育、基本医疗和住房安全有保障，确保与全市、全省同步迈入小康社会。2019 年，全县农村各类农业专业合作社达到 434 个，150 个行政村集体经济全部破零，发展产业项目 310 个，扶贫产业根基坚实稳固。

一、精准脱贫"三规对接"

交城县编制《交城县脱贫攻坚总体规划》《产业扶贫专项规划》《分年度脱贫规划》，做到三规对接，有序实施。

总体规划。明确三年脱贫任务书、时间表、路线图，通过精准施策、精准管理、精准算账，始终推动收益水平较高的贫困人口率先脱贫。2016年、2017年分别脱贫8500人，2018年底剩余贫困人口和返贫人口全部脱贫。

专项规划。根据贫困人口区域分布、致贫原因，争取上级支持，做好产业扶贫等各类专项规划，做到项目安排精准、国家扶持政策精确到位。

年度规划。制定分年度脱贫计划、实施项目、资金投入和推进措施等，明确思路、目标、重点，确保精准扶贫、精准脱贫到村、到户、到人，精准制定分年度脱贫绩效和考核目标。

二、"五个一批"工程

交城县根据"建档立卡"识别的贫困人口致贫原因及脱贫需求，实行分类精准扶持，实施产业脱贫、易地搬迁、生态补偿、发展教育、社会保障兜底的"五个一批"精准扶贫措施，坚持扶贫措施叠加，贫困人口全面脱贫。

五大富民脱贫产业

利用交城县山川互济，生态资源、人文资源相对厚植的特点，以大旅游、大农业促进大扶贫，把发展旅游业、畜牧养殖业、经济林产业、中药材产业、光伏产业五大富民产业作为产业脱贫的主战场。

旅游开发带动扶贫。依托交城县"一圈一带"旅游开发，建设观光休闲型农业、柏叶口水库旅游风景区、隆美水上乐园二期拓展及果老峰景区建设工程、苏家湾旅游区开发项目等，大力发展乡村旅游。通过就业安置直接脱贫1100人，通过旅游产业带动农家乐、种植、住宿、餐饮、小商品销售、旅游商品开发等关联产业发展，创造出2000多个就业岗位，带动5000贫困人口脱贫。

扶持畜牧产业。一是依托山区牧草资源优势，建设以庞泉沟镇、会立乡、东坡底乡为中心的高档母牛繁殖区，扶持专业合作社和专业户饲养高档母牛、架子牛，依托万通、新瑞利邦等育肥牛场，加快实施新瑞利邦2万头优质肉牛养殖项目，壮大"山区拉架子、平川搞育肥"的养牛产业模式，使宜牧区农民户均1头基础母牛、人均年出栏1头架子牛，形成高档肉牛养殖的富民产业基地。二是依托和引进"大象"等规模养猪企业，建立"公司＋基地＋村（合作社）＋农户"的发展模式，实行"统一规划布局、统一建设标准、统一技术服务、统一提供幼仔、统一供应饲料、统一保底回收"的"六统一"产业扶贫方式，建设1万头—2万头母猪繁育基地，联动贫困村（合作社）建立300—500头存栏育肥猪养殖基地100个，实现母猪繁育基地60公里辐射范围内的平川边山一带暨西社、会立、岭底、水峪贯等乡镇人均2头生猪。发展养蜂业，新增蜂群5万箱，培育蜜蜂养殖龙头企业10户以上。此外，采取散养和圈养相结合的方式鼓励贫困山区养羊产业发展，实现贫困人口人均1头羊。以上畜牧产业实现产值达5亿元以上，山区农民人均畜牧收入达1800元。

经济林产业。一是壮大红枣产业，发挥交城县浅山区和平川边山带种植红枣的优势，巩固红枣种植面积，加快红枣提档升级，实现本地红枣种植3.5万亩，产枣区农民人均拥有1亩以上红枣林，人均直接增收3000元。进一步提升"交城骏枣"的品牌优势，扶持红枣龙头企业创品牌、拓市场能力，做强做优品牌红枣产业基地，使红枣成为富民增收的稳定产业。二是培育壮大核桃产业，推广边山及山区核桃经济林全覆盖，每年新增核桃经济林5000亩，重点打造洪相乡西岭片、岭底乡、西社镇、水峪贯镇4个山区万亩核桃经济林示范区以及辛寨生态产业（核桃经济林）片区辐射带动的2万亩平川核桃经济林示范区。2018年，全县核桃面积达到8万亩，山区农民人均1.2亩丰产核桃林，人均直接增收1350元。三是发展林禽、林菜、林草、林菌等林下经济，上马红枣复合保健粉、液态核桃奶等深加工项目，建立羊肚菌研发中心，大面积推广羊肚菌人工栽培。

中药材产业。组建中药材产业协会，建设药用植物示范园。以"国新能源"1万亩中药材基地为龙头，在会立、庞泉沟、东坡底等乡镇发展猪苓、柴胡、连翘等优势宜种道地中药材资源，3年内达到了5万亩的规模。通过中药材种植开发，带动贫困人口脱贫4000人，人均可增收1000元。

光伏产业。紧抓山西省首批光伏扶贫试点省份和吕梁市把光伏扶贫列入"三个一"战略工程的政策机遇，发挥光伏电站收益稳定、服务期限长达25年的特点，依托中科光电控股公司，加快光伏扶贫项目试点村建设。推进资产性收益脱贫，将财政专项扶贫资金和其他涉农资金投入光伏发电项目，形成资产收益分配机制，增加贫困村、贫困户的收入，帮助深度贫困人口稳定脱贫。

五大惠民脱贫工程

坚持"挪穷窝"与"换穷业"并举、安居与乐业并举，实施五大惠民脱贫工程。

易地扶贫搬迁工程。把易地扶贫搬迁与农村危房改造、美丽乡村建设结合起来，对立地条件差、环境脆弱、资源贫瘠村庄等缺乏基本生存条件地区的贫困户，按照"政府引导、群众自愿"的原则，实施易地搬迁，差异化采取行政村就近安置、移民新村集中安置、依托城镇和工业园区安置、依托乡村旅游区安置、"去库存"安置、"五保"特困户安置等集中安置方式和插花安置、货币安置等分散安置方式，做到搬得出、稳得住、能致富。以交城县正达资产管理有限责任公司为易地扶贫搬迁实施主体，建设梁家庄移民安置小区、安定村安置小区、西营村天瑞安置小区，安置 1435 户、3712 人，基本满足全县安置贫困户的要求，通过易地搬迁带动全县 5486 人脱贫。

梁家庄移民安置小区，位于天宁镇梁家庄村南，交通便利。小区建筑面积达 8.3 万平方米，包括 19 栋 6 层砖混住宅楼和约 3000 平方米的小区附属配套用房，拥有房屋 1092 套。2018 年，入住建档立卡贫困人口有 895 户 2617 人。配套建设的城东小学、集贸市场竣工，即将投入使用。同步规划建设的龙门大街，将于 2021 年开工建设。

天瑞移民安置小区，位于西营镇西营村，占地 27 亩，建筑总面积达 22 234 平方米，拥有住房 246 套。

康乐移民安置小区，位于洪相乡安定村、龙山大街北侧。小区占地面积达 15 亩，包括 6 栋 6 层住宅楼，建筑面积达 3 万平方米，拥有房屋 264 套。2018 年，安置岭底乡塔梭村贫困人口 67 户 191 人，安置同步搬迁人口 100 户 236 人。

基础设施改善工程。统筹贫困乡村路网、电网、管网、信息网、水利、公用市政等综合基础设施，破除贫困乡村经济社会发展的瓶颈制约，为开展精准脱贫提供强有力的支撑和保障。按照"优先发展、适度超前、保护生态"的原则，重点实施房、路、水、电、通讯和环境改善"六到农家"工程，切实改善贫困群众生产生活条件。

培训就业脱贫工程。配合全市护工护理和家政培训为重点的就业行动，发挥交城县近距省城的优势，通过政府购买培训服务，使贫困人口接受优质的职业培训。"十三五"期间落实培训人口1000人，促进受培训教育人口稳定就业，人均年增收达30 000元以上，实现一人就业、全家脱贫。利用县职业中学，广泛开展职业技术教育和农村红枣、核桃修剪、养殖技术等实用技术培训，让贫困家庭实现技能脱贫，增强贫困人口自我发展能力。依托农业、工业等产业化项目以及旅游服务业、现代物流等，因势利导，扩大就业渠道，增加贫困乡村劳动力就地转移就业。引导返乡农民工转换思路，利用技术、资金、信息等方面的优势，创办个体私营企业和发展各类经济实体，实现自主创业脱贫。

围绕"人人受教育，个个有技能，家家能致富"的要求，坚持扶贫先扶智，提高人民群众基本文化素质和劳动者技术技能，推进教育强民、技能富民。加强基础教育，巩固和提高贫困乡村基础教育学生入学率和巩固率。开展"雨露计划"金秋助学等活动，缓解因学致贫家庭经济压力，增加贫困乡村学生接受优质职业教育的机会，保障贫困家庭受教育的权益。

生态补偿脱贫工程。延续实施退耕还林二轮补助，对退耕还林户农田按90元/亩的标准再补5年，对新增退耕还林按1500元/亩标准补助。按照通过降低准入门槛、采取议标等方式，鼓励和支持贫困户合作组织承揽绿化造林、生态修复、防洪打坝等工程，探索生态补偿资金直接支持贫困人口就业、创业，帮助贫困人口在生态建设与保护中获得收益、加快脱贫。利用国家天然林保护、未成林造林地保护等工程资金，创造更多的生态保护就业岗位，把符合条件的贫困人口调整到护林队伍中，提升贫困人口参与度与收益水平。

延伸生态产业链条，发展林下经济。一是开发林下种养业，以山区乡镇特别是会立乡、庞泉沟镇、东坡底乡为重点，依托得天独厚的森林资源，利用野生资源和人工种养相结合模式，发展木耳、蘑菇、沙棘、中药材等林下采摘种植和养蜂、养鸡等林下养殖，累计推广面积达到10万亩。二是扶持林下规模性产业发展，以中药材种植为示范，扶持建立5处规模以上林下经济发展企业，通过精心包装、旅游宣传推介，打响原生态土特产品牌，林下经济产业年创造产值达到8000万元，使交城县深山区2万农民受益，人均增加收入3000元。

社会保障兜底工程。综合运用低保、"五保"、养老、医疗、大病救助、社会救济等政策措施，提高补助救济标准，低保水平与贫困标准逐步衔接持平，实行低保、贫困线"两线合一"。对年老体弱、身体残疾无法依靠产业扶持和就业帮助脱贫贫困人口，实现应保尽保，加快政策性保障兜底脱贫。加快养老院、日间照料中心建设，守住兜底脱贫最后一道防线。

三、创新工作机制

动员全社会的力量，贯彻落实国家、山西省、吕梁市的各项扶贫政策，形成高效的工作机制和考核制度，建立精准数据平台，创新扶贫投入及资金管理机制，激发脱贫内生动力，严格监督考核问责，确保打赢脱贫攻坚战。

建立精准数据平台

完善精准识别工作机制，高标准完善建档立卡贫困村、贫困户信息采集工作，加快建立贫困村贫困人口县、乡（镇）联网数据库，推进精准扶贫数据平台建设，实现与民政、人社、卫计等行业部门数据库的衔接，利用数据和移动互联网技术，形成各部门信息数据互联互通的扶贫网络，实现贫困对象状况、扶贫措施随时随地查询，实现每一个贫困人口信息精准锁定，全方位全过程监管帮扶情况和帮扶成效。通过完善贫困户信息和嵌入数据平台，精准掌握每户贫困户致贫原因、家庭情况、子女上学情况、享受政策和帮扶干部等，构建贫困户办事的"绿色通道"。

打造"互联网＋管理"模式下的精准扶贫工程，将扶贫措施精准、项目资金精准、因村派人精准等落实到位，把"扶持谁""谁来扶""如何扶"的问题解决好，达到精准脱贫、精准管理的目的。

组织三支脱贫力量

发动干部、群众、社会三支脱贫力量，推动党政有形之手、群众勤劳之手、社会爱心之手同心同向发力，凝聚全县脱贫攻坚的强大合力。围绕脱贫攻坚派干部，形成县级领导、县直单位工作队、乡镇干部、农村"第一书记"、村干部五支队伍抓脱贫、所有干部齐上阵的工作格局，采取领导包村、工作队驻村，党员、干部结对帮扶的办法，明确对全县每个建档立卡的贫困村的定点帮扶责任单位和每个建档立卡的贫困户的帮扶责任人，强化包村帮扶单位和包扶干部的扶贫责任，全面落实帮扶对象、帮扶责任人、帮扶任务、帮扶措施和帮扶效果。激发广大群众的内生动力，引导群众艰苦奋斗、自力更生，真正将"要我脱贫"转化为"我要脱贫"的强大动力。动员社会力量参与扶贫事业，引领各类市场主体、社会组织和社会各界参与脱贫攻坚，建立企业帮扶、单位包村、志愿者服务的融资平台、对接平台，畅通社会力量参与扶贫的渠道，组织有能力、有意愿的企业、组织和个人，有效参与扶贫开发，不断充实帮扶内容，丰富帮扶形式，提高帮扶水平。

实行"三卡联动"落实扶贫政策

营造浓厚的脱贫社会氛围，增强扶贫工作的公信力，激发贫困人口的内生发展动力，通过建立"三卡联动"，构建政府、社会和贫困人口明白互动的工作机制和参与诉求。

精准帮扶明白卡。组织党员干部与贫困户结对子，做到家庭成员年龄、学历、生产生活能力、致贫原因、脱贫方向和帮扶措施"六明白"，形成"一户一卡、一村一册"的动态档案。

惠民政策明白卡。载明国家和山西省、吕梁市粮食直补、退耕还林粮款补助、农村医疗报销等各个领域的强农惠农富农政策，让农民了解政策、用好政策。

关爱措施明白卡。持卡人在县内可享受民政部门优先办理低保和大病救助、就业部门优先安排务工、金融部门优先发放贷款、税务部门依法予以税收减免、教育部门减免其子女学杂费、卫生部门减免住院分娩费用等服务，让贫困户感受到社会温暖，得到实实在在的利益。

创新扶贫投入及资金管理机制

建立财政扶贫稳定增长机制。衔接好山西省、吕梁市扶贫资金切块到县、项目审批权下放到县的机制。建立扶贫资金安排与带动贫困人口增收脱贫的利益联结机制。强化以结果为导向的资金竞争性分配机制，提高资金使用效率。实行脱贫攻坚项目终身责任制，项目实施的主管部门要对资金使用和项目建设全程监管，跟踪问效。整合更多扶贫资源，以脱贫攻坚规划为引领，以重点扶贫项目为平台，整合扶贫和相关涉农资金，打捆用于扶贫重点工程和项目。

建立金融精准扶贫机制。鼓励引导政策性、开发性、商业性、合作性等各类金融机构支持脱贫攻坚，支持贫困地区发展特色产业和贫困人口就业创业。推进农村"金融综合服务站"的网点建设，探索创新适合扶贫对象使用的金融产品和金融服务方式，增加对贫困地区的信贷投放，实现农村金融服务全覆盖。加大创业担保贷款、助学贷款、小额信用贷款和康复扶贫贷款实施力度。建立扶贫开发投资平台，推广政府和社会资本合作的（PPP）模式，引导社会资本投向贫困地区。

推进整村脱贫和建立易地搬迁后续保障机制。以建档立卡贫困村为基本工作单元，在政府主导、市场运作、社会支持下，实行科学规划、资源整合、集中投入、重点建设、整体推进，通过布局产业开发，实施"一村一品"项目，加强基础设施建设，改善社会事业，推进以贫困村为单元整村脱贫。利用国家整村推进专项扶贫资金和落实好整村推进扶贫项目，有关部门协调互动，聚集专项扶贫投入，统筹各类涉农资金和社会帮扶资源，科学编制贫困村整村推进规划，建设宜居乡村，健全新型社区管理和服务体制，激发乡村整体脱贫的活力。把易地扶贫搬迁与新型城镇化、产业开发、旧村开发利用和完善社会保障结合起来，开展对搬迁后的偏僻自然村旧宅基地进行复垦，与城乡用地增减挂钩。土地整治工程及生态恢复治理、水利灌溉项目向迁出区倾斜。坚持搬迁与发展"两手抓",统筹谋划产业发展与群众就业创业,妥善解决好搬迁群众生产、生活,优先支持安置区实施整村推进、乡村旅游、小额贷款、教育扶贫、劳动力转移培训、互助资金等扶贫开发项目。并通过土地流转,组织专业合作社等方式,扶持搬迁户稳定增收。围绕改善搬迁农户生产生活条件,实施旧村开发、土地整治、退耕还林等建设项目。

创新扶贫工作机制

创新扶贫成效评价、扶贫力量整合、脱贫攻坚监督体系,推进阳光扶贫、公正扶贫、廉洁扶贫,构建全程管理、廉政高效的扶贫工作机制。

建立考核、退出、评估"三位一体"脱贫成效评价机制。按照《山西省贫困县党政领导班子和领导干部经济社会发展实绩考核办法》,以脱贫时效为依据,以群众认可为标准,建立严格、规范、透明的贫困退出机制,制定严格、规范透明的扶贫对象退出办法,明确贫困村、贫困人口退出标准、程序、核查办法。

创新领导包联、企业帮扶、单位包村、干部联户"四位一体"帮扶机制。调动县、乡镇党员干部、社会力量共同参与扶贫,构建领导包联、企业帮扶、单位包村、干部联户"四位一体"的大扶贫工作格局,做到每个贫困乡镇有一名县级领导包联,每个贫困村有一个单位和企业帮扶,每个贫困户有一个帮扶责任人,并做到"三清五包三不脱钩",即底子清、政策清、措施清;包每家每户脱贫计划制定、包至少享受一项以上扶贫政策措施、包至少培养一名致富能手或明白人、包至少有一项稳定收入来源、包 2018 年稳定脱贫。村级班子不健全不脱钩、无集体经济不脱钩、无增收主导产业不脱钩。

完善党政监督、社会监督、舆论监督"三位一体"脱贫攻坚监督体系。中共交城县委、交城县人民政府对各级各部门脱贫攻坚工作成效进行定期督查，严格责任追究。监察、审计等部门强化监督职能，确保廉洁扶贫、安全扶贫。搭建脱贫攻坚社会监督信息平台，及时公布脱贫攻坚决策部署、项目推进等重大事项，接受社会监督。定期向人大代表、政协委员、民主党派和无党派人士报告脱贫攻坚进展情况，听取意见建议。调动和引导社会组织、群众团体等关注和监督脱贫攻坚工作，建立扶贫资金项目群众监督员制度，鼓励群众对扶贫项目实施和资金使用进行监督。组织广播、电视、网络等媒体，深入宣传中央、山西省、吕梁市和交城县精准扶贫、精准脱贫的决策部署和重大举措，督促乡镇党委、政府以及村两委担当责任、改进作风、落实政策、完善措施，切实提高脱贫攻坚成效。

第二章　工业科技

第一节　工业发展

2012年以来，交城工业持续发展壮大，煤炭及化工产业、电力产业、制造加工业及新兴产业不断提质升级，实现了规模化、循环化。规模化工业增加值由2012年的60.98亿元增长到2019年的67亿元。

一、提质升级煤炭及化工产业

促进升级重组与淘汰落后相结合，利用县内和县外两个市场、两种资源，突出技术和管理体系创新，整合煤焦和化工产业，提高煤焦化产业循环经济水平，实现煤焦化产业转型升级。

稳定煤炭生产基本面　按照技术创新提升一批、项目审批规范一批、依法整顿淘汰一批，实施煤炭资源二次整合，提高煤炭集中开发度和集约化水平。通过兼并重组、妥善化解矿权纠纷，开工建设锦辉煤矿90万吨新建项目、中兴煤矿300万吨改造项目等工程。稳定煤矿9个，其中年产90万吨煤矿8个，年产300万吨煤矿1个。煤炭总产能控制在1020万吨，形成与区域焦化产能相配套的2#煤产量保持在700万吨。煤炭就地转化率达到90%以上。

加快煤炭资源清洁高效开发和利用步伐，淘汰落后工艺，提高开采机械化水平和资源回采率。推动煤炭企业建立内部物料循环系统，实现煤矸石、矿井水、煤层气等煤炭伴生物和开采废弃物的综合利用，发展矿区循环经济。实施安全稳煤、生态立煤、人才强煤战略，探索研究边角地带废弃煤资源和无法开采的废弃矿埋藏的资源利用。

煤化工产业链 针对 4 户企业、700 万吨的焦化产能，通过产业整合和结构调整，焦化企业在新一轮产业竞争中加大研发投入，改进产品和技术路径，迈向能源产品的价值链高端，提高效率，突破去产能的压力，使焦化产能能够保持与区域资源承载和协作相匹配的产能规模。

一是构建"焦化为基"的"煤—焦—精细化工"的价值链升级路径。促进美锦等焦化产能向化工高端价值链延伸，对焦化产品形成焦炉煤气—甲醇联产 LNG—甲醇延伸碳—化产深加工产业链、粗苯—加氢精制—环己酮及尼龙等深加工产业链。在产业链内部，通过低热值煤发电，得到低价电力供应，利用焦炉煤气提氢将比从天然气中提氢节约 50% 的氢成本，降低化工加氢的成本。按照加工深度附加值的倍数效应，形成焦化向煤化增值的产业链，使传统焦化转型为煤基能源与材料相结合的高端产业。

二是构建"煤—焦—气化化工"的产业技术改造路径。依托华鑫集团 180 万吨焦化装置，改进上马洁净焦项目，推进焦炭能源向完全气化的"气化焦—化产品"的焦化技术新路径转变，形成粗苯—苯深加工、焦炉煤气和气化合成气"双气源"(CO_2+H_2)的全煤气化产业链，以 (CO_2+H_2) 合成气可延伸到煤制化工醇(甲醇、乙醇、丙醇)及合成氨等化工产业链。积极推进润锦化工焦炉煤气综合利用多联产、美锦能源集团 300 万吨劣质煤—兰炭气化等项目，构建合成气"能源岛"—

下游化工化肥产业的平台化、多联产循环经济产业体，以绿色减排和共享经济构建产业绿色化体系。

三是构建焦化企业产品循环圈。充分使县内焦化企业产生的煤焦油通过宏特的煤焦油加工装置进行深加工利用，巩固和提升煤焦油—精馏分产品及萘系、苯系、洗油等化工产品—煤沥青深加工碳素材料(针状焦)产业链，加强粗苯、焦炉煤气以及焦炉煤气提氢后的氢源交换利用，促进粗苯产品加工链、焦炉煤气利用产业链集约化发展。加强焦化洗煤煤矸石、美锦电厂粉煤灰的综合利用，开发产业废物综合利用新经济增长点。

山西美锦煤化工年产180万吨焦化升级改造项目，建设炭化室高度7米，2×66孔、ZHJL7060D捣固型焦炉，年产焦炭182.8万吨，采用2×70孔6.78米捣固焦炉，配套建设260t／h干法熄焦装置，煤气净化设施采用成熟的HPF脱硫和硫铵工艺。配套建设输煤栈桥"公转铁"项目，极大缓解交城经济开发区及周边公路的运输压力，对降低交城县环保压力起到积极作用。项目实现年利润3.5亿元、利税8750万元。

差异性化工产业 以硝基复合肥产业为主导，发挥硝基复合肥上联焦化(焦炉煤气回收利用)，下联农业、外贸出口等优势，构建"2+X"硝基复合肥特质差异化产业集聚区，即以华鑫、润锦2个利用焦炉煤气生产合成氨的源头企业，下游联动红星、三喜、金兰等40余家化工企业生产硝基钾、钙、镁等系列高效复合肥产品，形成产业链条，合力增强对外市场开发，提升品牌影响力，形成资源利用循环化、产品集合规模化、工业形态新型化的优势差异化化工产业。加快推进润锦化工1.35亿立方米/年LNG、30万吨/年尿素、2万吨/年商品液氨、红星化工20万吨/年硝酸复合肥、三喜化工30万吨/年硝酸盐以及金兰化工等企业硝酸盐复合肥产业集聚区等项目建设。2019年，全县合成氨产能达到30万吨，硝基系列复合肥产能达到300万吨。

2018年4月，交城县获批国家外贸转型升级基地（新型肥料），成为全省获批4个市（县）基地之一。该产业园包括国际物流园、外贸一站式综合服务平台、跨境电商B2B平台、跨境电商进口、跨境电商培训孵化和跨境电商海外仓建设六个部分，将依托交城经济开发区载体，充分发挥交城地域优势，整合外贸进出口资源，通过外贸一站式综合服务体系，形成外贸产品集群，从而起到带动吕梁市、乃至山西省外贸进出口的作用，打造外贸自主品牌。

山西东锦肥业有限公司年产88万吨绿色新材料项目，位于交城县经济开发区，2019年开工建设，2021年竣工投产。该项目年产20万吨硝酸铵钙生产线规模全国最大、高塔造硫硝酸镁装置亚洲首套、年产30万吨全中压硝酸生产线业内投资小能耗低，实现多项突破。投产后，实现年营业收入达10亿元，税后利润达2亿元，新增就业岗位400余个，为交城县促进资源型经济转型发展提供强有力的项目支撑。

二、促进电力产业清洁化、规模化发展

依托交城县和毗邻区域的焦化洗煤后的低热值煤、风能、光能等资源，促进热电、风电、光伏发电"三电并举"，科学布局产业，在美锦2×30万千瓦热电一期工程投产的基础上，启动二期工程。构建"煤—电—建材"产业链，粉煤灰除大量用于美锦集团水泥掺和及周边区域搅拌站掺和外，集

团采用"S-JSTK"开发技术实施 3×15 万吨粉煤灰提纯综合利用项目。新能源方面，建设湘电古治在横尖、会立布设的 25 万千瓦风力发电项目、北方电力在云顶山的 24.9 万千瓦风电项目、五凌电力 10 万千瓦风电项目，推动中电投山西新能源有限公司 10 万千瓦光伏电站、中电投（北京）新能源投资有限公司 5 万千瓦光伏发电等项目落地。2019 年，全县电力装机容量达到 195 万千瓦，其中新能源装机达到 75 万千瓦。清洁电力为交城县发展高载能产业，如为义望铁合金厂扩建 16 万吨锰基铁合金项目提供电力支持，成为县域经济发展的新动力。

山西国锦煤电有限公司 2 号机组深度调峰改造项目，为 2 号汽轮发电机组上新增 1×50MW 高压电极热水锅炉＋1×60MW 高压电极蒸汽锅炉，实现 2 号机组深度调峰。该项目对于保障地区供热安全、增加工业产值、增加地方收入具有重要意义。

三、提质转型高加工度制造业

推动"交城县铸造产品外贸转型升级专业型示范基地"、中国铸造产业集群试点县建设，以山西省发展新型装备制造业为战略导向，通过产业联合、整合、重组等手段，引导产业集聚发展，实时掌握最新装备制造市场动态和最前沿铸造技术，以市政工程、轨道交通、风电配件、汽车零部件、煤机零配件、工程机械、精密铸件、铝镁合金材料、优质铸造生铁九大产品成套化、集约化、系列化为方向，打造省内以至国内具有品质特色的基础零部件产业基地。2019 年，全县铸造产能达到 100 万吨，培育起年销售额亿元以上的企业 10 个以上，建立起"一个平台、两个中心"，即跨境电子商务平台和国家级铸造和机加工技术中心、检验检疫中心。

铸造产业集聚区规划和建设 在经济开发区建设以市政工程产品、风电配件、冶金、轨道交通、节能电机等为主导产品的银通产业集聚区，推进兴龙铸造20万吨/年全自动静压造型生产线、正泰5万吨/年特种机电装备、同航特钢新建年产4000口电泵头体及2000吨冷轧辊生产线等项目建设。利用美锦电厂直供电和采用炼铁与铸造双联工艺技术等，加强节能减排和芷本降耗，推进产业绿色化转型。实施"一个平台，两个中心"的产业基地服务项目，形成具有功能导向的铸造产业转型升级集聚区。在洪相乡以汽车配件、市政工程、环保设备、机车配件为主导产品的洪相铸造产业集聚区建设，强化现有企业采用自动造型线、消失模铸造及砂处理等工艺，提升传统制造产业的工艺水平。

轨道交通关键零部件制造基地 发挥山西国瑞轨道车辆装备有限公司被中国铁路总公司列入全国8家、山西3家车轴制造准入企业之一，聚集基础优势，实现地铁车轴、高铁车轴、制动盘和制动闸片等关键零部件的国产化、重载货车闸瓦的更新换弋和高铁高科技通信讯号控制系统的大批量生产，实施年产5万根快速城铁车轴、年产5万根高铁车轴、年产300万套重载货车用新型闸瓦、年产3.5万套高铁制动闸片、年产5万套高铁制动盘、年产5万套城铁制动盘以及高铁高科技通信讯号控制系统等项目，开发建设城轨、高铁和重载火车关键零部件制造基地，形成交城县装备制造产业的新兴发展极和爆发的新增长点，成为铸造产业转型发展的新引领。

再制造产业 以铸造基础产业的优势带动生产性服务业

发展为导向，推广发展以汇源实业有限公司为代表，通过表面喷涂、激光熔融、粉末冶金等再制造修复技术，发展为轧钢轧辊、发电机转轴、大型阀门等矿山机械、钢铁企业、发电企业服务的再制造产品，积极谋划建设再制造产品加工园区，通过建立再制造产品电子商务、技术研发和产品检验体系，进一步发展无损拆解、无损检测、表面预处理、寿命评估等再制造技术装备，扩大再制造产品领域。鼓励有条件的机械铸造企业入园，开展煤炭工程机械、机床、交通装备的易损件再制造，争取在再制造关键技术与产品领域取得重要突破，促进再制造成为机械铸造加工企业转型发展的一条重要路径，并能够使这一产业发展得到国家的支持。

四、培植发展医药、新材料等新兴产业

促进内外结合、资智结合，创新招商方式，通过政府引导，企业、科研院所、金融机构密切合作，提升企业科技能力，始终在科技最前沿找项目、争项目，培育发展医药化工、节能环保、高性能复合材料等战略性接替产业，重点建设新天源医药化工年产 5000 吨 B– 内洗胺医药中间体项目、国利天能 600 兆瓦太阳能聚光热发电用反射镜项目、恩泽生物 5000 吨 / 年糖化酶项目等。通过培育和发展市场潜力大、科技含量高、带动辐射广的新兴产业，做强做大潜力产业，推动工业新型化、绿色化发展。

山西瑞赛科环保科技有限公司焦化脱硫脱氰废液资源化利用及深度开发项目，位于山西交城经济开发区。该项目利用脱硫脱氰废液生产复配型绿色矿山药剂和药物中间体及医药产品，年产产品达到 20 050 吨。

五、转换工业发展动能

按照国家工信部《工业绿色发展规划(2016-2020)》和《山西省国家资源型经济转型综合配套改革试验方案》《山西省生态文明体制改革实施方案》《中国制造2025山西行动纲要》《山西省信息化和工业化深度融合专项行动计划》的一系列要求,结合交城县工业发展的实际,以绿色、循环、低碳为基本路径,转换工业发展动能,提升工业发展的质量和效益,促进工业由重变轻、由小变大、靠新出强,着力推动工业振兴升级。

创新能力 交城县以入选科技部首批创新型建设县为契机,引导企业增强自主创新能力,围绕工业重大共性需求,推进企业技术中心、工程研究中心等建设。促进引导"产、学、研、用"合作,加快转化应用创新成果,引进实施一批核心关键技术创新成果产业化项目,拓展差异性化工技术路径,以轨道交通基础零部件引领装备制造,着力形成交城县优势产业的技术高地。培育双创空间,以企业为主体,建设集市场化、专业化、网络化于一体的众创空间等新型孵化载体。开展大企业带小企业、产业基金+专业平台等模式创新,营造大众创业、万众创新的氛围。

山西新元太生物科技股份有限公司在北京全国中小企业股份转让系统成功挂牌上市,成为吕梁市首家在"新三板"上市的企业,标志着交城企业在资本市场运营中有了实质性的突破,对于企业进入资本市场融资、激发企业发展活力、加快经济转型升级有着重要意义。山西新天源药业有限公司举行院士工作站揭牌仪式,中国工程院院士陈芬儿受聘为驻站院士。这是交城县建立的第一个院士工作站。

工业化和信息化深度融合 发挥山西省制造业比较优势、资源优势，以制造业质量总量同步提升为主题，以新一代信息技术与制造业深度融合为主线，以智能化、绿色化和服务化为导向，紧扣创新驱动、布局优化、两化融合、结构调整、产业融合品质提升、绿色制造、对外合作等路径，着力推动交城县制造业振兴升级。推动规模以上企业全面开展"两化"融合管理体系贯标。推动互联网与制造业融合发展，鼓励企业发展基于互联网的个性化定制、众包设计、云计算等新型制造模式。建立工业大数据开放平台，鼓励企业运用大数据开展个性化制造和精准营销，创新云制造等生产和经营模式。

发展循环经济 开展循环经济试点县建设活动，进一步完善循环经济技术、市场、产品等公共服务，引导企业间、产业间建立物质流、资金流、产品链紧密结合的循环经济联合体，实现减量、循环、高效利用资源。构建交城县富有特色的"微电网—分布式用户—节能降耗""气化能源岛—下游能源用户—节能环保"的共享型循环经济模式，优化推进煤转电、煤转化产业发展，通过项目扶持、项目对接等方式，延伸循环经济产业链。构建"煤—电—建材（粉煤灰、脱硫石膏利用）""锰基铁合金—热熔态锰渣—矿棉"等固废资源利用产业链，提高大宗固体废弃物综合利用水平。

工业绿色发展 加快传统制造业绿色改造升级，鼓励使用绿色低碳能源，提高资源利用效率，淘汰落后设备工艺，从源头上减少污染物的产生。引领新兴产业高起点绿色发展，强化绿色设计，加快开发绿色产品。促进工业绿色发展科技创新、管理创新和商业模式创新，研发推广核心关键绿色工艺技术及装备。加快完善工业能效、水效、排放和资源综合利用等标准。强化企业在推进工业绿色发展中的主体地位，激发企业活力和创造力，积极履行社会责任。

产业建设 2016年，交城实施新兴产业项目有8个，总投资达58.06亿元，当年投资9亿元，累计完成投资达12.67亿元。重点项目有交城义望铁合金有限责任公司锰合金液态废渣综合利用生产矿棉保温板项目技改项目、交城县金兰化工有限公司新型肥料分公司年产15万吨高效水溶性复合肥项目已投产；山西省交城县红星化工有限公司年产20万吨硝酸复合肥项目、山西润锦化工有限公司焦炉煤气综合利用多联产项目。引进中交高速数据云有限公司大数据项目、华能公司变质无烟煤消清能源项目等产业升级项目，产业层次进一步提高。

对外贸易 壮大外贸出口企业力量。2016年新增出口备案企业10户，即交城县田丰肥业有限公司、交城县建鑫肥业有限公司、交城县并盛化工有限公司、交城青龙自动化制造有限公司、交城县广源贸易有限公司、山西素利德活性炭科技有限公司、交城县世同铸造合金有限公司、山西交城顺达煤机实业有限公司、山西宏特肥业有限公司和交城县德谦肥业有限公司。交城县外贸进出口备案企业有效户数达到50余户。

提供优质服务。组织红星、金兰、三喜3户企业分别参加2016年春、秋季广交会；组织红星、金兰、新天源、富立桦4户企业参加2016年欧洲精细化工展，通过参加山西省商务厅组织的外贸展销会，企业外贸销售大幅增长。金兰、义望铁合金、兴龙铸造、新天源4户企业参加了山西省商务厅与中国信保山西分公司联合召开的中国信保资信服务政策培训会暨重点客户授牌仪式，组织金兰化工、红星化工主要负责人参加山西省商务厅关于融入中国"一带一路"建设暨老挝投资环境推介会议，了解了老挝国家经济特区的地理位置特点及优惠条件，为企业"走出去"开拓了视野。

第二节　经济开发区

一、开发区概况

2006 年 9 月 17 日，山西交城经济开发区批准成为省级经济开发区，是山西省首批依据循环经济理论建设的生态工业园区。先后被山西省确定为"省级示范园区""全省循环经济试点园区""省级新型工业化产业示范基地（煤焦化深加工）"、转型综改"一市两园"中的"产业转型园""三市两园一企"中的综合能源改革试点。2006 年国家发改委审核开发区面积为 12.61 平方公里，山西省政府批准的规划面积为 64 平方公里。2006 年 11 月 15 日国土部四至核定，面积为 1300 公顷。2018 年 3 月启动扩区，2019 年 5 月 23 日通过山西省商务厅组织的专家评审。区内路网达 30 余公里，年供水能力为 9000 万方，建设变电站 9 座，铺设蒸汽管网 5 公里，铺设焦炉煤气管网 10 公里、污水集中处理接入管网达 28 户，大用户直供电企业达 27 户，综合能源服务平台接入达 52 户。

二、产业企业

山西交城经济开发区以"碳谷、钙都、数据港、能源岛"四大领域为招商引资重点，着力打造全省乃至全国一流的

"高端产业集聚区、高端人才创业区、转型跨越先行区"。区内煤化工、装备制造、生物工程、医药化工、新材料、新能源六大产业体系不断完善。现入驻企业达 150 户，其中规模以上企业达 44 户，高新技术企业达 19 户，开展"产学研"合作达 50 户，设立省级重点工程实验室 1 个（宏特锂电池工程研发中心）和院士工作站 1 个（新天源医药）。开发区从业人员有 15 122 人，其中企业科研人员有 395 人。已形成焦炭 670 万吨、煤焦油加工 60 万吨、硝酸盐系列产品 200 万吨、生铁 20 万吨、锰铁合金 32 万吨、浮法玻璃 1200 万重箱、钢化玻璃 300 万平方米、铸件 100 万吨及 300 万米管桩、120 万吨微细粉的产能。

2019 年，规模企业完成工业总产值达到 211 亿元，占全县规模企业 90% 以上，提前完成"十三五"预定目标；完成工业增加值 65.06 亿元，占全县规模企业的 91%；完成销售收入达 202.86 亿元，占全县的 95% 以上；完成进出口总额 12.01 亿元，占全县进出口的 90% 以上，其中进口总额达 3.42 亿元，出口总额达 8.59 亿元；规模企业实现利润总额达 9.84 亿元，上缴税金完成 8.53 亿元；固定资产投资完成 12.1 亿元，其中，工业投资完成 11.22 亿元。

三、营商环境

持续深化承诺制改革及一枚印章管审批、一网通办 开发区综合服务中心投入运行，全面推行代办制，争取实现企业办事不出区。7月9日，中共交城县委常委会议专题研究讨论企业投资项目承诺制改革，出台《交城县深化企业投资项目承诺制改革行动方案》，明确 6 项列入承诺制改革项目具备条件，制定 4 项重点推进任务，提出 3 项保障措施。

全力推进扩区工作 在山西省委开发区常态化督导组的大力支持帮助下，交城县多次与山西省商务厅、山西省自然资源厅和吕梁市自然资源局沟通协调，下大力气推进扩区工作。目前，开发区调整扩区面积28.98平方千米已全部列入城镇开发边界。同时，按照吕梁市规划和自然资源局《关于加强全市经济技术开发区（生态旅游示范区）与国土空间规划编制对接的函》（吕自然资函〔2020〕612号）文件精神，交城经济开发区近期将与交城县自然资源局进一步对接，做好城镇开发边界的对接工作，待2020年年底批复国土空间规划后，将立即启动扩区工作，为开发区企业创造更多发展空间。

推进标准化厂房建设 引导企业建设标准化厂房。建华建材（山西）有限公司年产180万米预应力混凝土管桩扩建项目车间，东锦肥业86万吨绿色新材料车间、库房、料仓等车间建设已全部完成。

启动标准地出让 交城县人民政府出台《关于印发交城县推进"标准地"改革工作实施方案的通知》（交政办发〔2020〕52号）文件，明确相关部门职责分工及具体工作措施，"标准地"出让工作正式启动。

提升基础设施建设 投资约2.7亿元对开发区主干道龙山大街（磁窑河至清徐界）、晋阳路、工业东路、工业西路沿线进行"四化"提档升级改造；主动对接太原天然气公司，力争将其燃气管线引入开发区内用作备用气源，保障企业用气安全；县财政拨付资金300万元，其中100万元用于开发区自身建设，200万元用于产业发展。

四、产业转型

规范和提升复合肥产业竞争力 以华鑫肥业、润锦化工、红星化工、金兰化工、三喜化工等企业为龙头，形成理论产能 200 万吨/年、实际产能近 100 万吨/年的硝基复合肥生产能力。复合肥产销量占居全国 70% 的市场份额，成为全国知名的硝基复合肥生产基地，形成以硝酸盐复合肥系列产品为主、品种比较齐全的产业体系。

依托优势企业，鼓励开发高效、环保新型肥料，优先发展掺混肥、增效肥料、尿素硝酸铵溶液、缓（控）释肥、水溶肥、液体肥、腐植酸、氨基酸等新型复合肥。在发展新型肥料的同时，支持相关企业充分利用合成氨、氢气、氮气、一氧化碳、甲醇等基础化工原料，开发食品级、医药级和工业级硝酸盐产品。完善以企业为主体、产学研相结合的技术创新体系。建立华鑫肥业、红星化工、金兰化工、三喜化工等 4 户市级企业技术中心，开展化肥新产品开发和技术推广。引导生产要素向优势企业集中，鼓励具有技术优势的小化肥企业走"专、精、特、新"的发展之路。创新营销发展模式，组建复合肥行业协会，构建行业协会营销网络体系，促进复合肥行业资源优化配置，实现开发区复合肥产业提档升级。

全区高新技术企业有 3 户，拥有省级企业技术中心 1 户、市级企业技术中心 6 户、博士后工作站 1 个；山西省著名商标 8 个；义望铁合金公司、山西交城兴龙铸造公司、金兰化工公司 3 户企业为行业标准制定单位。

2016 年，为区内企业服务的高层次人才有 20 余名（博士或高级工程师），涵盖稀土、冶炼、生物、药物、玻璃、清洁能源等各个行业。与中科院微生物所、太原科技大学、沈阳药科大学、山西大学、太原理工大学、中国华能集团清洁能源技术研究院等科研单位开展产学研合作。

对外贸易 开发区内有进出口企业 6 户，分别是：交城义望铁合金有限公司、山西省交城红星化工有限公司、交城三喜化工公司、交城县兴龙铸造有限公司、交城金兰化工有限公司和新天源医药化工有限公司。进出口主要产品有锰矿、金属锰、硝酸钙、硝酸铵钙、球墨铸铁井盖、医药中间体等。全年进出口总额达到 7258 万美元。

绿色集约发展 "十二五""十三五"期间，按照山西综改试验区产业转型园建设的总体要求，依托交城良好的区位优势、坚实的产业基础、整合提升开发区的建设水平，形成"一轴、一带、八区"的总体格局。"一轴"是贯穿园区南北的综合性服务轴，即工业东路服务轴；"一带"是联系开发区北区、东区、南区的交通带，即晋阳街、美锦路和工业南街组成的交通环形带；"八区"是新型煤化工新材料产业园、装备制造产业园、美锦能源工业园、煤化工精细化工产业园、生物工程园、新能源产业园、生活商务区、物流园区。大力培育壮大煤化工、装备制造、生物工程、医药化工、新材料、新能源六大主导产业。

第三节 科技创新

2012 年以来，金兰化工、磊鑫化工在山西股权交易中心"晋兴版"正式挂牌，9 户企业纳入后备资源库。培育山西省级、吕梁市级企业技术中心 19 户，"专精特新"企业 14 户，科技型中小企业 18 户，高新技术企业 20 户，新增小微企业入规 13 户。高新技术产业主营业务收入占比达 1.4%，成为全县经济发展的新引擎。全县开展产学研合作企业有 35 户，占全县规模以上企业的 80%。申报国家技术专利 15 件，全县各行业投入科学研究与试验发展经费达 1.6 亿元，位居全省第六、吕梁市第一。新元太"新三板"挂牌，实现吕梁市上市企业零的突破。引进高层次人才 177 人，其中院士 4 人、国家"千人计划"专家 3 人。新天源聘请陈芬儿担任驻站院士，成立"新医药"院士工作站，实现了吕梁市企业院士工作站零的突破。

"局域微电网"直供电发展，构建循环经济新平台 抓住山西省率先进行电力体制改革的政策机遇，建设以国锦 2×30 万千瓦发电机组建立的局域微电网应用体系，利用微电网系统，为开发区内的义望铁合金、利虎玻璃、华鑫煤焦、美锦焦化等用电大户提供直供电，促进资源综合利用项目和能源消费单位降低成本。2019 年，开发区内较大型企业设备装机容量达 60.5 万千瓦，按 80% 的用电负荷计算为 48 万千瓦，年用电量为 38.4 亿千瓦时。通过微电网直供电，电价由均价 0.53 元/度下降到 0.42 元/度，下降 27.6%，开发区内企业每年即可节约电费约 8 亿元，有效促进了企业节本降耗，提升了循环经济发展竞争力。

清洁煤气"能源岛"建设，构建循环经济发展的新路径 推进润锦化工建设清洁煤气"能源岛"项目，以交城县劣质无烟粉煤为原料制取清洁煤气，主要供应开发区内以煤气为燃料及化工原料的企业，包括利虎玻璃、华鑫肥业、并盛化工、沃锦肥业等公司。清洁煤气与焦炉煤气"双气源"联供，不仅强化了开发区共享基础设施和能源供应保障水平，而且可以调剂煤气中的碳氢平衡，促进气源互补耦合循环。同时，困境还可有效缓解因焦化企业大幅减产、停产造成焦炉煤气产生量日渐降低，破解开发区以煤气为原料、燃料的化工及玻璃等企业的"瓶颈"制约。

实施循环化改造，提升开发区发展水平 按照"开发区发展与产业集聚相协调环境容量与产业布局相平衡，物质流动与耦合补链相关联"的原则，依托园区的主导产业，优化功能布局，加强物质流分析，实行产业链接环补链上项目，增强产业关联度和耦合性，构建以功能区为产业式组合，以上下游企业为产业链的循环经济发展模式，促进开发区产业绿色、低碳、循环发展。

优化空间布局 按照产业集聚基础和嵌入补链项目，优化开发区空间功能布局，形成新型煤化工，装备制造、美锦能源。新能源、物流五个功能园区，遵循产品项目一体化、公用辅助一体化、物流传输一体化、安全环保一体化、管理服务一体化的"五个一体化"的循环化路径，有序推动各功能园区加粗延伸循环经济链条，促进产业废物集中治理和综合利用，加强基础设施配套共建共享。

完善循环经济产业链 以循环经济产业链形成循环发展的利益共同体，鼓励企业间相互参股或推动产业废物的标准化交易，促进下游利废企业稳定利用产业废物，共同抵御市场风险，从而构建较为稳定的循环经济产业链。主要产业链条为：

以宏特、美锦构建煤焦油二次资源产业链，尤其促进焦油加工占55%剩余煤沥青的全资源化加工利用，构建"煤焦油加工—剩余物煤沥青—煤基碳素材料"，着力延伸针状焦、碳纤维等碳素产品，打造高附加值的碳素材料产业链。

以华鑫、美锦、金桃园、晋阳的焦化产能为基础，构建"焦炉煤气—化肥／甲醇"的硝基复合肥产业链。瞄准市场机遇，争取以焦炉煤气提取氢气的成本比较优势，发展"焦炉煤气提氢＋粗苯精制—己内洗胺"的新型产业链。

以利虎、美锦、铁合金等容炉尾气电炉尾气、矿热炉烟气等余热资源利用，构建"余热—电力、热力—企业生产、工业用汽"的能源梯级利用产业链。

以美锦低热值煤发电为重点，构建"煤—电—粉煤灰，脱硫石膏利用"的产业链。

以晋阳、华鑫、美锦、铁合金等企业产生的固废构建"工业固废（矸石、粉煤灰、钢渣、炉渣、水渣）—建材、化产品"的资源综合利厈产业链。

开发"焦炉某气、劣质煤制气—替代能源（人造天然气）"的战略性新兴产业链。

第三章　城建交通

第一节　城市建设

2012年以来，北环路改造工程、沙河西街延伸工程、却波街建设工程、永宁路中段建设工程建成通车，建成7个城市小游园，新增绿地面积7万平方米，省级园林县城通过了省级专家综合评估。磁窑河、瓦窑河治理稳定推进，城东污水管网建设一期等工程开工建设，公共服务能力持续提升。

一、清洁供暖

交城县城区现有供热三种模式，全部为环保清洁能源供热工程。一是热电联产集中供热，现有热源两个，分别来自俊安焦化厂、国锦电厂；二是自备热源厂集中供热一个，热源为华鑫热源厂；三是"煤改气"集中供暖，热源为天然气。经过逐年建站、扩网，目前城区拥有一次主管网42千米，二次主管网90千米，拥有热力站45座（其中：热力首站1座，40万站1座，30万站3座，25万站4座，20万站8座，15万站13座，10万站1座，燃气热力站14座），供热能力达800万平方米，入网供热面积达532.3万平方米（其中国锦301.8万平方米、华鑫146.4万平方米、俊安43.1万平方米，煤改气41万平方米），供暖用户达4.1万余户，集中供热普及率达97.1%。除规划拆迁区外，城区清洁能源采暖已全部覆盖。

二、开展二原农村散煤清零工作

交城县自 2019 年冬季开始集中供应兰炭和清洁煤炭。

兰炭供应 2019 年兰炭供应范围为：县建成区及周边 12 村（天宁镇：杜家庄村、西汾阳村、东汾阳村、瓦窑村、磁窑村、蒲渠河村、青村、坡底村、田家山村、阳渠村；洪相乡：成村、舍堂村）未接入集中供暖及"煤改气"的用户。截至目前，已供应 830 余户，2400 余吨兰炭。

清洁煤炭供应 清洁煤炭供应范围为：山区乡镇、夏家营镇、洪相乡、西营镇、天宁镇奈林村未接入集中供暖及"煤改气"的居民住户，根据片区划分共设立 5 个集中供应点。截至目前，夏家营镇、天宁镇奈林村已供应 1200 余户，3500 余吨清洁煤炭。

三、磁窑河交城段水质提升和生态修复工程

磁窑河交城段水质提升和生态修复工程位于西营镇石侯村南侧，工程总投资达 1.33 亿元，建设规模为近期污水处理量为 5 万立方米／日，远期污水处理量为 8 万立方米／日。采用北京大学环境科学与工程学院近十几年来研发的针对难降解有机污水、含氮污水、河流污水处理的生物处理工艺。2019 年，工程竣工投产，出水水质符合设计标准，为地表水 V 类标准。

项目建设合页坝 3 座、平板闸 2 座、集水池、提升泵房、污泥池、上清液池、生产车间（含鼓风机房、加药间、污泥脱水间）、综合楼（含中控室、机柜室、变电所、工作间等）各 1 座、G—BAF 池（微生物污水处理池）4 座、改移暗涵387.5 米。

通过在磁窑河和白石南河分别设置合页坝，在退水渠1#和2#分别设置平板闸，抬高河道水位，在合页坝前形成集沉砂、沉淀、酸化、水解、反硝化为一体约为 60×104 立方米稳定塘，然后在三河汇合后的下游修建一座合页坝，形成总体积为 2.5×104 立方米的高效微生物强化氧化塘自然湿地系统，强化生物生态修复功能以及恢复水体自净能力，进一步降解水中的污染物。

四、天宁街人防疏散避险（一期）工程

天宁街人防疏散避险（一期）工程位于天宁街，2019年建成。工程总规划面积达 5026 平方米，广场新增绿化面积达 818 平方米。工程建筑总面积达 4063 平方米，其中地下面积达 3853 平方米。工程包括地上、地下两部分。平时地上可停放车辆 98 辆，地下停放车辆 75 辆。战时可满足2260 人的掩蔽需求。

五、卦山公园建设项目

卦山公园位于县城西北部、卦山脚下，占地 34.05 公顷，预算投资达 1.5 亿元，是交城县规划建设的首座综合性公园。公园以山水修复涵养、历史文化传承为主要功能，兼容生活游憩、运动休闲，是一座安静朴素的生态康体城市公园。公园规划建设科学文化区、氧吧漫道区、五彩植物区、健身休闲区四大区域，修建中心广场、慢跑路、种植各季植物花卉草坪、各种植物园、滨水建筑和喷泉景观、休闲健身场所、园林建筑等设施及景观。项目建成后将进一步彰显交城自然资源及历史文化特色，营造良好的人居环境和生态景观，对进一步提高城市品位、维护周边区域生态多样性和小气候调节具有积极作用。同时，还将为交城县居民提供一个环境优

美的运动、休闲、度假场所。

第二节　交通建设

一、米五线建设

米五线，即交城县米家庄至离石区五里铺（县界）旅游公路，起点位于会立乡米家庄村南接省道 S320 线，终点止于离石区与交城县县界，全长达 8.871 千米，总投资达 1.28 亿元。该工程全线采用三级公路标准，设计车速为 40 千米/小时，路基宽度为 8.5 米，行车道宽度为 2x3.5 米；有中桥 1 座 53 米，涵洞 24 道，平面交叉 7 处，隧道 1 座 1456 米（其中交城县境内隧道长度 746 米）。

工程共分为三个标段，一标段路基、桥涵、砂砾垫层工程已完工，水稳底基层完成 4.5 公里，水稳底基层完成 4.5 公里，沥青面层完成 4.5 公里，砌体完成 2800 立方；二标段涵洞已全部完成，路基土石挖方完成 18 万余方，路基填方完成 9 万余方，路基成型 2 公里，砌体完成 1284 立方，截水沟 139 立方，片石混凝土挡土墙 558 立方；三标段按省路桥公司的施工方案计划先从离石方向掘进，施工单位人员已进场。

二、横下线旅游公路路面改造工程

横下线旅游公路起点位于交城县庞泉沟镇麻叶村南接省道 S320 K123+238 处，终点止于交城县与方山县界，路线沿原横下线走廊带布设，由东向西经过麻叶、阳庄上、王氏沟、大草坪等村庄，路线全长 8.628km。采用四级公路标准，设计车速为 30 千米/小时，路基宽度为 8.5 米，桥涵设计汽车荷载等级采用公路—Ⅱ级，中桥51米/1座，总投资估算为5908.436万元。

路面改造工程分为两期，一期工程全长5.4公里，采用四级公路标准，设计车速为30千米/小时，路基宽度为8.5m，桥涵设计汽车荷载等级采用公路—Ⅱ级，中桥51m/1座，涵洞15道，平面交叉7处，预算总投资达2255.7251万元。工程于2019年6月开工建设，2019年12月，路基、桥涵、水泥稳定基层及沥青面层已完工。二期工程全长3.228公里，预算总投资达3622.3799万元。2019年12月，涉及占用林地占的路段手续已上报山西省林草厅，施工及监理招投标已完成。

三、龙山大街（磁窑河—清徐）及晋阳路、工业东西路提档升级项目

该工程由中北工程设计咨询有限公司设计，太原康培集团采取EPC模式承建，由山西腾跃建设项目管理有限公司监理，总体参照清徐县307国道标准，按照城市道路建设要求，结合美丽乡村建设统筹规划设计。该工程的实施对于完善开发区路网框架、优化开发区及县城周边环境、加快全县融入太原经济圈、推动县域经济社会高质量转型发展具有重要的推动意义。

工程涉及4条道路，总投资达2.76亿元，改造总长度约为13.43千米，主要包括：道路绿化及喷灌工程、拆迁和建筑立面整治工程、照明工程、交通设施工程、土方及其它工程、其它辅助设施工程等。其中：龙山大街（磁窑河—清徐）东起交城县和清徐县交界处，西至磁窑河与龙山大街交汇处，改造长度达5.53千米，道路宽度为19米，总投资达

1.7亿元；晋阳路东起晋阳路工业东路丁字路口，西至晋阳路磁窑河交汇处，改造长度达3千米，道路宽度达37米，总投资达2556.4万元；工业东路南起工业东路和龙山大街十字路口，北至三角村北侧，改造长度达2.9千米，道路宽度达15米，总投资达1503.2万元；工业西路南起工业西路和龙山大街十字路口，北至工业西路和晋阳路丁字路口，改造长度达2千米，道路宽度达17米，总投资达510.5万元。

四、交城山旅游大通道建设项目

交城山旅游大通道项目，起点位于交城县洪相乡广兴村新旧国道307交界处，止于西社镇西社村北，与省道219连接，全长15.589公里，全线按二级公路标准设计，设计速度为60千米/小时，路基宽12米。

交城山旅游大通道将于2022年建成通车，将彻底改变交城县人民上山下川远道绕行文水的历史，实现交城人民多年来的夙愿，将为山西交城经济开发区"一区三园"布局，发展全域旅游提供重要的交通支撑，是交城县的一条经济发展大通道、旅游产业发展大通道和惠及百姓的民生大通道。

第四章 教育卫生

第一节 教 育

2012 年以来，交城县优先保障教育发展，职业中学整体搬迁，2 所农村幼儿园改造工程投入使用；交城二中、交城职中改扩建工程加快推进，图书馆、美术馆、体育馆建设进展顺利，交城体育馆、交中篮球馆主体完工。在全市率先出台新时代教育发展实施意见，城西小学投入使用，城东小学、职中技能培训楼、二中体育场和音乐美术馆基本完工。实施"走出去"，分批次赴北师大培训教师，教师素质不断提高。

一、深化教育综合改革

制定出台《交城县关于推行中小学教师"县管校聘"管理改革的实施方案》，完善教职工编制、岗位、聘用管理制度和交流轮岗制度，借鉴学习先进地区改革经营和举措，因地制宜推进"县管校聘"改革各项工作。

二、优化教育资源布局

2017 年以来，交城县投资约 1.5 亿元，新建城西小学、城东小学、交城县职业中学技能培训综合楼建设项目、二中音体美教室及体育场等建设项目，同步规划建设新建学校新校区、红星小学、惠民小学、城西幼儿园等建设项目；实施山区学校撤并，按照《交城县部分山区学校布局优化方案》，有效整合山区教育资源，山区乡镇 18 所学校撤并整合为 5 所学校，教育资源进一步均衡，学校布局进一步优化；强化薄弱学校改造，利用中央及省级资金 3244 万元对全县义务教育阶段学校进行维修改造，利用学前教育奖补资金 1329.23 万元对全县幼儿园进行改造和设备提升；利用中央补助资金 1064 万元，对两所高中校园校舍运动场地等办学进行条件改善。

三、扎实推进教育扶贫各项举措

实施"一证一卡一档"创新资助体系（颁发资助证、免费办理资助卡、建立电子档案信息库），确保教育扶贫政策县域全覆盖。2017 年以来，资助学生 61 067 人，其中资助贫困建档立卡学生 13 534 人，资助金额达 3964.1716 万元。

四、教学水平稳步攀升

2020 年，全县高考成绩稳中有增，二本 B 类以上达线有 1160 人。600 分以上有 46 人，比去年 22 人翻了一番，其中文科最高分为 632 分，再夺吕梁市文科状元。

第二节　卫　生

2012 年以来，交城县卫生综改持向续纵深发展，山西医科大学第一医院交城分院封顶、天宁镇卫生院改扩建、妇幼保健计划生育服务中心、中医院建设扎实推进，县级医疗集团正式挂牌运营，城乡一体化医疗改革加速推进。山区中心卫生室实现连片管理，创新"1＋N"公共卫生服务机制成为全省 26 个医改示范县之一。

山西医科大学第一医院交城分院，位于交城县城东南下关街，占地达 226.9 亩，建筑总面积达 10 万平方米，总投资达 7.7 亿元。包括医疗综合楼、后勤综合楼、感染科楼、肿瘤诊疗科楼、营养康复楼、人防工程、中医楼改造、医院数字化项目，以及污水处理站、换热站等。交城分院利用山西医科大学第一医院的优质医疗资源，实现资源共享、整体联动，在太原、晋中、吕梁三市交汇处形成一个新的医疗覆盖区，有效解决了交城及文水、清徐、祁县、平遥等邻近县市 170 万人口的看病就医难的问题。

交城县妇幼保健计划生育服务中心和交城县中医院联合建设项目，位于交城县城北部，占地 14.1 亩。建筑总面积达 15 000 平方米，其中妇幼保健计划生育服务中心业务用房达 5080 平方米，中医院业务用房达 4715 平方米。日接待门诊病人约 300 人次，每年为 8000 名 3—6 岁儿童提供免费体检、2500 名妇女提供免费宫颈癌筛查、1700 名孕妇提供免费产前筛查服务、950 对夫妇免费孕前检查服务，向县城居民提供优质的健康教育服务，有效提高广大妇女儿童的健康水平及公共卫生医疗服务水平，满足人民群众健康需求，加快推进交城县公共卫生服务事业的快速发展。

第五章　商贸旅游

第一节　粮食管理

一、粮油储备

2012 年以来，维修、改造绿源中心成品粮应急仓库；投资 750 万元，拆除直属库原有大同仓，新建一座仓容 1500 万斤、建筑面积为 1725 平方米的标准仓库，并配套相关设备和设施，增加有效仓容 1000 万斤，确保县级原粮储备的安全存储。投资 105 万元对绿源放心粮油配送中心的西营库和城区库的仓库更换密闭门窗，对地面、墙面、地坪、屋顶等进行维修改造，维修、改造、升级粮油仓储设施，完善仓储功能，做到成品粮油安全储存。完成县政府成品粮油应急储备任务：面粉 240 万斤，大米 60 万斤，食用油 15 万斤，合计 315 万斤。

山西粮油集团粮油仓储物流产业园，2020 年 6 月开工建设，位于西营镇大营村。粮油仓储物流产业园区以粮食加工为主导，以关联项目形成系统化的粮食加工生产链，以产业链优化提升加工园区，以加工园区构建产业集群，形成"一园多区、一园多能、一园多制"的整体格局，项目建成后，将成为集仓储、加工、交易、物流配送、综合商务、文化旅游等功能为一体的大型现代化示范性粮食产业集聚中心。

项目总占地约 1000 亩，预算投资达 10 亿元，一期工程包括仓储园区，建设仓储区、仓储配套服务区、检验检测区三个区域。其中仓储区设计原粮储存规模为 35 万吨，油罐 5 万吨，同时配套粮油接发设施、油脂精炼及灌装设备、辅助设施、办公生活配套等相关设施。仓储配套服务区的精炼油车间及小包装车间规划位置紧邻 5 万吨半地下食用油储备罐群，通过国内成熟先进的生产工艺技术和油脂精炼设备，对毛油进行脱酸，碱炼、脱色、脱臭等工序生产出高质量、低消耗的食用精炼油产品。小包装车间作为油品定量包装车间，具备注塑、吹瓶、灌装、贴标、码垛等生产工段，设计年灌装能力达 200 多万箱，可灌装 0.9L—16L 不同规格小包装系列产品。检验检测区主要是粮油质检中心，配套国际先进的粉质仪、白度仪、面筋仪等精密检测设备及相应的检验检测人员，实现对原粮、成品粮、油脂、粮油制品的物理、化学、生物指标国标检验，严格检测制度，确保园区粮食与食品的质量安全。

二期工程包括加工区与商贸物流区。粮食加工区主要包括小麦加工区、小杂粮加工区、玉米深加工及地方特色农产品加工区及中央厨房等多个加工板块。商贸物流配送是产业园的重要组成部分，主要为粮食加工提供商贸服务。商贸物流区内主要建设有低温冷库、恒温冷库、常温库房以及分拣区。配送服务可与国内快递行业相结合，形成全方位、大规模的物流产业链条。

该园区还将配套粮食质量安全追溯体系，搭建信息平台，提供信息服务业务，形成集供应链管理、基础物流服务、增值加工、园区物业等为一体的多功能、专业化信息门户，为生产企业、园区客户提供综合公共信息、车辆调度信息、数据分析信息等服务。

二、保供稳价

2012 年以来，交城全县市场供应粮源几乎全部依靠外调满足。组织协调粮食经营企业做好粮食市场的产销衔接格外重要，2016 年 4 月份协调面粉经营大户王文斌与五得利面粉集团公司签署了调入交城县面粉 6000 吨的战略协议，确保全县成品粮源的供给渠道。10 月份组织小杂粮经营企业 (开元醋业和黄芥子油生产企业)，参加在汾阳市举办的全省农副产品及小杂粮展销洽谈会。依靠从省外调入粮食，满足了全县城乡居民的口粮供应，保障了全县粮食市场供需总量和品种结构平衡。虽然粮油价格波动不小，但全县粮油供应充足，价格总体相对稳定，未发生脱销、断档、价格暴涨暴跌现象，为全县经济转型发展提供了有力的保障。

第二节　供销合作

2016 年，交城县供销系统建成电子商务平台和供销社服务中心；交城碧州农牧专业合作社完成土地托管服务面积达 0.2 万亩。该合作社土地托管面积达 2030 亩，其中洪相村 300 亩、城头村 700 亩、贾家寨 300 亩、山坡地 1000 亩；改造、重组基层供销社 1 个；新建庄稼医院 1 个；建设一站式惠农服务站 4 个：交城县生产资料公司综合门市惠农服务站、夏家营镇郑村惠农服务站、西营镇石侯村惠农服务站、西社镇西社村惠农服务站；规范发展农民专业合作社 8 个：交城县四季兴奶牛专业合作社、交城县苏家选种植专业合作社、交城县国平养殖专业合作社、交城县庆春养殖专业合作社、交城县银鑫农业专业合作社、交城县庞泉沟野山菌专业合作社、交城县建丰农牧专业合作社、交城县桂林种植专业合作社；创办农村综合服务社 8 个：天宁镇西汾阳村综合服务社、夏家营镇郑村综合服务社、夏家营镇王家寨村综合服务社、西营镇大营村综合服务社、洪相乡广兴村综合服务社、西社镇东社村综合服务社、西社镇塔上村综合服务社、东坡底乡石渠河村综合服务社；"百社万户"精准扶贫任务 70 户：交城县盐业公司和碧州农牧专业合作社精准扶贫西社镇塔上村 45 户和曲里村 25 户贫困户。

交城县金德盛商贸有限公司，是一家集购物、休闲、餐饮于一体的大型商贸公司，分为四个板块：

洋洋超市，建筑面积达 4000 余平方米，卖场面积达 1300 余平方米，是交城成立最早的大型综合超市，集粮油、调味、休闲、副食、洗涤、日化、家居、家纺等 50 000 余种商品于一体。公司连续多年获得"山西省优秀企业""山西省商业诚信承诺优秀企业"等荣誉称号。

洋洋购物广场，建筑面积达 12 274 平方米，营业面积达 8000 余平方米，员工有 200 余人。一层为日用百货，二层为副食及熟食加工，三层为文化用品、针纺织品，四层为休闲娱乐场所。洋洋购物广场是国家商务部确定的"万村千乡市场工程"试点企业，是商务部确定的吕梁市唯一农超对接试点企业，多次被授予诚信企业等荣誉称号。

金洋主题酒店，是交城县首家大型主题婚礼酒店，配置中央空调系统、互联网交流系统、自动消防系统、安全监控系统、冷热水供应系统、程控电话系统、有线视频数字系统等。酒店分为四个不同风格的宴会厅，以婚礼主题文化为核心，并备有森系婚礼、西式婚礼、中式婚礼、海系婚礼等不同婚店主题的格调，配以专业婚庆队伍，超大高清的 LED 显示屏及光彩绚丽的舞台灯光，立体环绕的音响系统，每年承办数百场婚礼婚庆活动。

交城县德慎楼餐饮，经营面积达 2044 平方米，以明清风格的四合院为蓝本，结合本土文化，诸如糖人、面人、糖葫芦等，打造出独具文化特色的交城四合院。德慎楼分为南屋、东房、东院、后院、堂屋等多处院落。院落命名温故厅、观沧海、宫商馆等，一步一景，别有一番滋味，处处蕴含着浓郁的文化气息。德慎楼大小包间共计 20 余间，每天客流量可达 1000 多人。2016 年 8 月成立"德慎楼·老胡同"，以交城老巷命名，如龙虎巷、双井巷、胡家巷、南马道等，是一处怀感"乡愁"的理想就餐场所。

第三节　全域旅游

交城县以原生态的森林、河流为基础，以千年古县文化为核心，整合旅游资源，推动旅游业由观光为主向观光、休闲、度假并重转变，推动"景点旅游"向"全域旅游"转变，推动旅游景区和旅游企业集群式发展，打造有核心竞争力和重大影响力的旅游品牌，把旅游业培育成为县域经济的新亮点和新兴支柱产业。

一、庞泉沟峡谷漂流

庞泉沟峡谷漂流位于庞泉沟镇市庄村，漂流地段紧邻山西省 S320 省道，上下码头连接通畅。该区域距山西省会太原仅 120 公里，周边吕梁、忻州、晋中、介休等城市均在

200 公里以内。外围交通 G307 国道与青银高速、太佳高速、大运高速相连，位置优越、交通便利。

庞泉沟峡谷漂流毗邻保护区——庞泉沟国家自然保护区，这里物种丰富，动植物繁多，是国家一级保护动物褐马鸡的栖息地，是莽莽黄土高原上保存完整的一个绿色宝库。河道两旁高山耸立、林木繁茂；一河两岸，芳草青青、红柳掩映。

河道时宽时窄，水流时急时缓。漂流沿途既有急流险滩，又有缓流碧潭，是华北地区优质漂流地。规划开发初期，经旅游规划专家考察团考察后，当场给予极大的肯定，"华北第一漂"的称号当之无愧。

庞泉沟峡谷漂流分为上码头服务区和下码头服务区，其间相距达 8 公里，漂流长度达 10 公里，垂直落差达 130 米。漂流上下码头服务区均配置有大型停车场、咨询服务中心、票务中心、餐饮中心、购物中心、更衣室、星级卫生间等服务设施。庞泉沟是山西省旅游的新亮点，为山西省周边景点配线提供了一个良好的选择，使游客真正体验到"仁者乐山，智者乐水"的情趣。

二、如金生态园

如金生态园位于交城县城西 5 公里的安定村，2017 年入选山西省休闲农业和乡村旅游示范点，有省内最大的室外温泉浴缸，可领略极致尊贵的养生水文化。游乐健身项目有：

原生态温泉海浪池：为游客呈现精彩绝伦的各类表演，让游客在清凉的水中近距离感受别样风情演艺！

高空螺旋滑梯：体验冲天回旋快感带来的欢乐。感受惊险刺激的同时，给你最畅快的清爽体验！

原生态温泉水疗池：以天然地核之水为源头，配有水上按摩床、鸭嘴浴、冲浪浴、五感养生与娱乐相融合。温泉属钙钠硫酸盐泉水，富含锶、钙、钠、镁、硫酸根等 40 多种微量元素，特别是锶元素含量高达 15.2 属国内罕见。所以，不仅仅是娱乐更是保养。

亲子水上乐园：深受孩子喜爱的卡通水上碰碰船，让您和孩子一同寻找水中的欢乐，给孩子一个难忘的童年。

儿童水屋：水蘑菇、水滑梯、喷水牵牛花、小水炮等设施在这个炎炎夏日带给孩子们一份清爽和无数的欢笑。

第四节　电子商务

2013 年以来，交城县主动对接国家"互联网+"行动计划，对照"电子商务进农村综合示范县"工作要求，打出了"电子商务+"组合拳，摸索出了符合交城发展的电商扶贫特色路径。

一、电商发展初具规模

经过几年的发展，阿里巴巴、京东、乐村淘等平台相继入驻交城，已开通 31 个农村淘宝服务站、6 个天猫优品旗舰店、1 个县级京东直营店、1 个县级京东物流店、23 个乐村淘村级体验店，构建起一张较为完整的电子商务服务网络。

建成"交城创谷"电商产业园。投资 3000 万元建成占地 3300 平方米的"交城创谷"电商产业园，免费为电商企业提供入驻空间，给予法律咨询、产业培育等一站式服务，成为展示特色产品产业和服务农村电商发展的重要平台。

2019 年统计，累计入驻电商企业达 33 家，其中孵化升级 19 家，现有入驻电商 14 家。

建成"资源覆盖"电商产业园。整合社会优质资源，引进电商巨头，依托乡村特色，加快推进城乡一体化，推进农业经济繁荣。自与阿里巴巴农村淘宝签约以来，建立 31 个村级服务站，达到乡（镇）全覆盖。以供销社"新网工程"为基础，建设 7 个农村电子商务服务点。电商销售额逐年增加，2017 年销售额为 1920.57 万元，2018 年销售额为 6791.37 万元，2019 年销售额为 9000 万元。

建成"县域跨境"电商产业园。与山西跨境电子商务协会合作建立全省首个县域跨境电商产业园，通过建设跨境电商一站式综合服务平台，为外贸进出口企业在报关、通关、国检、外管、金融、物流等方面提供一站式服务模式。

建成"交城铸造"电商产业园。与中国网库签订《中国铸造务，打通交城产品对外展示及销售渠道，构建开放、多维、立体的多边经贸合作产业电子商务基地项目合作协议》，打造交城铸造数字经济，建设了集展示、交易、服务等功能为一体的中国铸造（交城）区域中心公共服务平台，采取"互联网 + 产业"的方式，引导全国优质铸造资源线上集聚、线下对接，促进以云服务为代表的互联网与铸造业融合创新发展。

二、电商品牌效应初步显现

不断发挥本土产业优势，培育发展三大电商品牌，有效扩大了电商发展的影响力和带动力，电商品牌效应初步显现。

创建"交城山"公共品牌。依托交城山丰富资源，培育"畜、游、果、蔬、菌、药"六大特色产业，定位打造省城太原的"康养基地"，对所有特色农产品统一包装、统一加工、统一销售，交城骏枣、交城核桃、黄芥子油、五香调料面等传统农产品产业体系不断完整。同时结合"省级农产品质量安全县"创建工作，"交城山"公共品牌旗下6大类34小类农产品全部办理SC手续，"三品一标"产品突破14个，目前电商平台销售交城农产品数量达到30种以上。

培育本土特色电商品牌。新尚仁、嘉荣农业、天详商贸等优势网商不断涌现，同步配套产品质量控制和质量追溯体系，通过对各农户的信息反馈和质量控制，确保品牌电商的含金量。开设"山水交城·电商扶贫服务站"，打造交城县自己的电商扶贫服务体系，打通农产品上行、工业品下行便民服务，实现"两有一能"目标。

三、配套设施有效运行

配套快递物流转运中心。投资1400余万元建立了占地1500平米的菜鸟物流中心，积极对接中通、申通、圆通等13家快递公司，特别是电商协会回购了4家物流公司，使普通物流件价格为3.5元/件，降低了物流成本。同时通过和阿里巴巴、京东、乐村淘等大型电商物流企业合作，行政村覆率达到95%，实现了快递邮件当日到乡镇、48小时内到村寨。配套发展冷链物流项目。争取到山西省发改委专项资金200万元，县级配套资金200万元，建设县级运营中心、山区乡镇运营中心、山区快递分转站和冷链仓库各1个。冷链物流建设对山区庞泉雪耳等高档食用菌、药材、牛羊肉迅速进入市场起到积极推动作用，增加了交城山农特产品附加值。打造"互联网＋扶贫"服务平台。以"服务三农"为宗旨，以"工业品下乡，农产品进城"为使命，构建起"1+4+10+96"电商扶贫网络，即：建成"交城创谷"1个县级公共服务中心，引进阿里巴巴、京东、乐村淘、供销e家4大电商平台，开通了覆盖全县10乡镇的电商服务站点96个，形成县有运营中心、乡镇有服务站、村有服务点的三级电子商务供销运营体系。

四、保障体系基本形成

强化组织保障体系。全省《关于促进农村电子商务加快发展的实施意见》出台后，交城县把电子商务进农村作为推动脱贫攻坚、落实乡村振兴的重要抓手，成立了电子商务和电商扶贫领导小组，整合相关职能部门，由工信局牵头，联合供销社、扶贫办、园区外经办合署办公，坚持每月一例会，及时解决相关事宜。

强化政策保障体系。出台《电商扶贫"到村到户"工作实施方案》等10个相关政策文件，交城创谷对入驻企业给予办公场所、培训等全免费和年度奖励"八免一奖"激励政策，对品牌建设、金融支持等"六项服务"，形成了完善的电子商务一站式服务体系。

强化基础保障体系。村村通水泥路相连成网，总长度达847公里，呈现四通八达的交通网络体系。宽带网络基本实现"村村通"，电信光缆线路、固话交换网、移动通信网等基础通信网络已覆盖所有乡镇，为电商进农村奠定了坚实的品牌优势和产业基础。

强化人才保障体系。坚持"请进来"与"走出去"相结合，面向涉农企业、农村合作社、农村创业青年和农民开展电商知识培训，确保每个贫困村至少培训一名电商应用人才。

2019 年，共引进高端电商人才 10 名，直接从事电商工作人员达到 400 多人。依托职业中学电子商务专业和各类电商培训活动，累计培训各类人员达 3000 人次，为电子商务培育了一大批本土一线人才。

交城县发展大事记
（1915 年—2019 年）

中华民国

1915 年

双二孟领导交城毛皮业工人举行罢工，要求提高工资，改善生活条件，砸毁县商会，同资本家作斗争。

是年成立公议社，双二孟当选为社首。

1919 年

交城县皮毛工人组织公议社大发展，入社毛皮工人 3000 余人，公选毛皮匠侯正熙为领导。

1920 年

公议社领寻全县毛皮工人统一行动，罢工两天，要求增加工资，改善工作条件。

1926 年

秋，建立交城首个中共党支部。

1932 年

县城两级学校学生，为抗日救国学生穆光政牺牲，大闹学潮。旅并学生代表石思明、王益三、郭萱等，对国民党消极抗战不满，率众示威游行，并砸毁国民党县党部。

大营村人张士文由并返县，于城内西北街玉皇庙组织各界抗日救国会，与教育界石思明等联合，进行抗日救国宣传。

抵制日货。

1933 年

城内两级学校、师范、女校学生集会游行，宣传抗日救亡，抵制日货，并烧毁三盛长等商号的日货。

1934 年

5 月 26 日，城内两级学校学生，以农历 4 月 24 日交城县城奶奶庙庙会之际，进行抗日宣传示威，销毁日货。

1936 年

3 月 20 日凌晨，东征红军 15 团一部攻打县城，未克。红军于黎明前经安定、洪相、广兴、开栅、峪口入山，到达东社。然后分两支，一支通过西冶川赴古交，一支走中西川到横尖、娄烦等地。所到之处，宣传发动群众，播下革命火种。

冬，城内各学校学生义演话剧、歌剧，宣传抗日救亡，将募捐来的 400 元法币，购置皮军装，支援绥东抗日将士。

1937 年

7 月 1 日，山西牺牲救国同盟会派武乡人赵向荣和夏县人张全福来交城开展抗日救亡工作，不久于城内文庙更衣厅创建牺盟会，在文庙大门口挂起山西牺牲救国同盟会交城县分会的牌子。

7 月 7 日，卢沟桥事变发生，中国全面抗日战争爆发。遵山西省令，成立交城县总动员实施委员会，县长赵恒为主任，牺盟会特派员赵向荣、公道团团长马健之为副主任，公安局局长和各科科长为委员。

10 月初，中共山西省工委派地下党员、交城人侯维煜协助交城县牺盟分会，于城内文庙成立中共交城县党支部，书记赵向荣、宣传委员尹伊、组织委员任悟僧。支部代行中共交城县委职权。县牺盟分会选派中共党员申子文和郝叔昌两人参加山西省牺盟会第一次代表会议。10月中旬，交城县人民武装抗日自卫队成立，队长任悟僧、副队长尹伊，动员平川青年50多人集中食宿，进行军事训练。八路军太原办事处委派陕北人刘九功，带冲锋枪1支、步枪10余支来交城县担任军事教官。

11月初，发生震惊山西的东社事件。

11月13日，日本侵略军清田、福田率骑步兵500多人，侵占交城县城。

11月底，山西第四行政主任公署委派常芝青（中共地下党员，阳渠村人），担任交城县抗日游击政府县长。

1938年

1月21日，日本侵略军藉口贾家寨群众打死西川（日本便衣）一事，残杀该村村长贾和义和民众权殿箴等10人。

2月23日，工卫旅在会立开办交城、文水、汾阳三县村干部训练班，40余人参加，学政治军事，发展中共党员，积极开展抗日斗争。

晋西北区党委派郭伟人、吕赛二人到交城、文水开展党的工作，成立了中共交文工委。郭伟人担任书记，吕赛任组织部部长，司王卿任宣传部部长，后扩展为交文汾介工委。

9月，为解决山区军民医药、布匹、食盐等物资困难，粉碎日军经济封锁，八路军一二〇师在西营、成村开设集市，转运物资入山。

10月，八路军一二〇师工作团和牺盟会太原中心区于会立村培训交城、文水、清源、徐沟、太原干部50余人，发展一批中共党员。

1939 年

3 月，晋西北区党委决定撤销交文汾介工委，成立了中共文交中心县委。中心县委驻交城县寨上村。书记刘英、组织部部长兼宣传部部长肖靖、武装部部长李文林、社会部部长陈郁发、民运部部长李伯林。

牺盟会于柏叶口举办行政村牺盟干部培训班，历时 45 天，有百人参加。学习《论持久战》《抗日救国十大纲领》以及军事知识。

12 月，为粉碎阎锡山制造的晋西事变，交城抗日军民处以阎锡山政府交城县长薛国俊死刑。

1940 年

2 月，交城县抗日民主政府在双龙成立，葛向明任县长。同时，组建县抗日游击大队，罗森林任队长。

交城县抗日救国联合会成立，下辖工救会、农救会、妇救会、儿童团等组织。

2 月 11 日，日军"扫荡"中西川，工卫旅二十一团和二十二团在田家沟一带与敌激战。晋绥第八专署专员顾永田壮烈牺牲。后将八分区干部训练班命名为永田中学。将顾永田烈士葬于燕家庄乡塄子上麝香沟。

3 月，中共交城县工作委员会在双龙村成立，林凤鸣任书记。

7 月，中共交城县工作委员会易名为中共交城县委员会，林凤鸣任书记、罗沛任组织部部长、林枫宣传部部长。

晋绥第八专区军民大摆"地雷阵"，给敌人以重创。交城山区以"地雷之乡"闻名晋绥边区。

9 月，交城县抗日游击大队编为晋绥八专区游击队第三大队，各区成立基干队。

1941 年

1 月，晋绥八专署在交城山抗日根据地开展减租减息斗争。

1 月 3 日晨，汉奸张仁带领日本侵略军一队人马，窜入三道川南沟，残杀百姓 64 名，强奸妇女多人，并将全村房屋焚毁，酿成南沟惨案。

冬，为适应抗日战争需要，交城县划分为交城、交西两县。以大岩头白家山为界，西冶川、屯兰川、原平川、大川和平川各村为交城县属；中西川、东西葫芦川、夹岔各村和汾阳县一、二、三道川，以及文水县开栅、峪口、崖底等村为交西县。

1942 年

2 月 17 日，日本侵略军 1000 余人进犯中西川，驻扎在中西川南沟村对面白草庄的决死二纵队连续打退敌人几次进攻。副司令员刘德明在掩护部队转移时不幸中弹壮烈牺牲。

4 月，日伪军四五百人，从静乐县翻山到鱼儿村，对被抓捕的一批年轻人进行非刑拷打。之后，40 多名日军全副武装，将被打得头破血流的 26 个青年人，用刺刀活活捅死。酿成鱼儿村惨案。

日军偷袭交西县政府驻地薛车沟，抓走交西县县长张清源，交西县政府 20 多人被残杀，史称薛车沟惨案。

交西县石沙庄开明地主白玉春响应政府号召，带头减租减息，被选为晋绥边区参议员。

中共交西县委遵照"精兵简政"指示，将原有干部 104

人削减为 53 人，获得边区嘉奖。

1943 年

2 月 7 日，晋绥八专区六支队配合神枪手段祥玉等民兵，在石沙庄伏击驻扎在岔口来犯的日伪军，歼灭敌人 30 余名，生俘日军 6 名、伪军 4 名，缴获枪支弹药多件。

3 月 14 日，日军汾阳宪兵队土井、石上纠集汾、文、交伪便衣 200 余名，乘卡车 10 余辆，一夜之间，抓捕城乡教员、干部、民众 284 名，非刑拷打。折磨 9 个多月，杀害教员、干部、民众 200 多名，致残数十人，酿成二月惨案。

日伪军抓捕申家社、逯家岩、东沟等村中共党员、村干部 20 余人，囚于岔口村外预先挖好的土井内。申家社村长谭广富在审讯中，为掩护同志，挺身而出，自称是八路军的干部，被日军杀害。

八分区六支队、交城县游击大队配合民兵武工队，日夜轮番围困袭击芝兰、岔口据点，迫使敌人于 7 月 21 日撤走。

1944 年

春，晋绥八专区政委罗贵波率领干部战士在沙沟等村修筑防洪拦水坝，保护村庄，灌溉农田。

6 月 28 日夜，关押在日伪县政府监狱内的交城五区区长夏舟（中共党员），率领 20 名在押人员，越狱暴动，缒城而去。6 人未逃出火坑，于 7 月 2 日被杀害。

9 月，六支队、工卫旅配合武工队和民兵神枪手段祥玉、崔三娃、韩凤珠等，挤垮米家庄、青沿敌据点。

10 月，八专区部队袭击东社敌据点，俘敌百余人，六支队攻入武元城敌据点，击毙日军 9 人，俘伪军 32 人，缴获一批武器弹药。

10月15日，八分区六支队配合县大队民兵攻克东社敌碉堡，挤垮日伪据点。

10月20日，八专区在交城县睦联坡举行"抗日殉国烈士纪念碑"落成典礼。纪念碑镌刻1209名烈士英名。林枫、贺龙、关向应、罗贵波、康世恩、王长江分别题词。

12月下旬，晋绥边区群英会召开，横岭段祥玉、石沙庄崔三娃、双家寨韩凤珠等出席大会，被授予特等民兵战斗英雄称号。

1945年

3月，中共交城县委提出争取"耕三余一，穿衣半自给"的号召，扩大耕地，精耕细作，倡导植棉，组织变工互助。

6月，工卫旅、县游击大队佯攻县城，并埋伏于义望村附近。驻扎在蒿白的日伪军60余名在增援交城途中被伏击。击毙日军4人，其余全部被俘。缴获机枪2挺、步枪30余支、手枪4支。

8月15日，日本无条件投降，县城日军龟缩于下关奶奶庙据点，杀马充饥。抗日战争胜利结束，交城县抗日政府召开庆祝抗日战争胜利大会。

8月30日，交城、交西两县合并为交城县，县政府驻沙沟村。第八专区地委书记甘一飞兼县委书记，八专署专员米建弓兼县长。

11月，阎锡山政府县长郝步庭，率领爱乡团200多人，从西营村抢粮回城，被八分区第十二团截击，伤亡惨重，弃尸而逃，郝步庭被打残。

1946年

2月26日，交城县参政会在东社村召开，全县109名代表参加，会期5天。通过平川代表修浚甘泉渠和朱惠渠等提案；选出柳林等82人为正式议员，罗贵波、张永清等8人为边区参议员。

3月，交文支队策反清源高白镇村连部百余人，连长王镇河带队起义投诚。

驻扎县城的阎军四十师三团二营在营长郭省三率领下，窜扰西营、寨子抢粮。交文支队和驻交八分区十二团、十五团紧密配合，分头埋伏于城头村南，待机歼敌。敌军返回途中，突遭狙击，死伤多人，大部被俘。郭省三亦被生俘。

7月20日，阎军大批人马到小辛一带抢粮，晋绥八分区敌工科侦察员刘宏智获悉后，急报交文支队组织狙击。刘宏智为掩护战友突围转移，壮烈牺牲。

9月1日，交城县立中学于城内文庙成立，设初中、师范各一班，共招男女生120人，校长为丁效禹。

冬，八地委土改工作队在河西庄、米家庄进行试点。

1947年

1月初，中共交城县委、县政府同八地委、专署分开办公。

2月，沙沟业余剧团自编自演话剧《刘胡兰》。刘胡兰的英雄形象首次被搬上舞台。

3月1日，阎锡山第七十二师向截岔进犯。八分区二旅、五旅主力和交文支队在崖底、黄崖伏击敌人。适逢西北风大作，居高临下，顺风击敌。七十二师全军覆没，死伤250多人，生俘1700余人，缴获大批武器弹药。师长艾子谦只身伪装从露雨沟潜逃。

成成中学、一完小、二完小，一批骨干学生奔赴延安，编入后勤部，参加保卫延安战斗，直到收复延安返回，获"参加保卫毛主席的英雄"锦旗一面。

11 月，中共八地委抽调专署、县、区干部组成土地改革工作队，进驻米家庄，进行以查阶级、查立场、查表现为主要内容的"查"整风运动。运动中一度出现部分干部被错整，土改斗争扩大化。

1948 年

1 月，遵照晋绥分局关于"纠正左的危险的指示"，纠正了"三查"和土改中的错误。纠正 150 户农民的成分，补偿错斗中农的财产；对错处的党员干部和群众，给予平反抚恤；对留地太少的地、富户给予增补；改正了部分干部"三查"整党结论，恢复整顿了农村党支部。

6 月 15 日，首批支前工作队、民工担架队和毛驴运输队，从沙沟出发，赴文水县麻家堡运送粮草、云梯，支援汾孝战役。

7 月 5 日，第二批支前工作队，其中包括民兵参战队 500 人、担架队 1500 人 (569 副)、铁木工匠 133 人、毛驴运输队 500 人 (530 头毛驴)，在东社、曲里集中，随部队下山，支援晋中战役。

7 月 7 日，中国人民解放军一二〇师三旅七、八、九团攻克交城县城。阎锡山政府县长贺正泽、爱乡团团长毋挟贵以下军政人员 700 余人被俘，缴获大批武器弹药。至此交城全境解放。

7 月，阎军平介十九军残部、汾孝四十三军残部、文水六十一军残部，胁迫军政人员 3000 余人撤往太原，途经交城县城骚扰。交城城内中共军政人员敞开 (火神庙、三义庙)粮库将百万斤小麦赈济饥民。

8 月，交城县支援解放太原战役支前队有 2700 人，其中民兵参战队有 500 人，随军担架队有 1700 人，运输队有 500 人（赶着 500 头毛驴）开赴太原。

9 月，交城中学复学，石善听任校长。学生流动多，人数少，加以晋中公学、贺龙中学招生，年末 72 名学生转入祁县中学，将剩余学生编为一个班。同时招收山地青年一个班，改名为简易师范。

11 月，中共交城县委在简易师范（文庙大成殿）召开土地改革动员大会，分配土改工作组到城关和平川各村，开展土地改革运动。

1949 年

1 月，平川新解放区开展土地改革运动，山地老解放区解决土改遗留问题。2 月，遵照上级指示，本县组织 108 名干部南下，分赴湖南省湘潭、醴陵等县，担任县、区级干部，开辟新区工作。

3 月，新民主主义青年团交城县委成立。4 月 24 日，太原解放，捷报贴遍城垣四门和城乡交通道口。全县人民笑逐颜开，奔走相告欢庆胜利。

8 月至 9 月，由华北人民大学、人民革命大学和山西公学派来交城县干部 300 余人，充任县区干部和中小学教师。

中华人民共和国

1949 年

10 月 1 日，中华人民共和国宣告成立。城关万人集会于城内大操场，欢庆新中国诞生。

11月2日至6日，交城县各界人民代表会第一次会议，在城内简易师范礼堂召开。会议传达贯彻了新区开展土改运动的方针、政策，讨论了恢复和发展生产等工作。

城关和平川各村，进行土改复查，在12 895户，53 863人中，划地主93户，占平川总户数的0.8%，划富农63户，占平川总数的0.5%，抽调1633户中农的土地给无地少地的贫农、雇农，极大地推动农业生产的发展。

1950年

3月27日，交城县政府县长张进才被开栅民众围逼于村政府，要求归属文水。嗣后，上级批准开栅、峪口、崖底等村仍属文水县管辖（1941年划属交西，1945年划属交城）。

6月，朝鲜战争爆发，县各行业、中苏友好协会，开展拥护世界和平、禁止使用原子武器的签名运动，反对美帝主义侵略朝鲜。

7月，遵照政务院《严厉镇压反革命分子的指示》，镇压反革命运动在本县展开。

10月，遵照上级指示，在全县范围内开展了取缔反动会道门运动。被取缔的反动会道门有一贯道、金丹道、先天道、后天道、黄香道以及青帮、洪帮等。

10月25日，全县第一次劳动模范代表大会召开。与会代表有200人，推选曹大魁、孔金桃（女）、张德佩为山西省农业劳动模范。

12月，全县干部、职工、教师捐献小米7405公斤，支援上海失业工人。

是年，为恢复和发展国民经济，全县认购胜利折实公债154 765 522元（旧币）。

是年，交城县供销合作社成立。

1951 年

交城1月1日，交城《文锋周报》创刊，八开两版，油印。由交城县人民文化馆主办。至1952年6月停刊，共出版77期。

3月，全县城乡所有黑板报、广播筒大力宣传婚姻法。

4月24日至26日，召开抗美援朝代表会，发起捐献飞机、大炮的群众运动。全县共捐款866 283 000元（旧币）。

5月1日，5万人集会县城，举行盛大的游行示威。反对美帝国主义武装日本，反对美帝国主义侵略朝鲜。"前方打美帝，后方挖美根"处决了5个反革命分子。

6月26日，为庆祝中国共产党成立30周年，中共交城县委机关报《交城小报》创刊，八开两版、周刊油印。1952年7月改为石印版。1953年4月改为铅印。

1952 年

元旦，县委召开反贪污、反浪费、反官僚主义为内容的"三反"动员大会，"三反"运动在全县范围内展开。

2月，在工商局开展了反行贿、反偷税漏税、反盗窃国家资财、反偷工减料和反盗窃经济情报的"五反"运动。

3月，交城县工农晋剧团成立，不久，易名为交城人民晋剧团。

5月，山西省人民政府发出《关于迅速推广祁建华速成识字法的指示》。县成立扫盲委员会，配备扫盲干部100多名，深入全县各区村开展扫除文盲的运动。

12月，石渠河张芝禄试办第一个初级农业生产合作社。

1953 年

8月，撤销区村制，实行乡村制。全县撤销8个行政区，划为 69 个乡、1 个镇。9 月，石渠河张芝禄初级农业生产合作社被评为省级先进合作社一等模范，受到中共中央华北局的表彰和奖励。

1 月，合作化运动进一步开展，农村办起 13 个初级农业生产合作社，入社农户有 332 户，占全县农户的 1.7％；互助组有 1069 个，入组户有 8942 户，占全县农户的 45％。铁业、木业、建筑等合作社成立。

12 月，全县开展基层普选，建立乡级人民代表大会。

11 月 18 日，中央人民政府文化部社会文化事业管理局发函给省文管会，责成文管会调查玄中寺破坏程度及现状。

是年，全县进行第一次人口普查，计人口 115 366 人。

1954 年

7 月 2 日至 6 日，召开交城县第一届人民代表大会第一次会议。选张士华为县长，刘本芝、阎怀才为副县长。

8 月，县文物管理委员会新修石壁玄中寺玄津桥，城内学校教师、交城县人韩恩题"玄津""覆道"，刻于桥侧。

8 月 27 日至 9 月 3 日，连降大雨 8 天，山洪爆发，河堤决口，冲毁良田，淹没村庄，辛寨、成村、汾阳、大营、城头等乡受灾严重。农业互助合作运动大发展。互助组联办初级农业生产合作社，乡乡办起高级农业生产合作社，入社农户占总农户的 40％以上。

1955 年

3 月，全县 6 万多人签名，反对帝国主义侵略，反对使用原子武器。

5 月，苏联水利专家布尔亚克和土壤专家沃洛宁来本县小辛村，指导改土治碱。

10月，开展改造落后乡运动，在阳渠、郭家寨、田家山等村划出一些地主、富农户。

是年，重建玄中寺大雄宝殿开工，整个寺院修复工程分两批实施，历3年竣工。

1956 年

1月，全县实现农业合作化，大批互助组单干户一跃而入高级社，入社农户占全县农户的99.99%。

2月，全县手工业实现合作化，资本主义工商业实现全行业公私合营。

3月，县有线广播站于孙家巷始建。4月，在城隍庙旧址新建人民大礼堂开工，于年底竣工。

1957 年

4月，中国科学院古脊椎动物研究所教授贾兰坡与张森水、刘增及太原工作站站长王择义，到交城北山考察以范家庄为代表的旧石器文化。

4月25日，手工业联社创建发电厂竣工投产。投资人民币27万元，改装120千瓦飞机头为发电机，发电量为12 000度。机关、厂矿开始用电照明。

5月6日，玄中寺、天宁寺、范家庄遗址、南堡村遗址被公布为山西省级文物保护单位。卦山石佛、玄中寺造像碑、宋铸佛像二尊被公布为山西省级保护文物。

5月，全县各级党组织开始整风，邀请各界人士连续召开座谈会，开始"大鸣大放"。

7月下旬，开展反击右派斗争，全县划出右派分子72人。运动中有严重扩大化问题。

9月，玄中寺修复工程竣工。以高阶珑仙为团长、菅原惠庆为副团长的日本佛教友好使节访华团同我国佛教徒在玄中寺共同举行法会，庆祝古寺复兴，并为日本净土真宗奉献的昙鸾、道绰、善导三祖师像开光。

是年，旱、涝灾害严重，全县农业减产二成以上，国家拨赈款8.6万元，采取以工代赈的办法，修筑开栅至横尖公路。

冬，开展社会主义教育运动，农村进行两条道路大辩论，批判富裕中农的资本主义想想。

1958 年

1月11日，县级机关干部敲锣打鼓，欢送63名国家干部上山下乡，支援农业生产第一线。

3月，石壁水库兴工。

4月，盲目推广徐水经验，兴建"红旗水库""大营水库"，旋即报废。

6月，开展除"四害"活动，实现"四无"村、"太阳化"。

7月，于梁家庄东北创建气象站。

8月，全县实现人民公社化，共建8个人民公社，150个管理区。

9月，动员全县群众自制土炉冶铁，废弃甚多。

10月，全县开展土地深翻，集中男女基干民兵数百人，在阳渠村进行深翻对手赛，掘深达30至50公分。

11月，交城、文水、汾阳三县合并为汾阳县，县治所设汾阳。将北山的古交等10个乡划归太原市，成立古交工矿区。

12月，横尖乡创立马场，引进内蒙古、伊犁、三河等优种。

1959 年

2月，城乡盲目大办公共食堂，主要劳动力集中吃大锅饭。

2月12日，山西省林业科学研究所由太原迁本县横尖阳坡村。

3月，首次购回拖拉机4部，建立县拖拉机站，部分土地开始实行机耕。

4月26日，柳子沟煤矿发生瓦斯爆炸死亡9人，伤2人。

5月，村村盲目建猪场，许多村队有场无猪。

6月，贯彻"5.7"指示，学校大办三厂（工厂、农场、饲养场）。

8月13日，汾、文、交三县分治，恢复原县制。

9月，文峪河水库兴工，将南堡、曲里大部分村民迁往外地，少数留村者，择新址建村。

10月，横山水库兴工。

12月，贯彻山西省会议精神，自上而下开展反右倾运动。县社两级干部人人过关，层层反右倾。

1960年

1月，对城关私有出租房屋，进行社会主义改造，实行国家经租。共经租房屋4887间，总计63531平方米。

2月，遵照晋中地委指示，对确实改造好的右派分子，分期分批摘掉帽子；对安置农村和留在机关的反革命分子进行评审，分别处理。

公布范家庄遗址、天宁寺、狐突庙为山西省级文物保护单位。卦山的塔、城内离相寺砖塔、文庙大成殿、竖石佛造像为山西省级保护文物。

5月4日，山西省首次林业工业现场会议在交城县关帝山森林经营局召开。

6月上旬，交城县有线广播站被评为全国先进单位，副站长郭思乃出席全国群英会。

7月，开展反贪污、反浪费、反官僚主义的"新三反"运动和以及"五多"为内容的整风运动。

8月，交城中学始设高中两个班，成为完全中学校。

10月，在"食堂万岁"的口号中，全县城乡实现公共食堂化，共办食堂860多处，男女老少都吃大锅饭，提倡"瓜菜代"，采集代食品度荒。老弱男女患浮肿病者较多。

1961年

3月，县委贯彻省委《关于农村人民公社当前若干问题的补充规定》，开展反五风（共产风、浮夸风、特殊化风、命令风、瞎指挥风）运动，解决"一平二调"的问题，纠正工作中的错误。

4月，《农村人民公社工作条例》公布后，大公社划分为小公社，管理区改为生产大队，下设生产队。三级所有，以队为基础。核算单位由生产大队下放到生产队，允许社员经营自留地。

8月，恢复县供销合作社和基层供销合作社。

10月，各社队普遍开展"小秋收"活动，发动群众，采集野生植物果实，以补粮食不足。

1962年

2月，全县公共食堂解散，恢复以户自炊。干部下乡恢复吃派饭制度。

4月，对"反右倾"运动中被错误批判的党员、干部进行甄别。有20人恢复了党籍，61人撤销了处分，44人减轻了处分。

10月，贯彻"调整、巩固、充实、提高"的八字方针，全县精简压缩干部、教师、职工及其家属5031人。

1963年

2月，开展以"清工、清财、清物资"为主要内容的整风整社运动。

4月，县直机关、企事业单位，开展反贪污盗窃、反投机倒把、反铺张浪费、反分散主义、反官僚主义的新"五反"运动。

5月，在红旗水车旧址修建临时飞机场，其后，安二型飞机为边上各村枣树喷洒药剂。

7月23日，暴雨成灾，冲塌房屋172间，畜圈310间，淹死群众8人，淹死牛羊189只。

11月，县委派180名干部下乡，原原本本宣讲"双十条"，贯彻中共八届十中全会精神。

是年，"马传染性贫血病"在县境流行，县委、县人委采取紧急措施防治。

交城县定为全县重点畜牧发展基地。

1964年

5月18日，多米尼加革命党人一行3人，赴交城山岔口瘊儿山参观学习抗日游击战术。特等民兵战斗英雄崔三娃作了经验介绍。

8月，山西省档案馆搬迁至卦山天宁寺。搬掉铁铸、泥塑、木雕佛像150多尊，取掉全部牌匾和楹联，所有殿堂楼阁更作他用。

10月，县委遵照地委指示，从县、社两级，抽调干部200名，从农村借调干部100名，组成"四清"工作团，赴祁县晓义、东观两个公社，开展"四清"运动。

11月，县委抽调干部、职工78人，分别在北关、洪相、义望、段村进行"四清"试点。

山西省政府对山西省保文物单位进行调整。交城县省保文物单位全部撤销。

是年，全县进行第二次人口普查，计人口139 548人。

1965年

1月，交城县宗教工作领导小组成立。

3月，农业局技术股股长解秉全试制成功土壤改良剂——腐殖酸铵。

9月，交城县"四清"工作团300人，分赴文水北张、开栅两个公社，开展"四清"运动。次年8月13日返回。

三伏无雨，秋季大旱，粮棉减产。

是年，家畜改良站开始采用人工配种。

1966年

2月，交城县西古公路开工，临县、离石、中阳、昔阳等晋中各县调派民工来交城筑路。

12月7日，火山煤矿瓦斯爆炸，矿工36人罹难，其中董吉如、李润和、阎金钟、冀敬忠4人，为抢救遇难兄弟而光荣献身。

1968年

秋，山西省凿井公司第二队第四机组在王村北凿成交城县第一眼机械深井。

是年，城乡中小学改为5、7年一贯制，高中改为2年，学年由秋季始业改为春季始业。县中学派入"工宣队"、城乡小学由贫协会派贫下中农管理学校，学校工作极不正常。

教工忧前虑后，学生自由散漫，时学时辍。

1969 年

7 月 26 日，暴雨成灾，连续降雹 4 次，磁瓦两河猛涨，白漳河水冲入城内，南半城水深达 1 米，部分房屋倾塌。全县河堤决口达 99 处，211 个大队遭灾，冲毁公路、道路达 201.5 公里。冲塌桥梁 109 座，涵洞 27 座，塌山滑坡 13 处，倒塌房屋达 2931 间，淹死群众 4 人。

9 月 11 日，万人集会于县城，庆祝交城县革命委员会成立，革命委员会下设办事、政工、生产、保卫 4 大组，计 15 个办公室。10 月上旬，县革委召开首届"活学活用毛主席著作积极分子"代表大会。参加大会人员有 1070 名。

11 月，遵照山西省、吕梁地区指示，在全县范围内开展了"清理阶级队伍运动"。

是年，学校废除学生考试制，上大学、专科和高中，开始实行推荐制。

1970 年

1 月，公办小学下放到大队办。教师回原籍任教，由段村公社进行试点。

3 月，机关干部除留部分人坚持日常工作外，大批干部下放于义望农场，住"五·七干校"。

西营公社寨子村青年薛玉有舍己救人，英勇牺牲，29 岁献出宝贵生命，在寨子村召开了万人纪念大会。

5 月 7 日，天津知识青年 114 名插队落户。

12 月，全县粮食总产首次突破亿斤关，亩产达 200 公斤。

1972 年

2 月，西冶铁厂修复 4 立方米小高炉投产。

3月，在王明寨大队创办两杂（杂交高粱、杂交玉米）良种繁殖基地 2000 亩。

5月 26 日，吕梁地区"工业学大庆"经验交流会在本县召开，推广学习交城化肥厂速建厂、速投产的先进经验。

6月，大搞防旱、抗旱工程，新建边山高灌站 7 处。安定大队建成的三级高灌站，引水上山，扬程达 87 米，可浇地 1200 亩。

7月，吕梁地区职工篮球赛在交城县举行，交城县女篮荣获冠军，并代表吕梁地区参加山西省女篮赛。

8月 15 日夜，西北山区降暴雨，伴 7 级大风，山洪暴发，受灾面积达 5407 亩，冲毁石坝和耕地多处，冲走羊 86 只，淹死社员 1 人。

10月 7 日，山西省第一座铅矿——红旗铅矿在交城县西社公社建成投产。

1973 年

5月，山西省第一座现代化纤维板厂——关帝山森林经营局纤维板厂在交城县双家寨建成投产。

6月 2 日至 4 日，两次暴雨，有 8 个公社、37 个大队受灾，受灾面积达 19 892 亩。

8月 29 日，县委召开万人大会，庆祝中国共产党第十次全国代表大会闭幕。

12月，成立政策落实办公室，着手平反冤、假、错案。

交城县首批知识青年 70 人分赴瓦窑、广兴、阳渠村插队落户。

1974 年

2月 2 日，县委召开万人大会，开展"批林批孔"运动。

机关、学校半日工作、学习，半日进行批判斗争。

2月28日，人民日报发表《评晋剧三上桃峰》后，县委急令正在成村上演《三上桃峰》的交城县人民晋刚团立即停演。

7月，吕梁地区少年乒乓球赛在交城县举行，交城县男女少儿均获团体冠军和四项单打冠军。

8月，交城县男运动员王广艳代表吕梁地区参加山西省第五届运动会，获得200米栏第一名。

9月，太原市知识青年182人在段村、义望、城关插队落户。

11月，段村公社建人畜饮水工程，在王村打深层井，引甜水至段村，王明寨、郭家寨、贺家寨、王家寨、温家寨等村改变了吃苦水的状况。

1975 年

3月，交城县知识青年130人，太原市知识青年120人，分别插队落户于广兴、阳渠、郑村、覃村、夏家营等村。

4月，瓦窑水库兴工，至1977年建成，总工程量达65.72万立方米，总投工达75.69万个，总投资达909万元，总容量为190万立方米。

7月，县委提出"普及大寨县，学校怎么办？"各校师生走出校门，治理荒山荒坡，课堂搬到田间地头。

8月，城关新开路修筑下水道，并铺设沥青路面。

12月，省、地派员与县、社干部360多人，组成工作队，下乡蹲点，开展"基本路线教育"运动。

1976 年

5月，太原市知识青年40人，插队落户于磁窑村；交城县知识青年 100 人，插队落户于广兴、阳渠、瓦窑村。

5 月 22 日，以道端良为团长的日中友好佛教协会访华团一行 18 人，来交城县朝拜祖庭玄中寺。

7 月 12 日下午，降雹雨 30 分钟。6 个公社，40 个大队约 82 159 亩作物受灾，减产达 7 成以上。

7 月 31 日，卦山艺校开学，招收学生 66 名，学习晋剧艺术，历 4 年毕业。

9 月 9 日，毛泽东主席逝世，万民悲恸，普天哀悼，村村搭灵棚，人人佩黑纱。连日举行吊唁活动。18 日，万人齐集县城，召开追悼会，沉痛悼念毛泽东主席逝世。

10 月上旬，粉碎"四人帮"的喜讯传来交城县，城乡父老奔走相告，欢庆胜利。

10 月 15 日，县城万人集会，庆祝粉碎"四人帮"的伟大胜利。

12 月，山西省、吕梁地区、交城县三级干部 300 余人，组成"基本路线教育"工作队，深入各社队，开展整党整风运动。

1977 年

1 月，省委派昔阳县石坪大队支部书记陈有堂等 6 人来交城主持工作，推行"大寨经验"。

2 月，元宵节县城大搞文艺活动。有 88 支文艺队伍参加，平川各公社大队的文艺队伍大部分进城表演。夜晚举行焰火晚会，盛况空前。

3 月，县委召开四级干部会议，批判"资本主义"，割"资本主义尾巴"，取缔集市贸易，停止家庭副业，自留地收归集体代耕。

4月，气象站防雹队成立，安置打雹炮4座。

5月，全县13个公社、76个大队、4个机关单位，发现家畜4号病（羊），县委组织有关单位和人员，积极进行防治。

5月11日，县委举办学习班，以18天时间，集中县直机关领导干部，进行"三大讲"清查"四人帮"黑手。

中国佛教协会主席赵朴初，敬谒玄中寺和天宁寺，为卦山题词"黛色参天"

8月，城内东正街新筑下水道，上铺以沥青面。

8月2日，县委召开万人大会，庆祝中共第十一次全国代表大会胜利闭幕。杜家庄大队支部书记吕彩光为代表，参加了十一大。当晚举行了焰火晚会。

9月9日，县委召开千人大会，纪念毛泽东主席逝世一周年。

9月17日，中共中央副主席汪东兴、国务院副总理陈永贵，由中共山西省委书记王谦等陪同，来交城视察工作，并游览玄中寺。并在洪相乡石壁沟治理造地参加劳动。

10月，太原市知识青年40人，插队落户于王明寨村；交城县知识青年100人，插队落户于广兴、阳渠、瓦窑等村。

1978 年

从1月3日开始，用20天时间，县委集中全县生产队长以上干部、共产党员，以及贫下中农代表共6500多人，以公社为单位，进行集中整党，进一步揭批"四人帮"黑手打击"阶级敌人"和"资本主义势力"。1月27日，县城召开万人大会，批斗"四人帮"伸向吕梁地区和交城县的所谓"黑手"。

3月6日，县城万人集会，庆祝第五届全国人民代表大会胜利闭幕。县委书记陈有堂为代表，出席了全国五届人大。

3月10日，县委召开1350人参加的"农业学大寨"会议，批判"资本主义"，推动"学大寨运动"。

3月15日，本县知识青年80人，分别落户于青沿林场、石壁林场、苗圃站、打井队。

5月，县委召开教育工作会议，传达教育"双学"会议精神，讨论县教育计划，任命学校领导174名，制定学校、教师、学生守则，确定初中由二年制改为三年制。

7月，县委抽调干部，组成20个工作组，深入县级20个重点单位，开展清查"四人帮"运动。

8月，省委副书记王庭栋来交城县城关镇梁家庄村下乡蹲点。

11月23日，为西水东调，新凿甘泉渠工程上马。

12月，山西气象局、南京气象学院、大寨农学院、吕梁地区气象局和交城县气象局，以及交城县农科所，联合对全县的农业气候资源进行全面普查。随后，编写出版《交城农业气候资源普查总结——农业气候资源的利用》一书，并获得全省和全国科技成果奖。

1979 年

2月，县委整顿、充实和加强落实政策办公室，平反"文化大革命"和历次运动中造成的冤、假、错案。

3月，遵照上级指示，对地、富、反、坏分子，普遍进行了评审，除极少数坚持反动立场者外，凡遵守法令、老实劳动者，经群众评审，报县批准，给54名四类分子摘掉了帽子，给予社员待遇。

5月2日，县委书记参加地委召开的常委扩大会议，遵照中共十一届三中全会精神，总结农业学大寨的经验教训，开始推行农业生产责任制。

6月，甘泉渠被列入缓建工程停工，耗资达360万元，伤亡2人。

7月，毛皮厂获鞣制绵羊皮全省最佳称号，被评为全省鞣革第一。

8月，重建玄中寺祖师堂，由原来3楹扩建为5楹。同时，新建灶房、客堂、接待厅等。

9月4日，四届全运会火炬接力赛火炬队路经交城县，县城万人集会，夹道迎送。

9月5日，广场的露天剧场新建舞台竣工，山西省晋剧院演戏7场。

12月，成村学校七年级学生郭强撰写的《交城平川地区气候规律与农业生产关系的探讨》小论文，获全国青少年科学讨论会一等奖。郭强赴北京出席了讨论会。

在全县范围内，开展实践是检验真理的唯一标准讨论。

1980年

2月24日，县委召开四级干部会议，贯彻落实《中共中央关于加快农业发展若干问题的决定》和《农村人民公社工作条例》两个农业文件，继续肃清"左"的影响，推行以家庭联产承包为主要形式的农业生产责任制。4月5日，县委召开常委扩大会议，传达贯彻中共十一届五中全会精神，认真学习了《关于党内政治生活的若干准则》。

5月，山西省青年戏曲演员会演，交城县晋剧团演员宋转转荣获一等优秀青年演员奖。日本净土宗友协派代表团来玄中寺参加法会，纪念开宗祖师善导大师圆寂 1300 周年。

7 月，全国毛皮质量鉴定会评定交城县鞣制羊皮为全国一类产品，获山西省优质产品证书。

8 月，县委决定，以公社为单位，举办党员训练班，组织全体共产党员学习《关于党内政治生活的若干准则》，联系实际，端正党风。

8 月，交城县西北境关帝山庞泉沟被列为国家自然保护区，保护国家稀有动物、山西省省鸟——褐马鸡。

9 月，城内学校的小学部与东街小学合并为新建学校。城内学校为初级中学，新建学校为小学兼设幼儿园。

10 月，交城县委召开县直单位部局长以上领导干部会议，传达贯彻山西省委宣传工作会议精神，坚持实践是检验真理的唯一标准，批判学大寨运动中"左"的错误。

12 月，全县进行地名普查。

1981 年

2 月，交城县城自来水工程竣工，机关、企业、学校、居民开始用自来水，城关数百眼旧井陆续停用。

3 月 9 日，交城县委召开部、局领导干部会议，纠正清查"四人帮"运动中"左"的错误。

5 月 7 日，石渠河和小峪沟一带森林失火，大火延烧 3 昼夜。县、社领导率领干部和民兵，在驻军协助下将大火扑灭。烧毁森林达 7164 亩。

6 月 10 日，县委召开干部、群众大会，为在清查"四人帮"中清查错的同志公开平反。

9 月，县第二中学成立于城南，招收高中 1 个班，学生有 60 名。

10月1日，新建电影院工程竣工，并交付使用，举行了隆重的竣工剪彩仪式。

12月24日，图书馆副馆长白秀玲赴京出席全国农村文化艺术先进集体、先进工作者表彰大会。

1982年

2月20日，为保护文物古迹，将奈林梵庵寺佛像27尊移置于卦山天宁寺；修复已倒塌的禅师墓塔23幢。

3月1日，县委、县政府召开千人动员大会，开展第一个全民文明礼貌月活动。

4月21日，罗贵波省长莅临交城视察，召开了部分革命老干部座谈会，征集有关抗日战争和解放战争期间晋绥第八分区的革命史料。

5月，交城中学教师胡九龄荣获全国千名优秀体育教师称号，并获得金质奖章1枚。

6月23日，交城县林科所所长解进保，获得山西省骏枣花期规律和提高座果率的研究科技成果三等奖。

6月30日，全县进行第三次人口普查，计人口203 332人（含文水县南安、南庄、南白、西城4个公社人口，不含东社、会立、中庄、横尖4个公社人口）。

7月15日，山西省委书记霍士廉莅临交城视察工作，明确指示大修卦山天宁寺，以保护文物古迹，开辟旅游胜地。之后，批准交城文管所的呈请报告，拨款38.5万元。

8月，五金厂两用、双呆扳手获山西省产品质量第一称号。

9月3日，交城县政府公布13处古建筑、2处古遗址、1处革命遗址为首批交城县级文物保护单位。

11月，交城县委党校连续3期组织干部学习十二大文献，培养宣传骨干394人。

是年，全县农村普遍实行以家庭联产承包为主要形式的农业生产责任制。

1933年

3月2日，召开第二个文明礼貌月动员大会，提倡"五讲四美、三热爱"活动。

3月31日，日本枣寺住持菅原惠庆长老的部分遗骨，安放于玄中寺，并立墓塔。

4月9日，玄中寺被列为全国汉族地区佛教重点寺观。

4月17日，全国植棉劳动模范吴吉昌来交城县传授种植棉花的技术和经验。

5月，城内学校教师武仰梅荣获全国少年儿童先进工作者光荣称号。1979年，曾荣获全国优秀少先队辅导员及新长征突击手光荣称号。

6月下旬，交城县林科所所长解进保被选为全国人大代表出席六届全国人代会。

8月9日，交城县委下达第20号文件，安排部署学习《邓小平文选》。

9月9日，交城县委、县政府召开干部群众大会，传达贯彻上级指示，严厉打击刑事犯罪活动，维护社会治安。

9月28日，在严打中处决轮奸犯4名，故意杀人犯1名。

坡底大队新开煤矿，因瓦斯爆炸，死亡7人。

10月下旬，调整行政区划，西城、南安、南庄、南白4个公社仍归文水管辖；横尖、中庄、会立、东社4个公社仍归交城管辖。

1984 年

1月，交城县成立了经济开发公司，15个乡镇成立了为农民发展商品生产服务的专业公司，改变农村单一的经济状况。

2月，交城县委党校培训领导干部225人，分头下乡下厂，贯彻落实中共中央1984年1号文件精神，促进经济体制改革，发展商品生产。

3月，干部、职工和群众认购1984年国库券336 000元。

4月，交城县委书记赴雁北地区和原平县参观学习经商办企业的经验。经推广一个月，全县办各种经济实体1789个，连同原有的2809个，从业农民达24 480人，占全县劳力总数的42.6%，离土农民达6610人，占劳力总数的17.1%。其中城乡合办达676个，吸收农民达2819人，乡镇兴办达1615个，参加的农民达10 388人，农户联办达710个，参加农民达780人。

5月10日，一场暴雨之后，水峪贯镇东孟家山村严重滑坡，滑坡面积达32 000平方米，最宽处裂缝达0.33米以上，危险房屋达160间，涉及32户。县委、县政府及时组织移民安置。

5月，撤销人民公社建制，全县划为6个镇(城关、段村、西营、水峪贯、西社、横尖)，9个乡(义望、洪相、岭底、寨上、古洞道、会立、中庄、燕家庄、惠家庄)。原辖生产大队改名为村民委员会。

5月27日，日本山珍教区、金峰教区佛教访华团一行50人，赴玄中寺朝圣，与玄中寺僧人共做佛事活动。

6月，企业实行厂长、经理负责制。厂长、经理有组阁权、生产指挥权、机构设置权、人事任免权、职工调动权、奖惩权、工资形式支配权、奖金使用发放权、生产基金使用权、产品销售权、计划外产品价格浮动权、能人招聘权。

10月，交城县中医院成立，兼顾城关镇农村卫生工作，悬挂交城县中医院和交城县城关镇卫生院牌子。

11月，中共吕梁地委确定交城县为第一批整党县，交城县级机关整党开始。其任务是：思想整顿，加强纪律，纯洁组织。参加整党的有2个党委、5个党组、14个总支、145个支部，党员1958人。

12月，新建学校教师李凤翔被评为全国优秀班主任。

交城县境西北关帝山庞泉沟被划为国家自然保护区。

1985年

1月，发放《小流域治理使用证》，交城县有5470个农户，承包治理小流域。

2月，《交城县2000年城市规划》经山西省政府批准施行。

3月，房地产开发公司成立，实行城镇住房商品化。在本年度内，办理出售公产住房单位达40个，占应办理单位54个的74.1%，已办手续的达493户，占应办手续的584户的84.4%，交款达657 573.41元。

4月，县委培训党员干部300人，贯彻中共中央1985年1号文件精神，促进农村产业结构的调整，发展商品经济，深化政治体制和经济体制改革。

7月，西社、会立、寨上3个山老区乡镇建立中心卫生院。

8月，交城县人民政府发放林权证和宜林荒山使用证。联合国儿童基金会与我国合作投资，在交城县建立儿童接种疫苗"冷链"装备。

9 月 10 日，交城县政府隆重召开首次教师节联欢会，中共山西省委书记李立功讲话，交城县局领导参加，参加教师达 1000 余人。

1986 年

5 月，天宁宾馆兴工，建筑面积达 1660 平方米，总投资达 48 万元。

瓦窑遗址、天宁寺被确定为山西省第二批文物保护单位。

11 月，太汾公路改线、扫尾工程广兴段竣工。

1987 年

8 月，举办文物普查培训班，从文管所、文化馆以及各乡镇文化站抽出 12 人，组成文物普查队，进行全县范围的文物大普查。普查古遗址 20 处、古墓葬 5 处、石窟龛 2 处、古建筑 88 处、零散碑刻 5 块。

12 月 31 日，交城县计划生育委员会统计，全年采取长效避孕措施的育龄妇女达 22 938 人，占育龄妇女总数的 89.95%。全县人口出生率为 14.93‰。

1988 年

3 月，重修卦山天宁寺，彩绘石佛堂、毗卢阁、大雄宝殿、圣母庙以及山门，新塑密迹金刚和十八罗汉竣工。

4 月 30 日，重修卦山天宁寺镌碑立石落成。交城县委书记程步云、交城县长于近仁率先赞助，中外友人和交城县父老共集资 10 605 元。其中优秀农民企业家、交城县砖瓦机械厂厂长、下关街人刘福捐人民币 3200 元。

5 月 9 日，交城县人民政府颁发 1988 年第 21 号文件，确定每年 4 月 30 日为全县安全日，每年 5 月为安全月，在此期间开展安全工作的各项活动，普遍进行安全大检查。

1989 年

1 月，交城县工商银行开办全国第一家"儿童储蓄银行"，人民日报海外版、金融时报、山西日报、中央电视台、山西电视台均先后报道。

4 月 24 日，中国银行交城县支行成立。

6 月，交城"草地枣园"技术开始推向全国，交城梨枣成为国家迎宾的重要果品之一。

8 月 21 日，交城县税务局检查个体工商户，到 9 月 5 日，共查出 135 户，查补偷漏税款达 23 万元。

8 月，山西省轻工系统出口服装质量评比中，交城县服装厂生产的茄克衫、长裤、连衣裙获优秀产品奖。

9 月，国务院企业管理指导委员会命名交城县五金工具厂为"国家二级企业"。五金工具厂、化染厂、棉织厂三企业联合兼并二轻服务公司；工艺玻璃厂生产的防腐衬管获山西省科技进步二等奖、获山西省轻工厅新产品开发奖。

11 月，交城县工艺玻璃厂生产的防腐衬管获全国星火计划成果奖、实用技术展交会银杯奖。

12 月，国务院机电办和经贸部批准交城县五金工具厂为出口基地企业。

12 月 31 日，交城乡镇企业总产值首次突破亿元大关，达到 11 361.6 万元。

1990 年

2 月 1 日，交城县五金工具厂兼并交城县化工厂。

3 月 20 日，交城县五金工具厂举行扳手技改扩建工程奠基仪式，工程总投资达到 1790 万元。

5 月 10 日，吕梁丝织印染厂和航空航天部五一四厂联合举办"国产第一代喷水织机交付使用"剪彩仪式，时任航空航天部副部长崔光炜、山西省副省长乌杰、吕梁地委代书记权定福、吕梁行署专员姚新章等领导出席。时任全国政协常委康永和，中共山西省委原书记霍士廉、山西省人民政府原省长罗贵波、原副省长池必卿、时任中共山西省委书记李立功分别为大会题词。

5月，qm—11 型工作面装煤机在交城县工矿机械厂试验成功，该产品被列为山西省重点成果，填补了国内空白。

5月，交古公路岭底——寨上段开工。

8月28日，时任山西省政协主席、地方志编纂委员会副主任李修仁，山西省地方志编纂委员会副主任、地方志办公室主任樊宝珠，副主任尹世明，专程到文昌宫看望燕居谦。李修仁代表山西省地方志编纂委员会赠送了《志界楷模，吕梁英豪》的纪念册。

9月6日，中共交城县委、交城县人民政府发出《关于向燕居谦同志学习的决定》。

9月15日，亚运火炬（西北线）于上午9时由文水县传入交城县，县城1000余人夹道欢迎。在交城县与清徐县交界处举行了吕梁地区与太原市火炬交接仪式。

9月20日，亚运火炬传回交城县。

9月，交城县人民医院住院大楼破土动工。

10月19日，中共吕梁地委授予燕居谦同志"人民公仆"的光荣称号。

11月15日，山西省地方志编纂委员会作出《关于开展向燕居谦同志学习的决定》，号召全省修志工作者向燕居谦同志学习。

11 月 22 日，《山西日报》一版头条位置刊登了长篇通讯《共产党员的好榜样燕居谦》。

11 月 28 日，吕梁地区在交城县剧院召开"当代吕梁英雄命名大会"。会上命名燕居谦等 13 人为"当代吕梁英雄"，时任中共山西省委常委、宣传部部长张维庆出席了会议。

12 月，交城县五金工具厂生产的梅花扳手获中华人民共和国轻工部优质产品称号。梅花扳手、两用扳手、双呆扳手获全国首届轻工博览会金奖。

1991 年

4 月 14 日至 18 日，新编《交城县志》评审会在天宁宾馆召开，北京、山西等地方志专家 20 余人参加评审。山西省地方志编纂委员会副主任、地方志办公室主任樊宝珠，吕梁行政公署专员姚新章出席会议。会议期间，时任中共山西省委常委、宣传部部长张维庆到会作了重要讲话。

4 月 17 日，全省学习燕居谦同志现场会在交城县召开。各地、市委宣传部、组织部、纪委及省委机关负责同志 120 人参加会议。时任中共山西省委常委、宣传部部长张维庆到会作了重要讲话，时任地委书记王文学介绍了全区学习燕居谦同志的情况，时任中共交城县委书记于近仁全面介绍了燕居谦同志的英雄事迹。

4 月 18 日，联合国儿童福利基金委员会一行 4 人来交城县考察。

5 月 1 日，县供销经理部经理蔚石恩获全国"五一"劳动奖章。

5 月 7 日，电视剧《好人燕居谦》在交城县开拍。

6 月 12 日，应中共太原市委邀请，《交城县志》副主编田瑞与燕居谦同志的大儿子燕立平在太原市委礼堂作关于燕居谦同志事迹的专场报告。太原日报、太原电视台分别作了报道。

6月19日，电视剧《好人燕居谦》在山西电视台放映。

6月28日，话剧《燕居谦》在太原首演，时任中共山西省委书记王茂林、副书记卢功勋，太原市委主要领导，中共吕梁地委常委、宣传部部长李鹏，中共交城县委书记于近仁观看了首场演出。

6月30日，交城县邮电局综合通信工程竣工，有权用户可直拨全国各大城市。

12月1日，山西省贫困地区经济开发领导组批准交城县为插花贫困县。

1992 年

1月8日，交城县地方志编纂委员会下发交编（92）1号文件，开展《交城县乡村简志》的编写工作。

9月，玄中寺外玄津阁建成竣工，总投资达14万余元。

10月1日，卦山天宁寺千佛阁拆倒重建工程动工。

10月，为纪念玄中寺建寺1520周年，昙鸾圆寂1450周年，玄中寺发行首日封。

11月10日，开始在交城县范围内实施城镇蓝印户口制度，农村户口通过交纳一定费用，可取得在交城县范围内有效的城市户口，月底结束。

1993 年

2月5日，中共交城县委、县政府贯彻国务院《农民承担费用和劳务管理条例》，制止各种违法的集资和摊派，切实减轻农民负担，村提留、乡统筹费实行"人民代表大会审批制度"。

2 月 11 日，中共交城县委、县政府作出决定，县直党政群机关的中青年干部到农村、企业实行轮换挂职锻炼，每期两年。

4 月 12 日，交城电视台正式开播。

5 月 7 日，中共交城县委、县政府在全县农村推行依法治村民主管理办法。

5 月 28 日，中共交城县委、县政府行文向山西省委办公厅报告：本县财政面临严峻困难，上年财政赤字达 297.4 万元。

7 月 9 日，中共交城县委、县政府取消对农民收费、集资、摊派的 69 个项目，禁止向农民收费采取的 78 种错误做法。

1994 年

3 月 25 日，中共交城县委、县政府提出拍卖荒山、荒坡、荒沟、荒滩使用权，加速小流域治理的实施意见。年底全县共拍卖"四荒"地达 13.5 万亩，治理小流域达 3.9 万亩。

6 月 3 日，中共交城县委、县政府作出全县延长土地承包期的决定。

9 月，《交城县志》出版，主编燕居谦。全书 125 万字。

10 月 1 日，交城天宁商城举行开业大典。

11 月 12 日，中共交城县委、县政府动员全民义务修建环城路。

12 月 12 日，中共交城县委选派工作队到贫困村整顿后进支部脱贫致富。

11 月 15 日至 12 月底，全县开展"扫黄""打非"活动。

1995 年

1月22日，交城县有线电视台试机开播，可以收看16个电视台播放的节目。

1月26日，交城县城环城路砂石路面竣工通车剪彩。环城路总长达6公里，宽达25米。

2月22日，西营镇大营村副村长、治保主任张冠信赴北京参加公安部英模和先进单位表彰会。大营村是全省唯一获得全国"先进治保会"殊荣之村，江泽民、李鹏等党和国家领导人接见了张冠信。

6月3日，卦山天宁寺庙会、交城县文管所为释迦牟尼、毗卢遮那、卢舍那3尊大佛举行了开光仪式。

7月22日，交城县青年工人王奎出席了北京95新作家代表大会。

8月初，交城县政府组织投资40万元，在瓦窑村新打一眼深井，正式投入使用，井深达300米，日出水量达1920吨。该井的使用，大大缓解了城区居民用水和工农业用水紧张状况。

8月20日，西社、水峪贯、古洞道3乡镇农市话并网，光缆传输正式开通运营。

8月26日至30日，首届形意拳国际邀请赛在河北省深州市举行，邑人申华章（晋机一中教师）获五形拳第一。东关少体校武志华（女）、陈志宏（女）分获自选套路第二、第三名。南街学校苏爱华（女）获刀术第三名。

8月28日，投资130万元兴建的交城教育大楼投入使用。

9月，交城县老干部活动中心举行奠基仪式。该中心占地面积达2000平方米，总投资达160余万元。

10月1日，交城人民广播电台正式开播，频率为调频

92.3 兆赫。

10 月 26 日，交郑公路铺油工程竣工。该路全长达 13 公里，路宽达 12 米，属平川二级路，投资达 240 万元。

12 月 14 日，瓦窑水库除险加固工程竣工。该工程投资达 320 万元，历时 3 年，动土石方达 13.3 万立方米。将对交城县 16 个村 1200 亩农田灌溉提供可靠水源。

12 月 21 日，交城县第一个有线电视用户在城关镇梁家庄村诞生。

1996 年

2 月 15 日，吕梁地委、行署命名交城县城关镇为全区第二批明星乡镇；命名城关镇梁家庄、南街、西街和中国人民银行交城县支行为全区第七批文明村和文明单位。

2 月 27 日，吕梁地区召开三级干部会，交城县有三项工作排名第一：机关干部下乡工作第一；教育工作第一；农民人均收入第一。

8 月 20 日，中共交城县委、县政府出台《关于在国有集体企业实行股份合作制改革的决定》，要求到年底结束。

9 月 10 日，晋绥儿女支持老区教育基金会"颁奖仪式"在交城县举行。交城县 10 名教师获奖。

12 月 20 日，交城老区建设促进会成立。

1997 年

1 月 10 日，交城县"玄中童子鸡"获山西省 1996 年粮畜产品金奖。

6 月初，山西省财政厅领导考察覃村玻璃厂等 6 户企业，扶持部分企业项目，通过实地考察和听取交城县政府汇报，初步确定交城县为全省财源建设县。

6月21日，交城县镇通油路工程全部通车，总长达86公里，投资达3010万元。

8月1日，交城县县长刘保明等领导为第三批封闭企业挂牌。截至1997年，全县51户企业实行封闭管理。

8月，施行喷灌节水，购置水利设施达69件，投资达112万元，修防渗渠达130公里。

9月8日，中共交城县委、县政府整顿古洞道乡、葫芦山矿区，关闭30多个无证开采的矿洞。

9月10日，交城县第一条乡镇一级公路——交西公路建成，投资达730万元。

10月4日，307国道交城—汾阳文明路竣工通车。

10月21日至27日，在全国第三届农业博览会上，交城骏枣、梨枣获名牌产品奖。

10月25日至30日，举办山西省首届干果经济林展销会，交城骏枣、梨枣获金牌奖。

11月11日，吕梁地区勘界工作会议在交城县召开，交城、文水、离石在边界线协议书上签字。

11月29日，637名副科级以下干部参加公务员过渡考试。

12月13日，非洲驼鸟在横尖镇黄鸡塔村落户。

12月24日，交城县名列"全省义务修路十强县"。

1998年

3月29日，交城县中医医院在新址开诊。

4月9日，县城—寨上四级砂石路开工，全长达20公里，投资达40万元。

4月16日，西营村成立农民艺术研究会，属吕梁地区首家农民学会。

5月4日，在县城剧院隆重召开交城县纪念"五·四"运动暨首届"十大杰出青年""十大青少年事业热心扶持者"表彰大会。

5月21日，山西省关心下一代工作委员会和山西省卫生厅组织山老区儿童医疗队来交城县义诊，水峪贯镇、会立乡诊断达1500人，送药品价值达1.5万元。

6月30日，惠家庄乡、燕家庄乡程控电话开通，全县15个乡镇结束了手摇电话的历史。

7月22日，筹备夏家营—汾阳段高速公路，全长达62.6公里，总投资达14亿元。

8月13日，中共交城县委召开援助长江沿岸灾区动员大会，当场捐款达1.5万元。

10月6日至9日，吕梁地区教委普实验收抽查24所学校，均分达90分，交城县普及教学达到省级标准。

10月16日，进山路（安定—大游底）开始动工。

11月24日，日中友好协会会长青者美和郅田青带着该会筹集的250万日元，捐助交城县申家庄学校，改造校舍及教学设施。

1999年

3月1日，百社镇岩立村柳则沟发生火灾，8日大火扑灭，东社村青年马永栓在灭火中英勇牺牲。9日，灭火英雄马永栓同志追悼会在县城举行，县委、县政府授予马永栓同志"灭火英雄"称号。

5月9日，中远威药有限公司总经理钟志猛捐资20万元在横尖镇建希望小学，中共山西省委原书记李立功题词"立志希望小学"。

5月19日，日本横滨市日中友好协会捐献300万日元兴建王村希望小学。

6月7日，交城县100余名干部、医务人员、干警、军人参加首次无偿献血活动。

9月30日，永宁路中段首批工程竣工。

10月16日，交城县晋剧团参加全省国庆50周年戏剧汇演。新编现代戏《枣儿红了》获9项大奖。

12月3日，举行交城县社会福利院奠基仪式，美国凯西基金会会长叶传逊到场，宣读了美国爱德华州与交城县缔结友好城市和贸易协作公开信。该基金会赞助达15万美元。

2000年

5月16日，交城县第一部街（村）志——《西街志》首发式在庐川饭店举行。

5月30日，10户个体商业企业捐助寨上乡学校5万元。

6月6日，重修卦山书院落成。

7月1日，中共交城县委、县政府在卦山书院举行田瑞捐献文物暨陈列室开展仪式。县委作出《关于授予田瑞同志优秀共产党员称号，向田瑞同志学习的决定》，县政府给田瑞同志记三等功，一次奖励2万元，签字接收田瑞同志捐献历代珍贵文物350件。

9月1日，进山路二期铺油工程竣工。

23日、24日，吕梁首届红枣博览会闭幕式在交城县举行，交城县5个红枣品种参展亮相，天骄、万盛两个企业为公司签订了309万元的红枣供销合同。

同日，举行环城路、进山路竣工剪彩仪式。

10月16日，举行天宁寺开光大法会。

10月28日，举行夏家营——汾阳市高速公路通车剪彩仪式。

11月25日，供热工程胜利竣工。总投资达4043万元，县城供热面积达120万平方米。

12月，交城县撤乡并镇工作完成，由原来六镇九乡撤并为六镇四乡。

2001年

1月3日，交城县水利局和坡底村联合投资兴建的城北供水工程一期工程竣工。

2月10日，山西省人民政府授予交城县广播电视局"村村通广播电视先进集体"并推荐出席全国先进集体。

2月21日，吕梁团地委授予李碧海"吕梁地区新长征突击手"称号。

4月2日，太祁高速公路交城段全面铺开，全长达9公里。

5月29日，交城县首届大型校园文化艺术节在西汾阳学校开幕。

7月，交城县政府网站建成并开始运营。

11月15日，交城金桃园煤炭有限公司坡底煤矿发生特大瓦斯爆炸事故。死亡33人，受伤1人，直接经济损失达171.69万元。

12月，山西省农业厅授予交城县"全省首批无公害农产品基地县"称号。

2002年

1月22日，山西省人民政府确定交城县为插花贫困县。

2003年

2月22日，交城县岭底乡"五·七"煤矿二坑发生断

绳跑车事故。死亡 14 人，受伤 5 人，直接经济损失达 89.9
万元。

4 月 26 日，交城县城北环路开工建设。

5 月，全县人民期盼的集中供水工程——瓦窑集中供水
工程开工建设，日供水达 5000 立方米。

12 月 11 日，夏家营生态工业园区晋阳路开工建设。

12 月 21 日，交城县第一个移民新村庞泉山庄举行剪彩
仪式。

2004 年

4 月 2 日，夏家营工业园区总投资达 2970 万元的汾河
引水工程正式破土动工，该工程建成后，可满足供应该园区
工业用水。

8 月 5 日，山西宏特煤化工公司二期工程竣工。

11 月 20 日，全县"村村通"油（水泥）路工程完工。
总长达 430 公里，投资达 8500 万元。

2005 年

3 月 9 日，交城县岭底乡香源沟煤矿二坑发生特大瓦斯
事故，死亡 29 人，伤 5 人，直接经济损失达 689 万元。

5 月，全县取消粮食征购和农业税。

5 月 16 日，投资达 2 亿元的晋阳煤焦集团焦化工程竣工。

5 月 19 日，投资达 3 亿元华鑫煤焦实业集团工程竣工。

6 月 17 日，交城新闻网正式开通。

8 月 20 日，交城县举行"新交中开工奠基仪式"。

8 月 26 日，山西利虎玻璃有限公司 566 万重箱 / 年浮法
玻璃生产线一期工程点火投产。

10 月，瓦窑集中供水工程全部竣工。开始向县城及受

益村供水。

2006 年

2 月 25 日，《交城县旅游发展总体规划》《庞泉沟旅游总体规划》在北京顺利通过专家评审。

3 月 19 日，山西省交城县环保产业园项目开发签字仪式在交城县举行，标志着全省第一个环保产业园正式落户交城。

4 月 15 日，交城县被命名为"山西省科普示范县"。

5 月，太中宁铁路开工建设。

西营集中供水工程开工建设，日供水规模达 5000 立方米。

6 月，交城县被确定为"全国科普惠农试点县"。

21 日，山西（上海）经济合作项目推介活动在上海浦东隆重举行。交城县代表团共签约 3 个合作项目，总投资达 102 亿元人民币，引资达 33.9 亿元人民币。

24 日，2006 山西（香港）投资洽谈会在香港举行。交城代表团共签订经济合作项目 4 个，引资额达 3.82 亿美元，折合人民币达 30.3 亿元。

8 月 16 日，交城县人民政府、临邑县人民政府友好县签字仪式在交城县举行。

9 月 16 日，交城县蓝天碧水环境工程有限公司焦化废水处理项目工程举行奠基仪式。

12 月 11 日，交城县红星化工公司年产 30 万吨销酸铵钙（磷）项目举行开工奠基仪式。

2006 年度全县财政收入突破 5 亿元大关，达到 52 203 万元，比上年增长 29.2%。

2007 年

1 月 24 日，交城县美术书法家协会、音乐舞蹈家协会成立。

2 月 2 日，交城县政府与英国气候变化资本集团在太原签署清洁发展合作约定。

5 月 21 日，第二届全国网络媒体山西行记者团一行 100 余人在交城县采风。

6 月 9 日，山西天骄生物科技开发有限公司红枣浓缩深加工项目奠基。

7 月 25 日，中航腾锦洁净能源有限公司 3×60DMW 燃气机联合循环发电项目开工奠基仪式在交城县举行。

8 月，交城县扶贫基金会出资 10 万元，对交城县考上大学的 30 名贫困生分别给予 2000 元至 3000 元的资金扶持。

8 月，交城县第一个以个人名誉成立的基金会——秉谦基金会诞生。该基金会每年将拿出 10 万元资助 30 名贫困大学生。

9 月 6 日，中国民间文艺家协会、中国文化艺术之乡评审委员会正式命名交城县为"中国玻璃文化之乡"。

10 月，西营集中供水工程竣工，开始向西营镇、夏家营镇受益村及工业园区部分企业供水。

10 月 8 日，交城县人民政府公布第二批县级文物保护单位 22 处：其中革命文物和革命纪念建筑物 8 处，古建筑及历史纪念建筑物 10 处，石刻 1 处，古文化遗址 1 处，近现代重要史迹 2 处。

11 月 18 日，307 国道交城县城改造工程开工奠基。

2008 年

4月26日，山西吕梁（北京朝阳）招商引资项目推介暨特色农副产品展示会在北京国际会议中心举行。交城县23个招商引资推介项目和10余种工农业产品在首都北京盛装亮相，倍受首都客商和国际大集团、大企业的热切关注，取得丰硕成果。接待客商达1000余人，散发宣传材料达2000余份，签约达3亿余元。

5月，广兴集中供水工程开工建设，日供水达1000立方米。

5月12日，汶川大地震后，全县通过各种渠道向灾区捐款捐物总价值达770万元（其中仅金桃园集团捐资达150万元）。

5月27日，浙江伯乐控股集团有限公司向天宁寺维修保护工程捐资达30万元。

8月，交城县扶贫基金会出资10万元，对交城县考上大学的30名贫困生分别给予2000元至3000元的资金扶持。

8月31日下午，《庞泉沟——果老峰景区旅游总体规划》在太原华苑宾馆举行的评审会上顺利通过评审。山西省科技厅、林业厅、南京师范大学、吕梁市文物旅游局等单位的14位专家对规划进行了评审。

9月11日，交城县老干部活动中心正式奠基开工。总投资达1100万元，占地达11 133平方米，建筑面积达8322平方米，为六层框架结构，院内建有门球馆、门球场、健身场。

10月，高速公路G20交城段开工建设。

广兴集中供水工程竣工，开始向受益村供水。

交城县国营石壁林场2008年封山育林"天保工程"启动。林区面积达3150亩，以卦山景区为中心，北至太极峰，西至山脊线，西南至公路，南至侧柏林地边缘，实行全封闭管理，年限为5年。封育期间，专人巡护，设置围栏，竖有固定标志牌、界桩，并进行人工辅助育林，灾害防护。

10月15日，山西焦煤汾西矿业棚户区改造中兴煤业公司宁兴小区正式落户交城县。

2009年

2月，交城县非物质文化遗产保护名录的九大系47个项目中，又有三项入选山西省级非物质文化遗产保护项目，它们依次是：民间文学"玄中寺鸠鸽二仙"传说、民俗卦山庙会、民间手工技艺卫生馆"五香调料面"制作工艺。其中"鸠鸽二仙"的传说，在民间文学类申报中是全市第一个入选项目。

3月6日，中共交城县委、县政府召开集体林权制度改革暨林业工作会议。出台《交城县人民政府关于开展集体林权制度改革的实施意见》和《交城县人民政府关于加快推进现代林业发展的实施意见》。

3月17日，总投资达1226.3万元交城县2009年十项城建重点工程之一的卦山集水工程开工。

4月，交城县重点城建工程"迎宾大道"开工。"迎宾大道"北至卦山道口，南至新307国道，全长达4.8公里，宽达60米，总投资达6781万元。工期半年，10月1日正式通车。

4月21日，静态总投资达83 732.31万元、动态总投资达87 228.23万元、总工期为四年的"柏叶口水库"水利枢纽工程在交城县会立乡举行奠基仪式。

5月8日，中兴煤矿400万吨选煤厂举行工程竣工试生产剪彩仪式。

6月，交城县第一个"青少年活动中心"落成，投入使用。

6月23日，交城县人民政府、华田复合材料有限公司分别与武汉理工大学签订战略合作协议和成立复合材料结构研究基地合作协议。

2010年

1月17日，交城县举行山西省、吕梁市、交城县文艺创作基地揭牌仪式。

26日，交城县铸造和机械行业协会成立并组织召开第一次会员大会。

27日，交城县召开"二次创业"誓师大会，会议认真分析了交城县工业经济发展的现状，找出了存在的问题和面临的机遇，进一步理清发展思路，聚全县之智，集全县之力，推进二次创业，促进全县经济社会全面、协调、可持续发展。

3月17日，山西省重点工程"柏叶口水库"成功截流合龙，标志着"柏叶口水库"主体工程建设进入了全面施工阶段。

16日，交城县人民政府组织召开旅游产业发展座谈会。

5月21日，交城县人民政府在玄中寺举行中国书画院交城创作基地挂牌仪式。

交城县五七煤业有限公司董事长武瑞生个人出资1000万元设立的"武瑞生奖学助学基金"启动仪式隆重举行。

16日，中日偏高岭土系GHPC活性材料项目实用化推进签约仪式在交城隆重举行。

7月3日，交城县举行职业中学新校区开工奠基仪式。

8月11日，交城县人民政府召开水泥企业专项整治会议，就进一步规范水泥企业的生产经营秩序、彻底整治和取缔无证水泥生产提出明确要求。

25 日，在交城县人武部举行交城县地震灾害紧急救援队授旗仪式。交城县地震灾害紧急救援队是吕梁市首支县级综合专业救援队，由 33 名政治素质高、业务精湛、纪律严明、英勇善战的骨干队伍组成，共设 3 支分队，负责承担破坏性地震和突发灾害的紧急救援任务。

30 日，召开"343"重点项目及"十二五"重点项目选报推进会。

9 月 11 日，交城县人民政府召开全县关停无证水泥淘汰落后产能推进会。

11 月 14 日，举行美锦热源供热工程供热启动仪式。该工程经过全县各级各部门和工程技术人员的日夜奋战，总投资达 1.1 亿元的美锦热源供热工程建成投运，标志着美锦热源今冬供暖正式启动。

17 日，举行新开路中段拓宽改造工程、新 307 国道建设工程及经济开发区路网一期工程竣工庆典仪式。

21 日，山西省重点工程"柏叶口水库"大坝举行封顶仪式。

12 月 8 日，"吕梁市柏叶口水库供水建设管理局"在交城县正式挂牌成立。

17 日，夏家营镇举行中心卫生院落成典礼暨公共卫生均等化服务宣传活动启动仪式。

28 日，召开四大班子联席会议，就县城龙山大街、迎宾路控制性详细规划和新开路修建性详细规划编制进行了研究讨论。

31 日，山西省发展改革委员会以晋发改农经发【2010】2081 号文件批复了《柏叶口水库龙门供水工程可行性研究报告》，正式将龙门供水工程列为"柏叶口水库"向交城县供水的配套工程。

2011 年

1 月 1 日，在新落成的交城火车站隆重举行太中银铁路交城段通车仪式。

11 日，交城火车站迎来了首列试运行的 6810 次长途客运列车，该列火车是由乌鲁木齐开往北京西站的列车。该客运列车的开行，结束了交城县无客运列车的历史。

3 月 18 日，新开路南段拓宽改造工程正式启动。

22 日，交城县城新开路中段拆迁改造安置工程举行开工仪式。

4 月 1 日，交城县城新开路南段拓宽改造工程全面启动。

16 日，"柏叶口水库"龙门供水工程举行奠基开工仪式。

5 月 8 日，吕梁市重点工程视频连线系统——交城县宏特煤化工有限公司年产 6 万吨超高功率石墨电极项目和金桃园煤焦化有限公司年产 130 万吨焦化项目举行视频连线开通仪式。

17 日，交城县创建国家卫生县城动员大会召开。会议的主要任务是动员和组织全县广大干部群众，进一步明确目标，凝聚力量，大打一场全民"创卫"整体战，全面提升交城县发展的软实力。

8 月 21 日，晋绥儿女支持老区教育协会、特石生态循环农业有限公司爱心图书捐赠仪式在庞泉沟镇学校举行。

10 月 28 日，山西省爱国主义教育基地——吕梁英雄广场和晋绥边区第八分区革命历史纪念馆举行落成揭牌仪式。

23 日，华鑫"1860"硝基复合肥项目正式开工。

12月4日至6日，由中共交城县委、县政府主办的首都著名书画家走进"山水交城"笔会创作活动暨"走进山水交城，献计文化产业"座谈会在太原晋祠宾馆隆重举行。

30日，交城县龙门供水工程建设合同签约仪式在天宁宾馆举行。

2012年

2月23日，举行龙门供水工程开工仪式。

26日，举行"柏叶口水库"初期下闸蓄水仪式。

7月13日，举行龙门渠枢纽工程落成典礼。

8月26日，举行首届庞泉沟旅游文化艺术节开幕式。

28日，举行首届"金桃园"杯山水交城全国摄影大赛暨"山水交城文化寿阳"吕梁太行摄影作品联展开幕式。来自全国各地的摄影爱好者参加开幕式。

9月20日，举行交城县人民政府与阳泉煤业（集团）有限责任公司战略合作框架协议签约仪式。

26日，由国家民政部区划地名司司长刘保全带队的考察组来到交城县，就交城县申报"千年古县"进行考察指导。

11月20日，举行山西医科大学第一医院交城分院建设工程奠基仪式。

21日，举行山西省中小企业局、交城县与中国民生银行太原分行支持县域经济战略合作启动仪式。

12月，交城县顺利通过了由国家民政部、联合国地名专家组组织的"千年古县"评审，被认定为"千年古县"。山西省共有5个县荣膺桂冠。

2013年

5月21日，交城县"名人故里·山水交城"全国摄影大赛优秀作品展在省城太原隆重举办。

6月6日，山西润锦化工焦炉煤气综合利用多联产项目开工仪式在美锦能源集团交城工业园区举行。

7月20日，山西盛锦化工有限公司焦化副产品深加工循环经济项目举行开工仪式。

7月25日，交城县召开庞泉沟旅游文化摄影暨评审会。

7月26日，美锦能源集团与湖北宜化集团战略合作签约仪式在北京举行。

8月9日，吕梁市作家协会创作基地揭牌仪式在交城县庞泉沟镇举行。

9月2日，"柏叶口水库"库底清理通过验收，水库开始下闸蓄水。

9月8日，经济开发区污水处理厂项目开工。

2014年

7月24日，交城县组织召开了庞泉沟生态旅游区发展总体规划研讨会。

7月30日，交城县总工会组织开展"工人先锋号"授旗暨"走基层送清凉"活动。

9月16日，交城县组织召开柏叶沟景区旅游规划研讨会。

12月1至2日，全省绿委办主任会议暨古树名木保护现场培训会在交城县召开。

2015年

1月20日，交城县城公交车开始运营。

9月30日，交城县举行烈士纪念日公祭活动。县四大班子领导及其他县级领导，县直各单位（含条管单位）负责人，十乡镇党委书记或乡镇长，部分县人大代表、县政协委员，老干部代表，武警消防官兵、公安干警、工人群众代表共计 600 余人参加了纪念活动。

12 月 11 日至 12 日，将位于水峪贯镇煤窑沟、石漕沟、庄渠沟的 17 处关闭不严矿井进行爆破式毁灭性取缔，打击了不法分子盗采国家矿产资源的嚣张气焰，维护了全县的安全生产秩序。

2016 年

3 月 18 日，交城县职业中学搬迁至西汾阳新校区。

3 月 31 日，中共交城县委组织召开"县城总体规划""磁窑河、瓦窑河景观整治概念设计""移民新区控制性详细规划"等七项规划研讨会。

4 月 5 日，交城县人民政府组织召开"中国交城—中华企业家联合会—俄罗斯亚太合作中心高新产业经贸洽谈会"。

4 月 14 日，国家文化部委托福建省文化厅组成的考察组莅临交城县，就晋中文化生态实验区交城片区非物质文化遗产工作进行评估验收。

5 月 12 日，交城县在太原迎泽宾馆举行 2016 年招商引资项目集中签约仪式。仪式上共签约项目 10 个，总投资达 157 亿元，项目涉及新能源、新材料、基础设施建设、农业、旅游业等多个行业。

5 月 15 日，社会爱心人士自发组建的民间社会团体"交城公益顺风车协会"正式成立。该协会是经交城县民政局注册登记的山西第一家公益顺风车社会团体。

6 月 1 日，交城义望铁合金公司与上海宝钢签署战略合作协议，标志着双方的战略合作迈出了坚实的步伐，为交城工业的转型发展，特别是发展高新技术产业方面起到很好的示范作用。

8月9日，三市（太原、晋中、吕梁）六县《交城秧歌》研讨会在交城县召开。

8月，交城县人民政府发布《交城县国民经济和社会发展第十三个五年规划纲要》。

8月，庞泉沟入选"2016中国美丽乡村十佳典型案例"。

9月27日，交城县"举行不动产统一登记中心"揭牌暨首证颁发仪式。

11月29日，国家发展改革委、中央编办、公安部、民政部、财政部、人力资源社会保障部、国土资源部、住房城乡建设部、农业部、中国人民银行、中国银监会11个部门联合评审，交城县被列为第三批国家新型城镇化综合试点地区的111个城市（镇）之一。

同月，中国地震应急救援中心完成"交城断裂（交城县段）探测项目"实地探测工作。至此，已先后进行"高密度电法探测""浅层人工地震探测""断层钻孔探测""探槽探测"等探测项目。

12月8日，"交城县青少年综合服务中心"揭牌运行。

12月26日，磁窑河、瓦窑河生态治理工程举行项目开工仪式，标志着交城县首个PPP项目正式落地。

交城县被山西省农业厅、山西省旅游发展委员会公布为2016年山西省休闲农业和乡村旅游示范县。

2017年

3月28日，举行永宁路、却波街棚户区改造工程、永宁路、却波街拆迁改造工程启动仪式。

4月，龙门供水工程供水管网全线贯通，具备试通水条件。这将改写"交城山交城水，不浇交城浇文水"的历史。

4月13日，中共交城县委、交城县人民政府在卦山景区举行"六城同创"誓师大会，动员全县广大干部群众，积极投身"六城同创"活动，谱写"三个交城"建设活动。

5月26日，举行山西·交城大数据产业园奠基暨大数据工程招商引资签约仪式。

6月2日，交城县民间工艺美术家协会举行成立大会。会议表决通过《交城县民间工艺美术家协会章程》，选举王吉喜为协会会长，并推选产生协会副会长、秘书长、副秘书长。

6月6日，在《人说山西好风光》第二季2017年山西省旅游发展大会主办城市评选活动第六场竞演活动上，交城县精心打造的旅游吉祥物第一品牌——"褐小美"正式出炉，受到现场观众的一致热捧。

吉祥物"褐小美"以山西省鸟褐马鸡为原型，整体设计代表着奔放、热情、活力、奋进，表现交城发展环境朝气蓬勃，城市时代感和艺术性并存，体现了城市的文化内涵。在交城这块美丽的土地上，交城山水孕育了褐马鸡这一神奇的精灵，几千年来，褐马鸡在人们心目中，已经化成一种图腾，一直被视为神勇、英武和智慧的象征，她承载着千年古县的灵气与祈福，寄托着人们期盼幸福、吉祥、快乐、安宁的美好愿望。

作为全省首个本土原创卡通IP，"褐小美"的设计极大迎合了70后、80后、90后的主力旅游消费人群的热爱与追捧心理。目前，交城县已经以"褐小美"为主题形象衍生设计了微信表情包、纪念品等十款产品。

6月23日，太原市交城商会经太原市民政局登记成立。

6月29日，上午，"柏叶口水库"龙门供水工程通水仪式在安定村出水口举行，标志着"交城山交城水，不浇交城浇文水"的历史从今彻底改写，不仅为全县农业灌溉、工业用水、生态恢复提供了源源不断的水源保障，同时也掀开了六城同创、"三个交城"建设的新篇章。

羊肚菌人工试种在交城县庞泉沟镇获得成功。2016年8月，庞泉沟镇引进"羊肚菌"新型菌种，建立第一个羊肚菌人工种植试验基地。目前，试种的9棚5亩羊肚菌已陆续出菇，开始第一茬采收，这项新技术的成功运用填补了交城县人工种植羊肚菌的空白。

14日，中国银行"智能柜台"在交城支行正式亮相并投入使用。

7月28日，侯秀秀、周永强、霍卫芳、郭仕强、高文芝5名教师荣获山西省教育厅第22届"晋绥儿女支持老区教育优秀教师奖"。

8月3日，交城电视台"掌中交城"手机台正式上线开通，标志着交城县宣传舆论工作进入了一个崭新的融媒体时代。

8月4日，交城义望铁合金有限公司响应吕梁市委、市政府号召，率先为贫困地区捐赠人民币50万元。

8月，为提升燃煤管控水平，扩容冬季清洁取暖面积，发展清洁能源供暖，改善大气环境质量，交城县启动实施"煤改气"行动，年内完成10054户改造任务，其中集中供热新增供暖用户达3581户；小片区集中供热扩网达2133户；在城北、城北中、城南、城南中、城西、城东、梁家庄7个片区实施天然气采暖区域集中供热共计3365户；东关、下关、西街天然气用户 975 户实行天然气壁挂炉采暖。

9 月 28 日，山西新元太生物科技股份有限公司在北京全国中小企业股份转让系统成功挂牌上市，成为吕梁市首家在"新三板"上市的企业，标志着交城企业在资本市场运营中有了实质性的突破，对于企业进入资本市场融资、激发企业发展活力、加快经济转型升级有着重要意义。

9 月 30 日，交城县 300 余人在城头村郭萱烈士牺牲处举行烈士纪念日公祭活动。

10 月 17 日，山西新天源药业有限公司举行院士工作站揭牌仪式，中国工程院院士陈芬儿受聘为驻站院士。这是交城县建立的第一个院士工作站。

10 月 21 日，交城县新媒体代表人士联谊会暨第一次理事会召开。会议通报交城县新媒体人士联谊会筹备情况；表决通过《交城县新媒体代表人士联谊会章程（草案）》和《交城县新媒体代表人士联谊会选举办法》；大会选举产生了联谊会第一届理事会会长、常务副会长、副会长、秘书长。

2018 年

1 月，交城县张晓春的滩羊皮鞣制工艺入选第五批国家级非物质文化遗产项目。

2 月 21 日，交城县人民政府发出《禁止燃放烟花鞭炮的通告》。

4 月 23 日，交城县跨境电子商务产业园正式挂牌成立，成为全省县域首家跨境电商产业园，该园区的设立是交城深入推进"转型项目建设年"的重要新成果，为交城出口加工产业利用跨境电商实现"互联网＋外贸"新型贸易形态注入了新动能。

同月，交城县获批国家外贸转型升级基地（新型肥料），成为全省获批 4 个市（县）基地之一。该产业园包括国际物流园、外贸一站式综合服务平台、跨境电商 B2B 平台、跨境电商进口、跨境电商培训孵化和跨境电商海外仓建设六个部分，将依托交城经济开发区载体，充分发挥交城地域优势，整合外贸进出口资源，通过外贸一站式综合服务体系，形成外贸产品集群，从而起到带动吕梁市乃至山西省外贸进出口的作用，打造外贸自主品牌。

5 月，中华人民共和国司法部授予交城县西营镇人民调解委员会"全国人民调解工作先进集体"荣誉称号。

7 月 1 日，交城县洪相乡党委、天宁镇磁窑村党支部、夏家营镇段村党支部、岭底乡前火山村党支部、水峪贯镇西坡村党支部、西社镇沙沟村党支部、庞泉沟镇苏家湾村党支部、东坡底乡逯家岩村党支部，荣获中共吕梁市委"2017 年度全市'五个好'乡村党组织"荣誉称号。夏家营镇党委书记李华斌、夏家营镇段村党支部书记马万喜、交城广播电视台党支部书记吕继峰、交城南街幼儿园党支部书记梁雅玲、交城公益顺风车协会党支部书记成龙灿，荣获中共吕梁市委"2017 年度全市优秀基层党组织书记"荣誉称号。

7 月 30 日上午，为期一个月的 2018 康养交城旅游季暨白木耳采摘文化节在国家级自然保护区庞泉沟开幕。山西省旅发委、省农委领导，山西省吕梁市摄影家协会领导、专家学者应邀出席开幕式。交城县四大班子领导、全省各地市重点旅行社负责人及特邀嘉宾、新闻媒体记者等 1500 余人参加了开幕式。

同时，以"醉美交城山·生态康养地"为主题的全国摄影大赛启幕。

9月20日上午，"交城号"太原—北京高铁冠名专列在太原南站举行首发仪式，开启了交城旅游品牌接轨高铁时代的全新旅程，全面展示了交城旅游品牌面貌。

11月，科技部确定交城县成为首批创新型县（市）建设名单之一。建设主题"科技支撑产业发展"。

山西重点工程"柏叶口水库"工程获得水利工程行业最高奖"大禹奖"。11月28日，吕梁市文明办发出通知（吕文明办发【2018】30号），在吕梁市文明城市（县城）和国家级、山西省级、吕梁市级文明单位（标兵）年度复查考核中，交城县人民检察院、交城县财政局符合创建标准和要求，受到通报表彰；中国邮政集团交城县分公司被列入创建工作不力、限期整改单位名单，受到通报批评。

12月，中央文明办、教育部授予交城中学"创建全国文明校园先进学校"荣誉称号。

12月26日，中共山西省委宣传部、山西省文明办命名交城中学为第一批社会主义核心价值观建设示范点。

交城县入选科技部首批创新型县（市）建设县。

交城县县乡医疗卫生机构一体化改革代表全省119所县级公立医院接受了国务院医改办考核复评，成功经验在全国得到推广。

2019年

2月5日，依据交政发〔2017〕30号文件，交城首次在春节期间禁止燃放烟花爆竹。

2月18日，交城县气象局实施人工增雪作业。

2月20日，交城县机构改革动员大会召开。

3月，交城县启动投资2800万元实施生态植被恢复工程，规划面积达3000余亩，工程分两期进行，覆盖西社镇、水峪贯镇。

4月23日，交城县医疗集团人民医院与中国人民解放军总医院（北京301医院），为集团人民医院外科病区患者成功开展了一次五科联合会诊。这次多科联合远程会诊是医疗集团远程会诊中心开诊以来的首例，也是301医院远程会诊中心的首例，具有推进远程会诊事业发展的历史意义。

4月，交城县31人入选山西省"三晋英才"支持计划工程。交城县人才库拥有党政人才617人，高技能人才524人，专业技术人才3667人，企业类人才232人，农村实用人才115人，社会工作人才235人，共计5390人。

4月，由山西省文化和旅游厅、省农业农村厅、省扶贫部门会同专家联合审核，交城县会立乡代家庄村、神堂坪村被确定为山西省旅游扶贫示范村。

4月27日，交城县医疗集团人民医院心血管内科冠脉介入团队，为一名不稳定心绞痛患者成功实施了完全生物可降解支架植入术。这是吕梁市首例完全生物支架可降解支架植入术。该技术的成功开展，标志着交城县冠心病支架置入治疗达到新的水平。

4月28日，交城县医疗集团获山西省社会主义劳动竞赛委员会颁发的"山西省模范单位"荣誉称号；交城县东坡底乡大石头农业专业合作社理事长李建明、交城中学校年级主任熊文生获山西省社会主义劳动竞赛委员会颁发的"山西省劳动模范"荣誉称号。

5月20日，"留住山西"大型人文地志博物数据采集项目交城座谈会召开。

5月21日，山西省人民政府发出"关于批准离石、交城等9县（区）退出贫困县的通知"。

5月，交城县人民政府动员社会各级力量，发挥大联动作用，对磁窑河流域展开全面整治，取得阶段性成果。

6月2日上午，"大美交城 古韵磁窑"全国（交城）山地半程马拉松赛开幕式在磁窑古村文化广场隆重举行。

6月6日，磁窑村、段村被国家住房和城乡建设部、文化和旅游部、国家文物局、财政部、自然资源部、农业农村部公布为"第五批中国传统村落的村落名单"。

6月11月，国务委员、公安部部长赵克志签署命令，追授交城县公安局原政委白衫"全国公安系统二级英雄模范"称号。

6月，经过中国气象局公共气象服务中心和中国旅游研究院专家组的综合评定，交城县入围6月至8月达到避暑旅游标准的城市。

6月，庞泉沟镇山水村入选山西省首批乡村旅游示范村。

7月18日，第一届中国天然氧吧文化旅游节暨特色农产品在北京奥林匹克森林公园开幕。交城县携带的农、文、旅特色产品受到了北京市民及游客的热捧。

7月27日下午，全国第二届青年运动会火炬传递交城站起跑仪式在交城中学体育场举行。来自山西省、吕梁市、交城县各行各业的24名火炬手开启了火炬传递之旅。近万名群众观看火炬传递。

9月11日上午，中国氮肥工业协会·交城县人民政府硝酸硝基肥招商会议在太原举行。

9 月 16 日，由山西省工商联主办、中国民生银行太原分行承办的"2019 山西省民营企业 100 强"发布会在太原召开。会议发布了 2019 年山西省民营企业 100 强榜单和百强企业分析报告。

山西华鑫煤焦化实业集团有限公司位居第 41 位，属于石油、煤炭及其它燃料加工业。年营业收入达到 334 912 万元。

交城县义望铁合金有限责任公司位居第 52 位，属于黑色金属冶炼和压延加工业，年营业收入达到 282 809 万元。

9 月 19 日，交城县纳入全省山西中部盆地城市群一体化发展战略。

10 月 12 日，交城城内沙河东街棚户区改造工程开工。

10 月，山西省商务厅和住建厅组织有关专家对交城县东方世纪商业街申报项目进行现场评审，被认定为 2019 年山西省特色商业街。

10 月，竖石佛摩崖造像被国务院公布为第八批全国重点文物保护单位（石窟寺及石刻名录编号为 8—0483—006），是交城县唯一入选单位。

10 月 16 日，交城县基督教两会成立大会暨第一次代表会议在县城召开。交城基督教徒代表 95 人参加会议。会议分别选举产生交城县基督教三自爱国运动委员会组成人员及交城县基督教协会组成人员。

10 月，经交城县宗教局批准、交城县民政局审查登记，成立交城县佛教协会。这是自 1949 年以来，交城县首次成立的佛教协会。

11 月 4 日，受七彩夕阳全国中老年文化活动组委会邀请，卦山合唱团赴奥地利维也纳金色大厅参加第六届七彩夕阳国际中老年艺术节。

11 月 5 日，由中共交城县委统战部主办、中国人民大学净土文化研究中心协办的"玄中寺与中日佛教文化交流"学术研讨会在京举办。

11 月 16 日至 18 日，交城县高质量发展特色产品（太原）展销推介会在山西省展览馆举行。展销会以"特色农业 文旅康养 创新融合"为主题，重点展示交城县域经济高质量发展成就，推介交城文化旅游资源，搭建农文旅产品产销平台，进一步提升特色产品品牌市场影响力，更好对接山西中部盆地城市群一体化发展项目，促进县域经济转型升级。

12 月 8 日，国家优质工程奖总结表彰大会授予"柏叶口水库"工程"国家优质工程奖"（2018—2019 年）。这是迄今为止山西水利行业第一个获得此殊荣的工程建设项目。

12 月，中共山西省委统战部、山西省人力资源和社会保障厅授予中共交城县委统战部"全省统战工作先进集体"荣誉称号。

后 记

为了系统书写革命老区百年历史,深入挖掘革命老区红色文化资源,充实丰富中国革命史籍宝库,在新时代传承红色基因、弘扬革命精神、强固根本,激励人们在新的历史条件下夺取中国持色社会主义伟大胜利,实现中华民族伟大复兴的中国梦。2017年6月,中国老区建设促进会组织全国各地老促会启动编纂《全国革命老区县发展史》丛书。

交城县老区建设促进会于1996年成立以来,本着全心全意为革命老区人民服务,协助党和政府促进革命老区的建设和发展为宗旨,积极宣传老区人民对党和革命事业做出的巨大牺牲和贡献,收集汇编《红色交城·老区村轶事》读本,建国70周年老区建设成就展,动员社会各界关心支持老区建设。同时,深入老区调查研究,反映老区人民的要求,提出政策性建议,为党委政府提供决策参与意见,开展脱贫攻坚工作使全县30个革命老区村全部脱贫。

交城县老区建设促进会遵照相关要求,积极筹备、组织《交城县革命老区发展史》的编纂工作。郭效武会长多次向县级领导汇报编纂工作,协调诸多事宜。在中共交城县委、交城县人民政府及县老干局、党史研究室的大力支持下,组建专业编纂队伍,开始征集资料,上山下乡,进企入村采访调查、拍摄图片，形成 200 余万字的资料汇编。2019 年 12 月，总纂完成。之后，三次组织相关专家、学者召开座谈会就该书稿进行研讨和修校，形成评审稿。2020 年 10 月，评审稿获得评审通过，即将交付出版社审核出版。

该书内容的记述时间跨度长达百余年的历史，早期资料的散佚和短缺在所难免。由于编者的水平有限，加之编纂时间仓促，无论在内容上，还是在文章的措辞、逻辑上，一定有瑕疵存在。恳请方家、学者斧正。

编　者

2020 年 11 月 10 日